本书是2017年广东省基础研究重大项目及应用研究重大项目"系统性金融风险的形成机理及防范体系研究"（项目编号：2017WZDXM037）的阶段性研究成果，同时得到广东省特色重点学科"公共管理"项目的资助。

系统性金融风险的
测度与传染机制研究

Research on the Measurement and
Contagion Mechanism of Systemic Risk

周开国◎著

中国社会科学出版社

图书在版编目（CIP）数据

系统性金融风险的测度与传染机制研究／周开国著.—北京：中国社会科学出版社，2023.9
（广东省特色重点学科公共管理项目系列丛书）
ISBN 978-7-5227-2601-4

Ⅰ.①系… Ⅱ.①周… Ⅲ.①金融风险—风险管理—研究 Ⅳ.①F830.9

中国国家版本馆 CIP 数据核字（2023）第 178387 号

出 版 人	赵剑英
责任编辑	郭曼曼
责任校对	夏慧萍
责任印制	王 超

出　　版	中国社会科学出版社
社　　址	北京鼓楼西大街甲 158 号
邮　　编	100720
网　　址	http://www.csspw.cn
发 行 部	010-84083685
门 市 部	010-84029450
经　　销	新华书店及其他书店
印　　刷	北京明恒达印务有限公司
装　　订	廊坊市广阳区广增装订厂
版　　次	2023 年 9 月第 1 版
印　　次	2023 年 9 月第 1 次印刷
开　　本	710×1000 1/16
印　　张	18
字　　数	252 千字
定　　价	96.00 元

凡购买中国社会科学出版社图书，如有质量问题请与本社营销中心联系调换
电话：010-84083683
版权所有　侵权必究

前　言

防范和化解系统性金融风险已经成为实务界和学术界关心的热点和难点。2008年国际金融危机爆发后，中国政府将宏观审慎管理纳入金融监管框架中，更加强调对系统性金融风险的管理。党的十九大报告特别指出"守住不发生系统性金融风险的底线"，并且政府将防止发生系统性金融风险作为中国金融工作的根本性任务。2021年8月17日召开的中央财经委员会第十次会议就防范化解重大金融风险、做好金融稳定发展工作作出了重要部署，明确提出了"以经济高质量发展化解系统性金融风险"的要求。与此同时，国内学者从多个角度和层面对系统性金融风险展开研究，有的从金融机构的视角进行研究，有的从金融市场的视角进行研究，有的研究金融风险跨市场传染，有的则研究实体经济与金融体系之间的风险传染，取得了丰富的研究成果，使系统性金融风险的研究更加深入、全面。但是，这些文献大多从某一角度出发且成果以论文的形式呈现，而对该领域进行系统研究从而形成的著作仍为鲜见，难以为读者展现一个相对完整的系统性金融风险研究框架。本书的面世希望能够在此方面作出一定的贡献。

本书是作者近几年潜心研究系统性金融风险取得的部分成果，主要围绕广东省基础研究及应用研究重大项目"系统性金融风险的形成机理及防范体系研究"，对系统性金融风险的识别、测度、形成及传染机制进行了系统且深入的研究。为了防范系统性金融风险这一根本性任务，首要的是认识系统性金融风险的来源、形成过程以及传染机制，厘清系统性金融风险的测度方法，剖析外部冲击引发的金融风险如何产生跨市场跨部门传染，从而帮助决策部门采取针对性的措施和制定相应的政策，来防范和控制系统性金融风险。这正是本书的总体研究思路。

全书对系统性金融风险的国内外相关文献进行了梳理，对系统性金融风险的指标进行了总结，对测度方法进行了详细的介绍，而且将现有的多种测度方法应用于中国的金融机构与金融市场，力求使读者对系统性金融风险的测度方法有比较全面的认识。然后深入研究了股票市场的系统性风险，从以下三个方面展开：首先是对股票市场行业间系统性金融风险进行测度，其次是对股票市场系统性金融风险的传染机制进行研究，最后是考察新冠疫情冲击下系统性金融风险的传染机制。本书从多个视角、多个层面研究系统性金融风险的测度和传染机制，对系统性金融风险的测度力求全面，将多种测度方法进行比较并加以应用，突破了现有文献仅采用某一种研究方法的局限；研究系统性金融风险的传染机制力求深入，不仅探究股票市场行业之间的风险传染，还考察外部冲击条件下系统性金融风险跨部门的传染，从内因和外因两个方面挖掘系统性金融风险传染的特征，在现有文献的基础上进行了重要的拓展。本书的研究旨在对系统性金融风险的防范和控制提供有益的思路，对坚决守住不发生系统性金融风险底线提供有益的参考，不仅有重要的学术价值，而且有重大的现实意义。

全书共分为八章，具体的结构安排如下。第一章是绪论，介绍本书研究系统性金融风险的测度与传染机制的现实背景和学术背景，并且阐述其理论意义和现实意义，从中可以理解本研究的必要性和研究价值。第二章是研究基础，重点对国内外相关研究文献进行系统的梳理和综述，从三个方面进行：其一是梳理实体经济与金融市场之间风险传染的相关文献，其二是关于金融风险跨市场传染的相关研究，其三综述了政府干预经济活动和金融市场运行的相关文献。国内外的相关研究文献构成了本研究的理论基础，对本研究起到了很好的支撑作用。第三章是系统性金融风险相关指标计算方法的介绍，对有关金融机构系统性风险和金融市场系统性风险的诸多测度指标进行了全面的归纳和详细的解析，为后续的应用做好准备。第四章运用前一章介绍的测度方法结合中国的实际数据进行计算，展现了这些方法在中国应用场景的实际效果。第五章是股市行业间系统性金融风险测度，选择合适的方法对中国股票市场的行业间系统性金融风险进行度量，从中可以了解股市行业间系统性金融风险的特征。第六章对中国股票市场的系统性金融风险传染机制进行深入的分析，由此可以理解系统性金融风险传染的特征。第七章是对新冠疫情冲击下系统性金融风险传染机制的研究，重点考察在新冠疫情外部冲击下系统性金融风险如何进行跨市场跨部门传染，由此可以认识到在面临外部冲击的情况下系统性金融风险如何形成以及演化。第八章是全书的总结和政策建议，对全书的研究结论进行简要的总结，并且针对如何防范系统性金融风险发生以及传染提出相关政策建议。

  本书的研究工作以及书稿的撰写得到了几位研究团队成员的大力支持。唐锦珂参与了第一章和第二章的内容，关子桓参与了第三章和第四章的内容，饶芳喜、汪诗易、蒋栩枫分别参与了第五章、第六章、第七章的内容。

  将课题研究取得的部分成果通过本书呈现出来，希望与学界和业界关注系统性金融风险的人士进行交流与切磋，也希望引起更多人对系统性金融风险的关注，进一步在此领域展开更为广泛和深入的研究。学术之海漫无边际，研究之路永无止境。本书的内容难免存在疏漏和不足之处，欢迎广大读者和同行批评指正。

周开国

广州新华学院教授

2023 年 3 月 1 日

目　　录

第一章　绪论 ………………………………………………（1）
　第一节　研究背景 …………………………………………（1）
　第二节　研究意义 …………………………………………（11）

第二章　研究基础 …………………………………………（13）
　第一节　金融市场系统性风险的研究综述 ………………（13）
　第二节　新冠疫情的影响及系统性金融风险传染机制的
　　　　　研究综述 …………………………………………（18）
　第三节　实体经济与金融市场间风险传染的相关研究综述 ……（25）
　第四节　金融风险跨市场传染的相关研究综述 …………（46）
　第五节　政府干预经济活动和金融市场运行的相关
　　　　　研究综述 …………………………………………（60）

第三章　系统性金融风险相关指标计算方法 ……………（76）
　第一节　系统性金融风险测度方法概要 …………………（76）
　第二节　金融机构系统性金融风险 ………………………（79）
　第三节　金融市场系统性金融风险 ………………………（81）
　第四节　本章小结 …………………………………………（92）

第四章　系统性金融风险相关指标计算结果 ……………（94）
　第一节　引言 ………………………………………………（94）

第二节　金融机构系统性金融风险的测度 …………………… (96)
　　第三节　金融市场系统性金融风险的测度 …………………… (108)
　　第四节　本章小结 …………………………………………… (121)

第五章　股市行业间系统性金融风险测度 ………………………… (123)
　　第一节　研究背景及思路 …………………………………… (123)
　　第二节　研究设计 …………………………………………… (125)
　　第三节　实证研究结果 ……………………………………… (130)
　　第四节　稳健性检验 ………………………………………… (155)
　　第五节　结论与启示 ………………………………………… (158)

第六章　股票市场系统性金融风险传染机制 ……………………… (160)
　　第一节　引言 ………………………………………………… (160)
　　第二节　研究方法与模型设定 ……………………………… (161)
　　第三节　实证结果与分析 …………………………………… (165)
　　第四节　结论与启示 ………………………………………… (178)

第七章　新冠疫情冲击下系统性金融风险传染机制 ……………… (180)
　　第一节　引言 ………………………………………………… (180)
　　第二节　研究思路与基本模型 ……………………………… (185)
　　第三节　实证分析 …………………………………………… (190)
　　第四节　结论与启示 ………………………………………… (223)

第八章　总结与政策建议 …………………………………………… (228)
　　第一节　总结 ………………………………………………… (228)
　　第二节　政策建议 …………………………………………… (232)

参考文献 ……………………………………………………………… (238)

第一章 绪论

第一节 研究背景

一 现实背景

（一）系统性风险概念

系统性风险（systemic risk）一词的出现可追溯到1989年（Brimmer，1989），当初被用来形容金融风险严重破坏国家金融结构的不利影响。2008年国际金融危机之后，随着对系统性风险研究的不断深入，国际上对系统性风险有了较为统一的定性认识。2009年4月，应二十国集团（G20）领导人为评估金融机构、市场和工具的系统重要性制定指南的要求，国际货币基金组织（IMF）、金融稳定委员会（FSB）和国际清算银行（BIS）提供了一份联合报告（IMF，BIS，FSB，2009），报告中提出"系统性事件"一词，并定义为：由部分或整个金融体系受损造成的，可能对实体经济产生严重负面影响的金融服务中断。2010年11月，G20领导人呼吁IMF、FSB和BIS给出宏观审慎政策框架建议，其联合报告在系统性事件定义基础上，正式使用"系统性风险"一词，并进一步给出定义：由部分或整个金融体系受损造成的、可能对实体经济产生严重负面影响，并使金融服务中断的风险（IMF，BIS，FSB，2011）。

然而，学术界对系统性风险并没有统一的、被普遍接受的定义（Girardi & Ergun，2013）。这一状况表明，系统性风险是一个复杂的问题，同时也说明相关研究还比较有限，有待进一步探索。具有代表性的定义大致有以下四类：一是从危害范围大小的角度定义，指威胁整个金融体系以及宏观经济而非一两个金融机构稳定性的事件，主要以美联储前主席伯南克等为代表（Bernanke，2009）。二是从风险传染的角度定义，指单个事件通过影响一连串的机构和市场，引起损失扩散的多米诺骨牌效应，主要以González - Hermosillo等（1997）和Kaufman（2000）为代表。三是从金融功能的角度定义，指金融市场信息中断，从而导致金融功能丧失，主要以Minsky（1995）和Billio等（2012）为代表。四是从对实体经济影响的角度定义，十国集团（Group of Ten，2001）在De Bandt和Hattmann（2000）的研究基础上将系统性风险定义为：单个冲击事件导致部分金融体系信心崩溃、经济损失或不确定性增加，甚至对实体经济造成严重危害的风险。杨子晖和周颖刚（2018）认为系统性风险主要有两类：一是指影响到公众对于整个金融系统的信心的一系列（或某个）事件；二是指对大量的金融机构或者金融市场产生明显冲击、严重损害金融系统的正常运行，进而妨碍经济增长、导致福利损失的事件。

  目前，学术界普遍认为系统性风险的核心思想是金融风险的传染，即一个金融机构、金融市场所面临的变动或冲击，将向金融系统中的其他机构及其他市场迅速传递。因此，如何有效刻画金融市场（机构）相互之间的网络关联程度成为对系统性风险进行有效测度的关键问题。Billio等利用主成分分析和Granger因果关系检验，提出了几种系统性金融风险的计量指标，以捕捉对冲基金、银行、经纪人和保险公司回报之间的相互联系（Billio等，2012）。Zhou（2009）运用多元极值理论（Multivariate Extreme Value Theory）框架，提出了系统性风险的两个度量指标：系统影响指数（Systemic Impact Index）和脆弱性指数（Vulnerability Index）。前者评估机构对系统施加的风险，后者评估系统对机构施加的风险。Huang等（2009）利用金融机构信用违约互换（Credit Default Swaps，CDS）数据和股票收益相关性，用财务困境保险的价格来刻画系统性风险。Segoviano和Goodhart（2009）

重点关注了 CDS 数据，并在多变量环境下衡量了金融机构对金融体系困境的贡献。Acharya 等（2017）利用金融机构的股票收益率来计算系统性预期损失值（Systemic Expected Snortfall，SES）和边际预期缺口（Marginal Expected Snortfall，MES）。MES 是指金融系统处于左尾时机构的平均损失，SES 是指该机构 MES 及其杠杆的加权平均数。Brownlees 和 Engle（2011）使用双变量 GARCH 模型和非参数尾部估计器计算时间序列。Acemoglu（2015）研究了金融网络结构与系统性风险之间的关系，发现只要影响金融机构的负面冲击的规模和数量足够小，更"完整"的银行间债权就会增强系统的稳定性；然而，冲击程度超过某一阈值之后，这种相互联系开始成为风险传染的渠道，导致金融体系更加脆弱。除了微观层面对系统性金融风险的衡量，Allen 等（2012）提出了一个衡量总体系统性风险的指标（CATFIN），与 MES 等微观层面的系统性风险指标不同的是，该指标将银行系统作为一个整体，衡量了系统性风险的宏观影响。

（二）目前中国重视防范系统性风险的紧迫性

1. 系统性风险能对全球金融服务与经济运行造成巨大伤害

2008 年国际金融危机是一场典型的由系统性风险导致的金融危机，对全球金融服务与经济运行造成了巨大伤害。其对全球的影响有：一是世界经济增长明显放缓，部分发达国家或地区经济陷入衰退。二是主要金融市场急剧恶化，全球股市遭遇重创。三是多国政府财政赤字增加，全球通货膨胀压力增大。四是世界贸易环境恶化，新兴市场国家经济贸易面临下滑。五是多数国家就业形势严峻，失业人数不断攀升。与此同时，反饥饿行动组织（Action Against Hanger）表示，金融危机的蔓延令粮食危机也进一步恶化。

由于中国银行业持有与次贷相关的金融产品规模并不大，美国次贷危机以及由此引发的全球金融市场动荡对中国银行业的冲击有限。即使在这种情况下，2008 年国际金融危机对中国的贸易与就业也产生了影响。国际市场重要商品价格剧烈波动对中国国内生产活动产生了较大冲击和影响。国内就业方面，第一，国内就业增长受到明显压制。受经济增长速度下降的影响，就业增速明显放缓。第二，新增失业有所增加。第三，海外回流劳动力不断增加。随着世界各国经济形势的普遍恶化，以及劳动力市场就业需求的萎缩，一些已经失业和面临失业的海外劳动力转而回国寻找就业岗位；一些国际劳务承包工程也受到影响，以及一些国家出于保护本国劳动力就业机会而限制外国劳动力就业的政策，都导致海外就业的劳动力回流不断增加，加重中国国内的就业压力。

2. 中国正处于经济转型的关键时期，是金融风险的易发期和高发期

中国正处于经济转型的关键时期，经济转型时期往往是金融风险的易发期、高发期。近年来，中国 GDP 增速趋于平稳，发展协调性稳步提升。中国经济已经达到中高收入水平，劳动人口开始萎缩，经济增长速度逐步放缓，中国经济正从高速增长阶段转向高质量发展阶段。但不可否认的是，金融部门对实体经济的支持力度越来越弱，金融资源的分配"脱实向虚"现象比较严重。然而，这几年新增贷款规模和新增社会融资规模却在持续快速扩张，间接说明了金融支持经济增长的有效性在逐渐减弱。比如，中国的边际资本产出率从 2007 年的 3.5 提高至 2015 年的 5.9，每生产一个新的单位 GDP 所需要的额外资本投入的单位数明显增加，从一个侧面表明投资效率降低。

金融支持经济增长的力度逐渐减弱，归根结底是因为实体部门的投资回报下降、风险上升。中国经济增速下降的一个结构性原因是产业需要升级换代，过去建立在低成本基础上的产业尤其是劳动密集型制造业普遍失去了竞争力，需要培养和发展一批新的有竞争力的产业来支持中国经济下一个阶段的增长。新旧产业更替给金融业带来很大挑战，旧的产业特别是"僵尸企业"显著降低了投资的平均回报率，而新的产业又需要新的金融中介特别是创投、直投等。金融服务实体经济难度的提高、回报率的下降极易将大量资金逼向虚拟经济，如果

不能及时控制，资产市场的泡沫很有可能进一步导致金融业脱实向虚。

随着经济增速下降、新旧产业转型，金融风险也逐渐凸显，如商业银行不良贷款比率上升、房地产市场泡沫显著提高、人民币面临贬值压力、互联网金融违约事件频发等。当前宏观经济进入"风险性三角"状态，生产率显著下降、杠杆率明显上升及政策空间大幅收缩。过去，中国的金融风险能够得以化解，主要得益于两个因素：一是持续的高速增长化解和掩盖了一些风险；二是政府长年用财政政策、货币政策扩张来稳定经济增长与金融市场。然而，这两个化解金融风险的途径都不是长久之计，因此，必须重视防范系统性金融风险的发生，充分认识系统性风险的来源和特征，从而制定有效方案防止发生系统性风险。

（三）系统性金融风险识别难点

一是隐蔽性强。随着金融创新快速推进，产品跨行业跨市场融合加快，影子银行野蛮扩张，金融非中介化加剧，金融体系变得日益复杂，风险也日趋隐蔽。由于产品结构的复杂性，产品衔接之后形成的支付链一旦断裂，就会产生重大风险。

二是多为突发且传染快。系统性金融风险的爆发通常会带来一场剧烈的短期风险，可能引发市场参与者恐慌性反应。金融机构之间存在密切而复杂的联系，单个或局部的金融问题很容易快速演变成全局性的金融动荡。系统性金融风险一旦发生，将导致金融市场和金融基础设施难以发挥作用，严重时引发金融危机。

三是诱因众多（Glasserman & Young, 2016）。2008年国际金融危机时期，AIG公司濒临破产的原因是其出售的信用违约互换担保的债务出现违约，损失由违约债务损失溢出到AIG公司；雷曼兄弟公司破产的原因主要由于资金挤兑、大甩卖与信息传染，造成严重的流动性危机；次级贷款被打包成债务抵押债券（Collateralized Debt Obligation, CDO），通过数学统计和概率来隐藏风险系数，同时配合高收益为诱饵向市场发售,信息不对称使得风险被隐藏;"量化崩盘"(The Quant Meltdown)主要由于不同算法下的对冲基金与违约资产风险相互关联;20世纪80年代美国爆发了储蓄贷款协会危机(以下简称"储贷危机"),主要由于共同的风险敞口——不动产市场。

(四)系统性金融风险的识别与测度是制定宏观审慎政策的依据

IMF、FSB和BIS的联合报告中指出,当前国家以及国际上制定宏观审慎政策通过五类指标对风险进行识别与评估:衡量失衡的综合指标(Aggregate Indicators of Imbalances)、市场表现指标(Indicators of Market Conditions)、系统内风险集中度指标(Metrics of Concentration of Risk within the System)、宏观压力测试(Macro Stress Testing)与综合检测系统(Integrated Monitoring Systems)(IMF,FSB,BIS,2016)。衡量失衡的综合指标(Borio & Drehmann,2009)主要是指以宏观经济数据指标或资产负债表中的指标(如,银行信用、流动性、期限错配、货币风险以及部门内或外部失衡)来刻画金融系统和整个经济中风险的形成过程。市场表现指标包括风险偏好指标(如利差、风险溢价)和市场流动性状况指标。系统内风险集中度指标主要是指衡量中介之间的互联性和潜在的直接传染的网络模型指标,除了规模和集中度的基本衡量标准外,也能反映金融机构(包括非银行金融机构)、部门(如公共和私人部门)、市场(如融资和信贷市场)和国家之间的共同风险与相互联系。巴塞尔银行监管委员会(BCBS)为确定全球系统重要性银行而提出的基于指标的方法就是一个很好的例子(BCBS,2011)。宏观压力测试用于估量在面对"异常但合理"的宏观经济冲击时金融体系的脆弱性(Sorge,2004),其目的在于衡量冲击对整个金融系统的影响,可以用来更好地评估金融体系与实体经济之间的相互作用。综合检测系统是指将上述指标组合起来,形成综合监测系统(如仪表盘与热力图系统等),这可以为整个金融体系的状况提供一个更为连贯且直观的图景,并根据具体的实际情况进行调整(IMF,2011)。

二 理论背景

为了更好且及时地提供决策信息和指导，系统性风险的识别与测度需要做到从时间序列和横截面两个维度进行捕捉。这意味着，对系统性风险的识别与测度要能刻画金融系统失衡与脆弱性积累的过程，除此之外，还应帮助预测冲击出现的可能性与风险的集中程度，并评估其潜在影响（IMF，BIS，FSB，2011），为政策制定者提供全方位的视角，更好地防范系统性风险。目前主要的识别与测度方法有三类，即基于经验分析构建综合测度指标、基于市场数据的简约化测度和基于风险传染的结构化测度方法（白鹤祥等，2020）。

（一）基于经验分析构建综合测度指标

基于经验分析的测度方法观察分析发生过金融危机的国家的历史数据，构建可能引发金融危机的信号指标，并据此对照分析某一经济体的经济金融形势，通过衡量分析对象经济指标实际值与正常值之间的差别来判断其系统性金融风险的大小。这类方法包括 FR 模型（Frankel & Rose，1996）、KLR 模型（Kaminsky 等，1998）、STV 模型（Sachs 等，1996）和 Simple Logit 模型（Kumar 等，2003）。构建综合测度指标方法强调测度系统性金融风险应关注多方面风险因素，如 End 和 Tabbae（2005）将多部门违约风险整合到一个系统性模型以测度金融系统稳定性程度，陶玲、朱迎（2016）采用包含 7 个维度的综合指数法构造系统性金融风险综合指数。

这一类指标还包含宏观经济数据指标或资产负债表中的指标，例如，银行信用、流动性、期限错配、货币风险以及部门内部或外部失衡等，用于刻画金融系统和整个经济体中风险的形成过程。随着对系统性风险认识的不断加深，大家对金融、家庭和企业部门的杠杆率重视程度越来越高。如，信贷比率缺口（Credit‐to‐GDP gap）即"非金融企业信贷规模与 GDP 之比率"与其长期趋势之间的差距，被用来衡量一个经济体的信贷扩张程度，是潜在银行危机的预警指标，为银行设定逆周期资本缓冲提供依据。除此之外，还有一些衡量信用增长的指标，例如资产价格异常快速增长（Unusually Rapid Asset – Price Growth）。

（二）基于市场数据的简约化测度方法

基于金融机构股票收益率、CDS价差、信用违约互换费率等市场数据建立模型进行度量，大致可以分为三个维度（王辉和梁俊豪，2020）。

第一个维度是系统性风险整体水平的度量，即构建可以反映整个金融体系风险综合演变的指标。Cardarelli 等（2009）、Islami 和 Kurz（2014）基于金融市场交易数据构建金融压力指数来预测金融危机，并分析其对实体经济的影响。Gray 和 Jobst（2010）对未定权益分析（Contingent Claims Analysis，CCA）方法进行拓展提出系统或有权益分析方法（Systemic Contingent Claims Analysis，SCCA）来度量系统性金融风险。Banulescu 和 Dumitrescu（2015）提出成分期望损失法（Component Expected Shortfall，CES），基于CES的欧拉可加性，将金融机构的CES进行加总得到整个系统的系统性风险指标。部分文献基于多元密度函数度量整个系统所有机构或部分机构同时违约的概率，作为系统性风险整体水平的度量指标，如 Xu 等（2017）、Oh 和 Patton（2018）、朱晓谦等（2018），等等。

第二个维度是系统重要性的识别和度量，即测度单家机构对整个金融系统的风险溢出程度，文献中比较流行的方法是条件在险价值法（CoVaR）。Adrian 和 Brunnermeier（2016）基于在险价值（VaR）提出 CoVaR 方法，用来测量给定某家金融机构处于极端风险临界值时对金融系统的冲击。白雪梅和石大龙（2014）、王锦阳等（2018）、杨子晖等（2018）通过 CoVaR 度量金融机构的动态风险溢出。除此之外，系统重要性度量方法还包括 Sharpley 值方法、基于多元密度函数测度条件违约概率等。Drehmann 和 Tarashev（2011）运用 Shapley 值方法，将整个系统的风险分配给每个金融机构，以此衡量金融机构的风险贡献度，国内相应研究有贾彦东（2011）、梁琪和李政（2014）。Segoviano 和 Goodhart（2009）引入给定一家银行违约的情况下其余银行违约的概率，以此测度给定银行的系统重要性。Zhou（2009）运用极值理论提出系统性冲击指数（Systemic Impact Index，SII），测度在给定一家银行违约情况下其余银行的期望违约数量，Xu 等（2017）通过联合违约概率（Joint Probability of Default，JPoD）构建条件联合违约概率分析欧洲银行系统中"太关联而不能倒"的银行。

  第三个维度是系统脆弱性的识别和度量，即测度金融系统受到冲击时金融机构和整个金融系统的稳定性，常用方法为基于尾部关联性的边际期望损失法。Acharya 等（2017）基于期望损失提出 MES 方法，测量市场处于危机情况时某家机构的边际贡献度，同时结合金融杠杆率提出系统性期望损失，衡量金融机构对系统性风险的贡献程度。张天顶和张宇（2017）、张冰洁等（2018）、李政等（2019）根据改进的 MES 模型，如 LRMES、CES、CoES、ΔCoES 等测度中国上市金融机构的系统重要性。Adrian 和 Brunnermeier（2016）提出 ΔCoVaR 时强调，将 ΔCoVaR 中的条件颠倒，度量结果关注重点变为金融系统违约条件下金融机构面临的风险大小，因此通过 ΔCoVaR 等类似方法可以变形来测量金融机构的脆弱程度。单家机构系统脆弱性也可以通过条件概率进行度量。Zhou（2009）提出脆弱性指数（Vulnerability Index，VI），测度在系统中存在另外一家银行违约时给定银行的条件违约概率。Greenwood 等（2015）构造总脆弱指数（Aggerate Vulnerability，AV）衡量银行受到冲击时损失占股本的百分比。

  除了单独对某一维度进行分析外，有部分学者同时从多个维度对系统性风险进行分析。Huang 等（2019）利用 CoVaR、MES、SII 和 VI 多个指标测度中国银行的系统性风险，发现不同指标捕捉系统性风险的不同方面，但不同指标计算的排名显著相关。李政等（2019）基于 CoVaR 统一框架，从 CoVaR 的条件方向上同时分析金融机构的系统重要性和系统脆弱性，发现中国的银行、保险、证券间系统重要性和脆弱性存在差异，这种差异在时间维度上持续存在。还有部分文献利用市场数据构建网络模型，基于节点间输入和输出对机构的系统重要性和系统脆弱性进行研究。李绍芳和刘晓星（2018）结合 CoVaR 与 TENET 网络模型，构造系统性风险接收者指数（Systemic Risk Receiver, SRR）和系统性风险发送者指数（Systemic Risk Emitter, SRE），从机构的风险溢出和脆弱性进行分析。蒋海和张锦意（2018）将分位数回归、LASSO 算法和 CoVaR 模型结合，构建银行尾部风险关联性网络，通过入度中心性和出度中心性测度系统脆弱性和系统重要性。类似的网络模型方法还可见 Wang 等（2018）、Fang 等（2018）、林达和李勇（2019）等。然而，基于市场数据的简约化测度方法是一种近似"黑箱"的理论，无法精确观测系统性风险的传染与生成过程。

（三）基于风险传染的结构化测度方法

基于风险传染的测度方法分析风险在不同金融市场之间的传染特性，认为系统性金融风险的测度应当关注金融机构和金融产品之间的关联，主要以银行间资产负债网络模型为主，能够弥补基于市场数据的简约化方法无法刻画风险生成机理的缺点。之所以说系统性风险危害大，最直接的体现在于其传播速度快、范围广。在造成 2008 年国际金融危机的众多因素中，对国际金融系统间日益加深的关联度（interconnectedness）没有一个全面而深刻的理解或许是导致这场危机最重要的原因（Glasserman & Young, 2016）。2008 年国际金融危机来临之前，金融机构间的债务网络关系对监管者和市场参与者而言十分不透明；理论上也鲜有人研究关联度对金融系统稳定的影响。因此，2008 年国际金融危机后，大家纷纷开始关注金融系统关联结构及其与风险传染之间的关系。如 Hu 等（2012）建立风险管理网络模型，模拟和分析银行体系的系统性风险。

该类模型详细模拟了系统性风险的传染过程，可用于研究系统性风险积累与实现的具体机理及影响系统性风险的各类因素（Greenwood 等，2015）。根据银行业务对资产负债表主要部分（银行间资产、银行间负债、流动性资产、非流动性资产和权益）影响的差异性，可将网络模型分为两类（方意，2016）。第一类是传统的银行间资产负债直接关联网络模型（马君潞等，2007；范小云等，2012；方意，2017）。该模型主要围绕银行间资产、银行间负债与权益展开，重点关注金融机构因互相借贷而形成的直接关联性。第二类是适用于现代金融市场体系的资产价格传染模型（也称间接关联网络模型）。该模型重点关注金融机构资产的流动性以及由于金融机构持有相似的资产组合而形成间接关联性。相较于银行间资产负债直接关联网络模型，资产价格传染模型更贴合实际（方意、郑子文，2016）。这是因为由银行间直接关联导致系统性危机的可能性微乎其微。同时，间接关联诱发的风险传染才是导致金融危机的根本原因（方意和黄丽灵，2019）。

第二节　研究意义

一　理论意义

1. 深刻认识系统性金融风险的来源与传染规律

全面梳理现有系统性金融风险的识别与测度方法有利于更深层地认识系统性金融风险的来源与传染规律，在此基础上形成更加完善的识别与测度方法，有利于更精准地判断风险发生的可能与评估风险发生的后果。在测度系统性金融风险时，不仅关注金融机构之间或金融市场与金融机构之间的两两相关性与单家机构违约情况下的风险溢出效应，也考虑整个金融系统的关联性以及厚尾性等特征，以期对系统性金融风险进行全面的度量。此外，清晰刻画系统性金融风险的产生源头以及面临外部冲击时的风险传染路径，可以为相关研究提供新的视角。

2. 立足中国国情，加深对防范系统性金融风险的理解

以中国金融体系为对象研究系统性金融风险，考虑到中国金融体系运行和监管的特殊性，不仅可以了解到系统性金融风险的演化在中国金融市场和机构中有何特殊规律，而且有助于增加人们对中国金融

市场的认识，促进学术界关注交易限制等行为对中国金融市场的重要影响。加上中国金融科技目前走在世界前列，新金融业态混业经营的特征要求识别新金融业态的风险需要从中国国情出发，理清新金融业态的实际定位，选用恰当的理论和实证模型非常有必要（李苍舒、沈艳，2019）。

二　现实意义

世界各地的监管机构都在考虑如何降低系统性风险成本。因此，系统性风险的研究不仅仅是一个学术问题（Acharya等，2017），金融体系的稳定同时也是业界、学界和监管机构关注的焦点（刘吕科等，2012）。当前中国金融领域尚处在风险易发期，在国内外多重因素压力下，在新业态、新机构快速发展形势下，宏观审慎监管要求密切关注金融风险的跨市场、跨行业传染。经济周期对贷款和债券的违约率有重大影响，会导致信用等级的迁移。尤其在经济增速放缓阶段，企业的信用风险上升极易造成金融机构不良资产率增加，进而产生连锁反应引发系统性金融危机。系统性金融风险的识别与测度的研究，一方面有助于减少系统性金融风险的发生，另一方面也有助于完善金融监管制度，维持金融市场与实体经济的稳定。

建立系统性金融风险的评估和预警机制。防范系统性风险累积和爆发的前提就是精确地识别、度量和预警金融体系的风险水平，避免累积过高的系统性风险。全面识别与测度系统性金融风险有利于完善金融监管制度，健全金融机构多层次内部控制制度，提高监管效率，维持金融稳定。全面研究系统性金融风险的识别与测度方法，对系统性金融风险形成机制进行深入的分析，构建系统性金融风险网络模型和风险测度指标，对系统性风险导致的金融体系总损失、脆弱性和传染性进行测度，并建立系统性金融风险预警指标，划分系统性金融风险预警区间，有利于做到对系统性金融风险的"早识别、早预警、早发现、早处置"。

第二章 研究基础

第一节 金融市场系统性风险的研究综述

一 系统性风险的相关研究

目前,学术界对系统性风险没有统一的界定。Hart 和 Zingales (2009) 认为,从风险蔓延的角度来看,系统性风险是基于面临黑天鹅事件的反应,风险转移到多个机构和多个市场,从而对实体经济产生影响。Billio 等 (2012) 认为,从风险的危害范围角度看,系统性风险是威胁整个金融体系以及宏观经济稳定的一种风险。Bernanke (2009) 根据系统性风险事件的范围,将风险划分为系统内的风险事件和宏观经济危机。国际货币基金组织(IMF)认为,系统性风险是由于金融体系内部受到局部或者全局损失而引起系统服务终止,从而严重影响实体经济的风险。

在系统性风险度量方法方面,在 2008 年国际金融危机之前市场主要采取两种方法。一种是 Illing 等 (2003) 提出的金融压力指数法,另一种是 Frankel 等 (1996) 的早期预警法。这两种方法均基于资产负债表进行估计,数据具有滞后性,同时,这些方法都没有考虑到系统性风险的外部性。国际金融危机爆发后,学者意识到这两种方法无法对风险进行快速反应,因此提出了更新的方法。除了资产负债表,还将证券市场的高频数据纳入数据库,例如边际预期损失法(MES)、危机联合概率法(JPD)和条件在险价值法(CoVaR)等。Dong 和 Patton (2017) 利用联合危机概率(JPD)和预期风险比例(EPD)

计算系统性风险指标。

分析机构与系统性风险贡献之间的关系主要有两种方法。一种是结构化方法，基于财务报表信息、行业之间的关联等微观数据进行风险度量。例如，网络分析用于模拟基于网络形状的风险相互传播特征。刘海云和吕龙（2018）利用社会网络方法构建系统性风险溢出网络，分析国际股票市场风险溢出的整体特征。另一种是简约化分析框架，基于行业的资产收益率联合分布直接度量系统性风险。该方法进一步分为自下而上和自上而下的分析方法。自下而上的分析方法关注系统内的组成部分对整个系统的风险影响，而自上而下的分析方法则是先评估整个系统的风险水平，进而在系统中的各个部分进行风险分配。

二 行业状况与股票市场的相关研究

行业是由一群具备相似特征的企业所组成的居于整体宏观经济与个体微观经济之间的一个经济体。对行业的分析，既要考虑宏观经济，也不能离开微观个体；既要从产业结构出发，也要为企业本身发展考虑。无论从哪一个方面看，行业分析都显得非常重要。国内外学者从不同方向对行业的特征进行了多维研究，并取得了重要成果。

对行业的研究始于 Leontief 于 1936 年提出的投入产出分析理论。根据国民经济各部门之间的产品交易数量，准备棋盘式投入产出表。表中的行反映了某个部门在其他部门的产品分布情况，每一栏反映了生产和消费过程中某个部门从其他部门获得的产品的投入情况。然后通过矩阵求逆来研究需求对生产的影响。在此之后，Miler 于 1985 年拓展了投入产出模型，提出了结构分解技术。这些针对行业的研究具有相当高的学术价值，然而由于行业本身的业务数据较难获取，且具有滞后性，同时随着金融市场的发展，国内外学者开始将行业研究与金融市场相关联，提出了行业波动性研究，探究行业股票价格指数的波动是否受到行业因素的影响。李昆（2003）基于对称和非对称 GARCH 模型，实证研究上海五大行业指数收入波动和波动扩散的影响，发现商业指数和工业指数的收益对其他行业具有单向扩散效应，行业指数之间的收入分配比较一致，但是，波动的扩散显示出更大的交互性。White 等（2015）通过分位数回归模型研究大型金融机构与市场指数之间的风险溢出。陈建青等（2015）基于分位数回归方法计算 CoVaR，研究银行、保险、证券三个行业间的风险溢出情况，发现金融行业间的风险边际溢出效应具有正向性和非对称性。朱波和马永谈（2018）利用沪深 300 指数成分股高频数据，分析了不同属性行业的系统性风险关系，发现金融业与非金融业系统性风险在不同时期表现出的不同规律，部分时期非金融业系统性风险高于金融业，但大部分时期金融业系统性风险较高但总体呈现下降趋势。Silva 等（2017）使用巴西的银行信贷数据，实证发现了银行间系统性风险的传染机制。

三　在险价值的相关研究

就金融风险度量而言，基于无条件分布的在险价值（VaR）是金融风险的标准度量方法，也是金融机构的通用风险量化方法。但是，在险价值方法也有很多缺陷和不足。CVaR 衡量置信区间之外的损失的平均值，并且相较于 VaR 有许多更好的性质，例如可加性和估计的简便性。

尽管 CVaR 中引入了预期的概念，但由于该方法使用的是与 VaR 相同的分布，只是在测度的计算上采用了不同的方法，因此，CVaR 不是研究系统性风险的良好方法。Engle 和 Manganelli（2004）首次引入了风险的前向和后向传导性，并提出了条件自回归值（CAViaR）。Adrian 和 Brunnermeier（2016）提出了基于此的 CoVaR 方法，其中 Co 表示条件传染性和连锁的含义。CoVaR 方法可用于分析系统性风险的来源以及个体金融机构对系统性风险的贡献。Castro 和 Ferrari（2014）提出了 CoVaR 显著性检验方法，并推导出基于 CoVaR 的方法来比较不同金融机构的系统性风险。

在应用方面，学者通常将 CoVaR 应用于银行、证券等行业的上市公司系统性风险研究。在研究方法上，分位数回归法和 GARCH 方法都经常用于模型的建立。Girardi 和 Ergün（2013）改进了 CoVaR 模型，并对四个金融集团的系统性风险贡献进行了估计。López-Espinosa 等（2012）使用 CoVaR 方法对大型国际银行进行了研究，发现短期批发性融资是系统性风险的主要来源。赵进文等（2013）从理论和实证方面研究了边际预期损失（MES）与 CoVaR 的联系和区别。高国华和潘英丽（2011）发现四大行对银行系统性风险的贡献最大，银行的溢出风险、自身风险和不良贷款率对系统性风险有显著影响。Chen 等（2017）对中国银行业的风险溢出进行了研究。陈九生和周孝华（2017）使用 CoVaR 方法，结合单因子 MSV 模型，分析了中国股票市场与 ETF 市场之间的风险溢出效应，发现股票市场对 ETF 市场的风险溢出效应强于 ETF 市场对股票市场的风险溢出效应。

在 CoVaR 的拓展应用方面，王丝雨（2016）使用非对称 CoVaR 模型测算银行业系统性风险，发现银行发行二级资本债券能够降低系统性风险。张晓明和李泽广（2017）认为，ΔCoVaR 指标能够较好地吸收和反映宏观变量信息，采用时变的指标能够更好地吸收和反映资本充足率指标和流动性比率等银行层面信息，二者具有互补性。欧阳资生和莫廷程（2017）将 q 分位点下的收益率等于 VaR 推广至最多等于 VaR，在此基础上分别度量了上市商业银行对整个金融市场体系和上市商业银行对其他上市商业银行的风险溢出效应。周爱民和韩菲（2017）基于 GARCH-时变 Copula-CoVaR 模型对中国香港、内地的股市和汇市四个市场两两间的风险溢出进行了研究，发现同市场、同地区的风险溢出大于跨市场、跨地区，并且股市和汇市的风险溢出方向是动态变化的。

从现有文献可以看出 CoVaR 非常适合用于研究系统性风险，但同时也发现，现有研究基本上都是针对某一行业内部进行的，针对行业间、行业与市场指数间的研究还较为有限。而当前的系统性风险管控政策已经不仅限于金融领域，对防范风险的要求已经扩展到每一个行业。在此背景之下，本书将使用 CoVaR 方法研究中国不同行业上市公司的系统性风险传染，并研究各个行业对整个股票市场的系统性风险贡献值。同时，对于同一个行业，本书也将进行横向和纵向的研究。纵向上，研究在不同时间点的风险溢出效应；横向上，研究行业对整个系统在不同风险水平的边际风险贡献。

四 股票市场系统性金融风险的相关研究

自然灾害等公共事件带来的冲击会通过行业间复杂的供应链传导，造成系统性风险传染。行业之间紧密相连，形成错综复杂的网络，甚至看似并不直接相关的行业间也会由于这些关联产生风险传导（Barrot & Sauvagnat, 2016）。大量文献采用事件研究法或者自然实验法研究自然灾害、疫情等突发公共事件对于金融市场的冲击。Deryugina 等（2018）将新奥尔良州与一个类似的美国城市进行了对比，研究在受到卡特丽娜飓风影响时，金融市场呈现出不同的表现。Pacini 和 Marlett（2001）使用了非参数事件研究方法，发现有着飓风风险敞口的保险公司对于股票价格更加敏感。Lanfear 等（2019）则考察了 1990—2017 年美国飓风登陆对股票投资组合各项指标的影响。

随着计量经济学方法的发展，越来越多的文献开始使用前沿计量模型研究金融市场的冲击。在本书关注的金融风险传染领域，Bollerslev（1990）、Engle（2002）描述的 ARCH 和 GARCH 模型被广泛使用。洪永森等（2004）基于单变量 GARCH 模型分析了 A 股市场和 H 股市场之间的风险传染机制。董秀良和吴仁水（2007）使用向量 GARCH 模型研究发现港股市场对于沪市具有显著的波动溢出效应。本研究使用 Diebold 和 Yilmaz（2012）提出的基于 VAR 模型方差分解构建的波动溢出指数来衡量波动率之间的依赖程度。

国内外已有许多使用风险波动溢出方法考察金融风险传染的文献，但学者们对于金融风险传染机制的研究大多集中在较高的层面上，比如对于资本市场和宏观经济、金融市场不同部门以及不同国家金融市场之间传染机制的研究。宫晓莉和熊熊（2020）对于资本市场、货币市场、房地产市场、外汇市场、大宗商品交易市场和黄金市场之间的风险联动性和动态传染机制进行了研究，考察了整个金融体系内部的风险溢出特征。Beirne 等（2013）以及郑挺国和刘堂勇（2018）的研究都发现，多国的股票市场之间存在明显的风险波动溢出关系，并且这种溢出关系会在接收到外部冲击后加强。

还有许多学者针对特定行业以及特定行业间的传染途径进行了讨论。如王粟旸等（2012）在外部冲击视角下对中国银行业和房地产行业之间的风险传染性进行了测度。邓向荣和曹红（2016）使用 A 股市场上市金融机构的收益率数据构建了中国金融行业的风险传染网络。Alli 等（1994）考察了原油相关市场间股价的风险传染关系。肖斌卿等（2014）依据投资者行为和债务网络对于中国银行业和房地产行业间的风险传染关系进行了研究。

目前，对于中国金融市场总体行业间金融风险传染的研究数量较少。周开国等（2020）比较全面地分析了中国股票市场各行业在较长时间段内的风险溢出特性。杨子晖等（2020）将中国金融市场分为11大行业，选用各行业的指数收益率探究了重大突发卫生公共事件冲击下行业间的风险关联情况。本研究将在已有文献的基础上，分析在疫情背景下，股票市场不同行业间系统性风险的传染及其发生的内在机制，据此提出相应的对策，旨在为国内股票市场风险传染机理分析提供更多的理论依据。

第二节　新冠疫情的影响及系统性金融风险传染机制的研究综述

一　新冠疫情的影响文献综述

新冠疫情暴发以来，学术界对于本次疫情的研究主要集中于其对实体经济造成的影响，何诚颖等（2020）、吴婷婷等（2020）、佟家栋等（2020）比较了非典和新冠疫情，通过事件研究法和路径分析的方法研究新冠疫情对宏观经济影响的多条路径，指出在供需结构和对外贸易上，疫情将导致国民经济产出减少，投资和消费下降，进出口贸易受限；在大众心理行为和经济景气指数上，在疫情中损失的经济活动无法弥补，将导致经济信心指数持续保持在较低水平；在资本市场上，疫情将导致金融机构的风险上升，市场波动加剧。郑江淮等（2020）分析了疫情对消费经济的影响，将疫情对各个消费板块的影响分为了平稳增长型、增速下滑型和逆势上扬型，指出旅游、餐饮、酒店等线下服务型的消费受到疫情的影响较大；此外，文中提出疫情将影响零售业的变化，零售的安全性成为首要考虑的因素。周新辉等（2020）主要研究疫情对中小企业的影响，将影响路径归纳为从需求、资金、生产、物流，到供应和销售链条等多重路径，认为疫情使得营业成本上升、资金以及存货处于低流动性水平，民众消费心理预期水平较弱，均直接对中小企业经营产生影响。冯俏彬和韩博（2020）将疫情对于财政经济的影响作为分析重点，认为疫情背景下将使得政府减少收入增加支出 1.2 万亿—1.7 万亿元，提出提高赤字率、寻找收入端新动力的财政建议。王若兰（2020）基于全球供应链的视角，分析了疫情对中国的影响并提出应对策略建议。

杨子晖等（2020）率先对新冠疫情带来的金融风险及其传染机制进行研究，通过构建因子增广向量自回归模型与风险关联网络，研究中国系统性金融风险在不同部门间的传染机制变化，并指出在疫情背景下，亚太地区的风险关联程度较高，且风险的全球扩散速度较快。提出加强外汇的资产负债管理以防范外部风险对中国的影响，并加强对受疫情影响较大的中小企业的支持，坚持扩大内需的刺激策略等政策建议。刘婷和郭明（2020）研究了疫情对系统性金融风险的影响机制，将其分为经济冲击效应和情绪传染效应。方意等（2020）运用事件研究法，分析了疫情冲击下各阶段的市场反应，并研究各个部门内和部门间的风险溢出水平，发现中国股票市场和外汇市场之间的风险溢出水平会随着疫情产生较大的变化。方意和贾妍妍（2021）进一步分析了疫情背景下的全球外汇风险传染，发现在疫情暴发后，中国从外汇风险的输出者变为输入者，亟须防范外汇风险的输入。吴光磊等（2021）采用主成分分析方法构建金融压力指数，对疫情背景下的系统性金融风险进行度量，结果显示在 2020 年 4 月以前，疫情的暴发使得金融压力指数剧增，与模拟情况相距较大，2020 年全年金融压力指数保持在高位水平。

国外文献也涌现了一些有关新冠疫情对经济及金融影响的研究成果。例如，Bofinger 等（2020）研究新冠疫情对德国的经济与政策带来的影响，发现疫情的扩散将直接对供给端的生产、运输等方面产生影响，使得全球价值链产生变化。而在需求结构上，疫情使得经济产出的减少最终使得人们的购买力水平下降，消费和银行信贷均会大大减少。在应对疫情的举措上，文章提出应该将医疗体系和防疫措施的完善放在首位，以减少更长期更大的经济成本。Mann（2020）通过实际租赁和金融租赁的对比，测度疫情带来的经济后果，指出疫情会对投资者情绪产生负面影响，从而使得整个投资市场存在较大的不确定性。Cecchetti 和 Schoenholtz（2020）则主要分析了疫情下银行体系中的风险传染机制。

二 系统性金融风险及其传染机制文献综述

系统性金融风险的概念于 20 世纪末被提出，指的是金融体系在某段时间的共振导致整个金融市场的风险加大，无法通过分散化消除的金融风险。Kaufman 和 Scott（2003）整理了学术界对系统性金融风险的定义，总结出系统性金融风险的三大特征：第一个特征为同时性，即系统性金融风险是整个金融市场在某一时刻共同受到事件冲击；第二个特征为同因性，即系统性金融风险是所有金融机构的风险增大都处于同样的宏观与微观环境下；第三个特征为传染性，认为系统性金融风险是市场上各个主体间的链式反应。自此以后，国内外学术界对于系统性金融风险的度量和传染机制进行了大量研究，为本研究提供了良好的理论基础和模型借鉴。已有文献对于系统性金融风险的研究主要分为风险的测度和传染机制的研究。

（一）系统性金融风险的测度

根据已有的文献，可以将系统性金融风险测度方法分为从全局角度出发和个体监测两类方法。从宏观来看，金融体系是一个有机整体，主要通过一些衡量宏观经济的风险指标来测度系统性金融风险。从微观来看，系统性金融风险测度的研究主体是金融市场的参与者，通过测度金融市场上的各个主体对其他主体的风险溢出或其对整个市场的风险贡献程度。

从宏观层面出发，已有的研究大多在宏观经济领域选取易于度量的风险指标来测度和预警系统性金融风险水平。Borio 和 Lowe（2002）首次构建了金融危机预警指标。Borio 和 Drehmann（2009）发展了之前的研究工作，分析了 18 个经济合作与发展组织国家的房地产市场价差、股票价格和信贷价差，提出资产价格和信贷价差的波动预示着金融风险的增大，从而结合三个方面构建了一个综合的宏观经济预警指标，通过该指标度量系统性金融风险并预测金融失衡发生的概率。Alessi 和 Detken（2009）通过 GDP、利率、通货膨胀率、货币政策等基础宏观指标构建了一套早期预警指标，预测了未来 6 个季度的总体资产价格水平，以反映金融市场繁荣程度与风险水平。Illing 和 Liu（2003）提出了金融压力指数的概念，用以衡量金融体系的风险大小。Grimaldi（2010）以欧洲为研究对象，识别 10 年间的各项金融冲击，选取了 16 个金融市场指标，运用 logit 回归方法得到各项指标与金融系统稳定性的关系，通过回归结果构建了金融压力指数。Oet 等（2012）选取了美国的股票市场、信贷市场、银行间市场、外汇市场的日度交易数据，构建了金融压力指数识别动态的系统性金融风险。Brave 和 Butters（2011）采用主成分分析法，分别在货币市场维度、债券和股票市场维度以及银行体系维度选取 100 个衡量经济发展水平的变量，构建了美国综合金融条件指数，用以衡量金融风险的水平。Brownlees 和 Engle（2017）构建了系统性金融风险指数（SRISK），并于 2017 年对该模型进行了改进，其中 SRISK 是一家特定企业的规模、杠杆率与边际预期资本缺口（MES）的函数，度量了该金融机构在市场处于萎缩阶段时的资本缺口，将危机时刻金融机构面临的资本缺口作为系统性金融风险的度量指标。

在国内的研究中，梁琪等（2013）基于 SRISK 的分析方法，计算国内 34 家上市金融机构的资本缺口，认为中国银行与保险机构的实际杠杆率较大。陶玲和朱迎（2016）根据金融风险的传导机制分析，从金融机构、股票市场、债券市场、货币市场、外汇市场、房地产市场、政府部门等不同维度刻画风险来源，采用相关系数法将 7 个维度指标生成综合指数（CISFR）。吴光磊等（2021）采用主成分分析法构建金融压力指数，对疫情背景下的系统性金融风险进行度量，结果显示，在 2020 年 4 月以前，疫情的暴发使得金融压力指数剧增，与模拟情况相距较大，2020 年金融压力指数保持在高位水平。

从微观层面上出发研究的风险传导机制为机构向系统传导，即"自下而上"途径，在已有的研究中，CoVaR 是微观层面应用最广泛的系统性金融风险度量方式，最早由 Adrian 和 Brunnermeier（2016）提出，该方法在 VaR 的基础上引入机构间的关联性，衡量的是某一机构在处于尾部损失的条件下其他机构发生尾部损失的大小。通过 CoVaR 模型，学者可以研究不同金融机构间以及金融机构与整个金融系统之间的风险关联关系，可以实现微观层面的风险溢出水平度量。Wong 和 Fong（2010）利用 CoVaR 研究亚太地区 11 个国家在 CDS 市场间的风险溢出水平。Lopez – Espinosa 等（2012）使用分位数回归模型对 CoVaR 模型进行了改进，识别了金融事件对系统带来正向和负向冲击的非对称影响，度量了全球 54 家国际商业银行的风险水平，并以此研究影响银行的系统性风险来源。Gauthier 等（2014）以加拿大银行体系为研究对象，具体分析了银行间市场的系统性风险及其传染效应。Girardi 和 Erguen（2013）采用多元 GARCH 模型对 CoVaR 模型进行了改进，使得模型更适用于极端事件，分析了美国银行业、保险业、证券业和非银行金融机构对系统的风险贡献程度，发现银行业对市场的风险贡献水平最大。Adrian 和 Brunnermeier（2016）提出了动态 CoVaR 之差（ΔCoVaR）来表示某一金融机构在处于尾部损失情况时另一机构（或系统）的 VaR 与该机构处于正常收益水平情况下另一金融机构（或系统）的 VaR 之差，用以考察某一特定金融机构对其他机构或市场整体的风险溢出水平，从而为微观视角下风险传染机制的研究形成了基础。Acharya 等（2017）指出 CoVaR 的方法只考虑了机构在特定置信水平下的尾部损失，没有考虑在特定置信水平下更为严重的极端损失，于是提出了边际期望损失（MES）的方法，该方法考虑的极端损失不是机构的在险价值 VaR 而是期望损失 ES。

在国内的研究中，高国华和潘英丽（2011）对中国 14 家上市商业银行的股票收益数据进行研究，发现各家银行对于市场的风险贡献度与自身 VaR 不存在显著关系，四大国有银行对系统性风险的贡献程度较大。肖璞等（2012）在 CoVaR 模型中加入了分位数回归技术，量化分析了中国商业银行间以及个体银行对于整个银行业的风险贡献水平。周天芸等（2012）基于 CoVaR 方法研究香港各银行风险溢出水平随着外部冲击前后的变化情况，发现抗冲击能力由强到弱依次为外资银行、港资银行、内地银行，体量越大的银行，系统性风险溢出能力越强。白雪梅和石大龙（2014）运用 CoVaR 模型度量了 2008—2013 年中国 27 家上市金融机构的系统性金融风险，结果表明中国银行业对市场的风险贡献程度最大，杠杆率高、盈利能力强而规模较小的金融机构对系统性金融风险的贡献较大。沈悦等（2016）发展形成了 Garch - Copula - CoVaR 模型，运用该模型对中国房价变化的风险外溢水平进行分析，发现房价的不稳定对金融部门的风险溢出效应最为显著。李苍舒和沈艳（2019）研究了数字经济时代背景下新金融业态的系统性金融风险，发现体量大、利率异常的网贷平台出现风险事件将会显著加大网贷行业风险水平，网贷行业的风险事件会对银行业系统性风险形成风险溢出。宫晓莉等（2020）实证结果显示，对于体量较小的银行监管应当加强审慎监管，并提出"太关联而不能倒"的监管理念。

（二）系统性金融风险传染机制的研究

在微观层面下，学术界开始根据资产价格和相关性形成的复杂网络引入系统性金融风险传染机制的研究中。网络分析法通过机构间的关联程度刻画网络形状，从而识别风险的传播途径和各个机构的系统重要性。Billio 等（2012）运用格兰杰因果检验分析方法，将传统金融的月度收益数据形成关联矩阵，发现金融危机以来，机构间关联水平均处于较高的水平，上市银行的风险传播途径和系统重要性要高于其他金融机构。Diebold 和 Yilmaz（2014）通过方差分解定义了一个加权的有向网络，追踪金融危机以来美国主要金融机构股票收益波动率的平均和每日的时变关联性，该方法是对 Billio 等（2012）的扩展。Hardle 等（2016）提出了一种半参数广义分位数回归方法，用于基于高维框架中尾部驱动的溢出效应来估计金融机构之间的系统互连性，确定具有系统重要性的机构是其相互联系结构的条件，并度量机构间的非线性关联关系。Dungey 等（2017）通过金融机构与非金融实体企业所面临的风险间的相关系数来度量系统性金融风险，根据 PageRank 算法计算每个机构的系统重要性程度并进行排名。

国内学者也对金融风险传染机制展开研究，范小云等（2012）通过构建网络，分析了网络关联性与机构的系统重要性，发现银行间的负债关联程度越大，将会使得系统性危机越容易诱发，破产损失越大，这是决定银行系统重要性的重要指标。陈庭强和何建敏（2014）建立了信用风险传染的网络模型，运用严格随机占优理论，对网络中的关联关系、个体的风险抵御能力、个体的风险态度、个体的网络结构特征以及金融市场监管者的监控强度进行研究，发现信用风险的溢出程度随着网络的关联程度、个体的风险态度与风险事件的影响力的增长而增长,随着监管强度与个体风险抵抗力的减少而减少。王晓枫等(2015)运用随机模拟法构建了银行同业间拆借的复杂网络,该网络结构具有无标度的特征,研究发现体量较小的银行比大银行更易于因外部的冲击时间引发倒闭,在网络中增加银行节点的数量可以使得银行间市场风险溢出效应有所降低。欧阳红兵和康小康(2015)在构建金融机构网络过程中采用了最小生成数和平面极大过滤图的方法,该网络可以动态识别结点在各个时间点的系统重要性,并识别出系统性金融风险的潜在传染机制。隋聪等(2016)根据构建的网络模型对银行间风险的传染进行测度,发现银行部门系统性金融风险的水平主要取决于银行间网络的潜在传染作用。李政等(2016)基于信息溢出的视角,分析了金融网络的总体相关性和机构间的相关性,研究发现金融网络的关联度在2012年以后出现上升,金融机构的影子业务是风险关联水平上升的主要原因。蒋海和张锦意(2018)通过在网络分析中采用了分位数回归方法与LASSO算法计算尾部风险,发现银行间风险关联性的增大将使得系统性金融风险提升。杨子晖等(2019)运用预期损失(ES)度量尾部风险,基于非线性的研究视角构建网络关联指标,指出房地产业是中国重要的系统性金融风险来源。

第三节 实体经济与金融市场间风险传染的相关研究综述

作为实体经济的"晴雨表",宏观经济的状态深刻影响了金融市场的运行情况,过去几十年间涌现了大量富有洞见的研究考察二者之间的关系。同时,由于金融市场自身的缺陷,金融市场摩擦在无形中放大了实体经济的波动。近年来,爆发的诸多外部突发事件给实体经济和金融市场带来重创,这让主流经济理论反思实体经济与金融市场间的互动模式,为更好地实现"金融服务实体经济"、有效防范风险化解危机寻找出路。

一 实体经济与金融市场间的双向传导

金融市场波动与实体经济基本面密不可分,这一点截至目前已得到充分肯定,学者们从两个截然不同的角度分析了二者之间的联系。前者研究金融市场波动的宏观决定因素,利用宏观经济信息丰富完善金融市场的各种模型,后者关注金融市场波动如何直接作用于实体经济。

(一) 实体经济对金融市场的影响

由于市场因素的任何变化都与公司经营状况、市场繁荣与否紧密相关,之前广为受用的各种市场因素最终反映为一般的实体经济运行情况。从财务杠杆和工业生产波动的角度出发,利用宏观经济变量能够有效解释20世纪30年代美国大萧条时期股市高幅波动的现象(Officer,1973)。除此之外,大量证据表明普通股回报与通货膨胀(无论是预期成分还是非预期成分)之间存在明显的负相关关系(Bodie,1976;Jaffe & Mandelker,1976;Nelson,1976;Fama & Schwert,1977)。这个发现令学者们为之着迷,之前人们普遍认为普通股代表着由实物资产构成的收入类别的所有权,应该是一种对冲通胀的工具。自此之后,大量文献开始关注宏观经济对金融市场的影响,并试图将宏观经济情况纳入金融市场波动的评估预测框架,利用经济基本面信息提高模型精度与效率。

1. 宏观经济对资产收益的影响

Fama(1981)指出股票回报和通货膨胀之间的负向关系是代表股票回报和实际变量之间的正向关系,实际变量是股票价值的更基本的决定因素。股票收益率—通货膨胀负向关系是由通货膨胀和实际经济活动负向关系引起的。在此基础上,Geske 和 Roll(1983)、Kaul(1987)、Barro(1990)等发现大部分(超过50%)的股票年化收益率差异可以追溯到对诸如实际国民生产总值、工业生产、固定资产投资等实体经济生产的方方面面。从宏观方面来看,Breeden(1979)

提出了 C‐CAPM（基于消费的资本资产定价模型），该模型认为风险溢价的时变特征受到消费风险以及风险厌恶程度的显著影响。当宏观经济形势发生变化时，人们会根据当前实体经济的运行状况调整自身的储蓄意愿以及风险厌恶偏好，风险溢价也将随之改变，最终反映到资产价格；从企业层面来看，Fama（1990）将宏观经济对股票收益的强劲作用解释为这些变量对公司的现金流状况等重要财务指标起到了决定作用，这将影响投资者对公司预期现金流冲击、时变预期收益冲击和预期收益冲击的判断。这种思想同样应用于在 Campbell 和 Shiller（1988）和 Campbell（1991）的股利贴现模型中，该模型认为当宏观基本面发生变化时，必然将对企业的现金流和股利支付政策产生冲击，这意味着宏观经济将对股票的预期收益产生冲击。

Fama 和 French（1989）发现，普通股和长期债券的预期回报包含一个明确的商业周期模式的期限溢价。随着时间的推移，这种溢价的变化在低等级债券中强于高等级债券，在股票中强于债券。一般来说，经济状况强劲时，预期回报率较低；经济状况疲弱时，预期回报率较高。资产回报在时间维度上的阶段性特征间接证明了静态 CAPM 存在的问题，正如 Fama 和 French（1992）指出的，静态 CAPM 模型无法解释文献中发现的平均横截面收益，平均收益与贝塔收益存在相悖的情况。这催生了 Jagannathan 和 Wang（1996）的 Conditional‐CAPM（条件资本资产定价模型）的出现。他们认为，在经济衰退期间，相对于其他公司而言，处于相对较差状态的公司的财务杠杆可能会急剧增加，从而导致其股票贝塔系数的上升。在某种程度上，商业周期是由技术或偏好冲击引起的，不同部门在经济中的相对份额波动，导致这些部门的企业贝塔收益的波动。并且在衡量总财富回报时，他们考虑了人力资本回报。条件资本资产定价模型的出现更是将资产价格和宏观经济环境紧密地捆绑在一起。Lettau 和 Ludvigson（2001）将总消费—财富比率作为资产价格的预测因子，发现这个变量比股息率、股息支付率和其他几个流行的预测变量更能预测短期和中期的未来收益。Santos 和 Veronesi（2006）在一个家庭二元收入（工资收入与投资收入）模型中发现，随着宏观经济形势的改变，家庭部门的劳动收入比重在动态变化，随着这个比例的波动，投资者持有股票所需的风险溢价也会发生变化。股票收益对劳动收入与消费比率的滞后值的回归产生显著的估计结果，这些系数比使用股息价格比率产生的系数要大。

然而，基于中国市场的研究往往具有较大分歧。一方面，吴晓求（2006）认为资产价格与实体经济之间存在一种"剪刀差"态势，在一个经济长周期结束过程中，资产价格会不同程度地向实体经济收敛，但收敛的程度是有限的。高强和邹恒甫（2010）发现，企业债券和公司债券价格中，宏观经济方面的有效性无法判定。苏治等（2017）认为，中国面临严重的脱实向虚问题，无论是从规模水平上还是周期波动上，虚拟资产与实体经济存在背离特征。另一方面，薛爽（2008）认为，股票价格与宏观经济走势负相关，与行业景气度正相关。对亏损公司来说，当宏观经济向好、行业景气度较低时，清算价值在定价中的影响更大。面对这种分歧，刘少波和菊红（2005）提出了股票市场与实体经济的"三阶段演进路径"，他们认为，中国股票市场与实体经济的关联性以1997年为拐点，之前二者相关性较差，之后呈现出弱相关特征。股票市场作为实体经济"晴雨表"的表现随着经济金融发展在不断深化。

2. 生产性关联对资产收益的影响

除了宏观层面的经济信息，实体经济在行业层面表现出的更为细致的特征与联系对资产价格同样重要。生产的专业化分工带来行业技术复杂度的显著提高，投资者难以拥有足够精力同时关注多个行业的动态，这迫使投资者也随之"专业化"，导致投资者无法及时处理其他相关行业的信息（Hong 等，2007）。因此，为了更好地理解投资者有限关注带来的市场分割，大量研究目光投向生产性领域。Hou 和 Robinson（2006）发现，在高度集中的行业中，企业的创新动机较弱、面对的风险较小、行业平均股票期望报酬较低。Hong 等（2007）研究了行业组合与股票市场整体走势的关系，发现包括零售、石油、商业地产在内的大量行业回报对股票整体收益率具有预测作用，股市对基本面相关的信息反应迟缓。Cohen 和 Frazzini（2008）将关注的重点放在企业间的"供应商—客户"关系链上，发现处于同一供应链条的企业之间股价具有可预测性，并且这种客户动量几乎不受流动性、规模等因子的影响。Menzly 和 Ozbas（2010）将这种行业内的"供应商—客户"关系链向跨行业分析推广，发现上下游行业间同样存在这种股价可预测性。Lee 等（2019）利用经典的企业技术亲密度测算指标发现，技术关联企业的股票收益对焦点企业股票收益具有较强的预测能力，并且股价的调整过程与相关技术创新新闻的报道大体一致。

3. 实体经济对资产波动的影响

Schwert（1989a）使用两种不同的股票波动率统计模型均发现，波动率在重大金融危机后增加，从 1834 年到 1987 年长达 100 多年的样本中，股票波动率往往伴随着经济衰退和金融危机。这些证据强化了这样一种观点：股价是一个重要的商业周期指标。此外，在美联储提高保证金要求之前，股市波动性降低，股价上涨。因此，几乎没有理由相信公共政策能够控制股市波动。Hamilton 和 Lin（1996）研究了一个二元模型，发现股票市场波动和工业产出变化是由相关的未观测变量驱动的，并得出经济衰退是驱动股票收益波动的主要因素的结论。这个框架被证明对预测股票波动、识别和预测经济拐点都是有用的，越来越多的学者选择在模型中引入诸如消费增长、经济不确定性等宏观因素。Bansal 和 Yaron（2004）证明了在一个包含消费和股利增长的框架下，金融市场不喜欢不确定性，市场收益和波动的动态受制于未来的增长前景，消费增长中的可预测成分可以放大证券市场价格中的风险溢价。这种对宏观经济未来预期的关注同样出现在 Hansen 等（2008）的工作中，他们认为，暴露于宏观经济增长波动的金融现金流估值尽管在遥远的未来才能实现,但仍然反映在当前的资产价值中,宏观经济会对市场波动产生潜移默化的影响。

Baele等(2010)研究发现,诸如利率、(预期)通货膨胀、产出增长和股息支付等经济状态变量能够有力解释股票与债券市场月频波动率,但是对二者之间的相关性解释力度薄弱。Paye(2012)使用月频数据通过调整额外宏观变量发现,与经济不确定性相关的宏观因素会增加股票市场波动率,有效利用宏观变量能够提高样本外预测能力。宏观经济变量的解释能力往往在"大衰退"时期表现得更为显著。Corradi等(2013)建立并估计了一个无套利模型,发现股票波动的水平在很大程度上是由商业周期因素解释的,一些未被观察到的因素对波动的总体变化贡献了近20%。宏观消息是对未来实体经济增长的积极或消极信号,从而影响股票和债券交易的方向。这种随机性特征在Kim和Nelson(2014)得到了验证。使用美国股票市场月频收益率序列,将市场波动划分为"周期相关成分"和"非周期成分",与商业周期相关的市场波动在股票市场中被定价,而与之无关的部分没有被定价。并认为市场波动与经济周期之间存在一种"潜在机制",但市场在特定时期(1987年美股崩盘和1998年俄罗斯主权债务违约)会存在与衰退无关的"凭空波动"现象。Chiu等(2018)将金融市场波动进行长期成分与短期成分划分,消费和产出的负向冲击将会同时增加股票和债券市场波动率的上升,而短期成分更多受到投资者对信息敏感性的影响。

赵振全和张宇(2003)的早期研究认为,中国股票市场波动与宏观经济波动之间的相互关系较弱,他们将这种结果归因为中国股市的"政策市"特征。崔光灿(2006)认为,在中国宏观经济运行中,可以运用金融加速器机制解释由于资产价格波动带来的宏观经济波动。何德旭和饶明(2010)发现,中国资产价格波动和实体经济波动之间存在正相关关系,资产价格波动是通过影响商品市场总需求和影响货币市场总需求的均衡来实现的。吴海民(2012)从更为微观的层面考察了资产价格波动对中国沿海地区民营工业"规模空心化"与"效率空心化"的影响。股价上涨一方面对民营实体投资具有"挤出效应",加剧民营工业的"规模空心化";另一方面对民营工业的技术效率存在促进效应,一定程度上又减轻了"效率空心化"。

4. 经济信息发布、宏观经济新闻与金融市场波动

宏观经济除了作为衡量市场状态的重要指标被纳入市场波动的研究框架外,还用以考察宏观经济对市场波动的长期影响。短期来看,宏观数据发布、宏观经济新闻的播报同样犹如一颗颗重磅炸弹冲击着金融市场,具体表现为金融市场高频数据的跳跃与波动。French 和 Roll(1986)就曾强调市场波动是公共信息到达所造成的。尽管他们并未明确指出宏观数据发布或者宏观经济新闻与所谓的公共信息完全等价,但由于来源的权威性、媒体报道的普遍性,使得宏观经济信息具有明显的公共信息特征。Harvey 和 Huang(1991)、Ederington 和 Lee(1993)、Jones 等(1998)、Andersen 和 Bollerslev(1998)、Fleming 和 Remolona(1999)、Flannery 和 Protopapadakis(2002)等文献均发现了宏观经济信息的发布会带来金融市场的价格跳跃或短期波动,这种效应在股票、利率、外汇期货、国债等多个金融市场均存在。意外的超预期公告、信号效应(市场对消息的反应是不对称的,坏消息比好消息的影响更大)等微观特征被 Andersen 等(2003)发现。赵华和秦可佶(2014)发现,中国宏观信息的意外冲击对股价跳跃具有显著影响,股价对宏观信息冲击的调整速度大多为10—15分钟,但需要50分钟才能反应完全。不同方向信息冲击对价格跳跃具有非对称性影响,宏观经济信息的正向冲击会显著降低跳跃概率,而负向冲击会增加跳跃概率。

5. 宏观经济与金融市场协同波动

更为广义的是,金融市场间的协同变动同样受到宏观经济情况的影响。Barsky(1989)使用基于消费的资产定价模型发现,只要边际效用是消费的凸函数,风险的增加就会压低无风险债券的回报。当经

济体的所有财富都在股票市场交易时，只有当消费的跨期替代弹性超过单位水平时，股权价值才会随着股权风险的增加而下降。因此，宏观经济下行致使投资者进行"安全投资转移"（Flight to Quality），调整投资组合中不同风险暴露下的资产份额，最终导致资产间的低相关或者负相关。此外，宏观经济信息作为公共信息会同时影响多个合约的风险和收益特征的预期产出，某些宏观因素可能成为驱动各项资产价格协同变动的关键（Fleming 等，1998）。投资者通过"跨市场再平衡"（Cross - Section Rebalancing）渠道调整组合中对共同宏观因子的风险暴露导致各市场间异质波动的传染与转移，金融传染的模式和严重程度取决于市场对常见宏观经济风险因素的敏感性大小（Kodres & Pritsker, 2002）。

6. 利用宏观信息提高模型精度

正如 Engle 和 Rangel（2008）所言，数十年的波动性研究让宏观经济环境扮演了一个次要的角色。随着关于宏观经济对金融市场影响的认识逐渐加深，人们试图通过不断引入宏观经济信息修正已有的波动率模型，提高模型市场波动的预测能力。Engle 和 Rangel（2008）提出股票波动建模将宏观经济效应和时间序列动力学结合。资产回报的波动由一个单位 GARCH 和一个缓慢移动的成分共同组成。前者是通过市场的日度回报率进行估计，后者则是一组具有相依结构的宏观和金融变量的函数。当 GDP、通货膨胀、短期利率等宏观经济因素波动较大，或者当通货膨胀高、产出增长低时，波动率的低频成分较大。在此基础上，Engle 等（2013）提出混频广义自回归条件异方差（GARCH - MIDAS）模型，将低频信息纳入高频数据建模之中，使用混频数据抽样（Mixed Data Sampling）将波动率分解为捕捉高频波动的短期成分和体现宏观经济信息的低频成分，为研究资产价格波动的宏观经济来源提供了新角度。郑挺国和尚玉皇（2014）沿用该思路，将低频成分扩展为多个包含宏观经济信息的因子，发现在中国股票市场引入宏观经济信息同样可以提升 GARCH 模型样本外预测能力。

Colacito 等（2011）将动态条件相关系数（Dynamic Conditional

Correlation, DCC）模型和 GARCH – MIDAS 模型有机结合，将两类资产间的相关性分解为短期相关性和长期相关性，研究了两个资产组合间资产的相关性，发现混频动态条件相关系数（DCC – MIDAS）模型的样本外预测精度相较 DCC 模型具有显著提升。Conrad 等（2014）研究了股票与国际原油价格收益率的相关性，发现将周期性宏观变量纳入低频成分可以提高 DCC – MIDAS 模型的表现，包含当前和未来经济活动信息的变量有助于预测石油储量相关性的变化。龚玉婷等（2016）运用 Copula – MIDAS 发现通货膨胀、货币供应量等诸多宏观因素对股债两市产生影响这一论断在中国同样成立。

（二）金融市场对实体经济的影响

由于资产价格是具有前瞻性的经济变量，它们构成了一类潜在有用的预测未来通胀和产出增长的指标。Mitchell 和 Burns（1938）将道琼斯综合指数作为美国经济扩张和收缩的主要指标之一。从 2007 年美国次贷危机开始的经济事件表明，金融部门在商业周期波动中扮演着重要角色。金融状况的急剧恶化通常会导致长期经济疲软，这是美国和其他国家经济衰退的一个特征（Gilchrist 等，2009）。尽管在宏观经济学中有建模金融摩擦的悠久传统，但大多数文献关注的是金融部门在传播源自其他经济部门的冲击中所扮演的角色，这里我们更加关注金融部门冲击对实体经济的直接影响。

1. 金融市场对实体经济的作用

资产价格作为前瞻性的经济变量，对预测未来实体经济的运行状况具有明确的指导意义。这些资产价格包括利率、期限差价、股票回报和汇率。如果股票价格等于未来收益的预期折现价值，那么它应该包含关于未来收益增长的信息是很自然的。资产价格与实体经济之间的联系，可以通过平滑消费理论建立起来。如果投资者愿意支付更多的资产回报与当前的经济形势相关联，那么当前资产价格应包含投资者对未来实体经济预期的信息（Naes 等，2011）。在 Stock 和 Watson（2003）的研究中，他们根据 66 篇顶级期刊的相关文献整理了 7 个经济合作与发展组织国家 41 年（1959—1999 年）的 38 个候选指标的季度数据进行了实证分析，尽管在不同国家和不同样本区间上资产价格对实体经济的预测能力存在不稳定性，但是部分资产价格信息对产出增长的预测结果是显著的。石建民（2001）、高莉和樊卫东（2002）将关注重点放在了股票市场的货币需求和资金流向对实体经济的影响上。但是这些早期研究受制于中国股票市场发展水平的限制，结果均表明股票市场在整体宏观经济中的地位和作用较为有限。陆蓉等（2017）揭示了资本市场会由于资产错误定价，引起产业结构调整，从而影响实体经济。这种影响具有不对称性，资产价格高估会对产业结构调整产生影响，低估则不会产生显著影响。苏冬蔚和毛建辉（2019）发现，在股市投机性提高会导致非上市企业的融资约束加大、生产要素投入减少且产出和生产率均下降。

具体来看，股票市场的交易过程及特征包含了大量宏观经济的领先信息。Naes 等（2011）认为，金融市场的流动性枯竭是实体经济恶化的先兆，一种可能性是，股票市场流动性与商业周期之间存在很强的关系。投资者的投资组合构成随经济周期的变化而变化，投资者参与和市场流动性相关，系统性流动性变化与经济衰退期间的"安全资产转移"有关。另一种可能性是，股票市场的流动性通过投资渠道对实际经济产生因果关系。流动性好的二级市场使投资者更容易投资于有生产力但流动性差的长期项目（Levine，1991；Bencivenga 等，1995）。Brunnermeier 和 Sannikov（2014）证明了资产市场流动性的恶化——资本在最坏情况下清算价值的下降——会导致经济中内生风险的显著增加。这种内生风险的增加是由财务受限的代理人的净值与资本资产的市场价值之间的逆向反馈循环产生的。Beber 等（2011）认为，利用行业在商业周期不同阶段相对表现差异的行业轮动策略可以获得收益。随着投资者对预期回报和风险的看法发生变化，他们会重新调整自己的投资组合，形成信息有序地在各股票领域流动。而这种基于跨部门变动的订单流组合可以预测未来 3 个月的经济状况。

除了流动性危机，崩坏的信贷市场和严重的信贷紧缩同样是困扰实体经济的重要因素。信贷息差的变动被认为包含了有关实体经济演变和经济前景风险的重要信号，这一观点得到了大量有关信贷息差（或更普遍的资产价格）对经济活动的预测内容的支持（Gilchrist 等，2009；Gilchrist & Zakrajsek，2012；Faust 等，2013）。在金融市场出现摩擦的情况下，信贷息差的波动可能反映出金融中介机构提供资金的有效供应的变化，这对信贷息差作为经济活动预测者的作用具有重要影响。金融中介机构资本状况的恶化导致信贷供应的减少，从而导致债务融资成本的增加——信贷息差的扩大——以及随后支出和生产的减少（Gilchrist & Zakrajsek，2012）。Philippon（2009）证明了在无金融摩擦的情况下，周期性低迷之前，债券市场具有比股票市场更准确地发出经济基本面下滑信号的能力。信贷息差是巨大的、不稳定的、反周期的。

基于金融市场对实体经济的重要性，有学者在经济周期模型中考察金融部门冲击的直接影响。Jermann 和 Quadrini（2012）记录了美国公司财务流的周期性特性，并表明股权支付是顺周期的，而债务支付是逆周期的。特别是该模型的模拟显示了 2008—2009 年随着经济急剧下滑，企业借贷能力的恶化。金融冲击不仅对捕获金融流动的动态很重要，而且对实际商业周期数量的动态也很重要，尤其是劳动力。这与 Chodorowreich（2014）的发现如出一辙，他认为在雷曼兄弟破产后，那些在危机前与较不健康的放贷机构有关系的公司获得贷款的可能性较低，如果它们确实借贷，则要支付较高的利率，它们的就业人数大量减少。中小企业就业人数下降的原因中，有 1/3—1/2 是由于撤销信贷造成的。Guerrieri 和 Lorenzon（2017）发现，在消费者借贷能力出人意料的长期收紧之后，一些消费者被迫去杠杆化，另一些消费者则增加了预防性储蓄。这压低了利率（尤其是在短期内），并导致产出下降，即便价格是灵活的。如果零利率下限阻止了利率向下调整，那么名义刚性下的产出下降更大。如果将耐用品纳入该模型，家庭的债务头寸会更大，产出反应可能会更大。Kiyotaki 和 Moore（2019）提出了一个不同资产间流动性存在差异的货币经济模型。货币流通是因为它比其他资产更具流动性，而不是因为它有任何特殊功能。因此资产回报率就像一个"光谱"，反映了它们在流动性方面的差异，实体经济活动和资产价格随着生产率和流动性的冲击而波动。

由于系统性风险是受到经济周期、宏观经济政策的变动、外部金融因素冲击等因素引发一国金融体系激烈动荡的可能性，且这种风险对国际金融体系和全球实体经济都会产生巨大的负外部性（FSB, 2009），系统性风险与宏观经济的直接联系是金融市场对实体经济产生影响的特殊情况。Giglio 等（2016）发现，系统性风险指数为未来宏观经济冲击的下尾部提供重要的样本外预测信息。系统性风险与宏观经济冲击的低分位数之间的关系明显强于与中位数之间的关系，这点表明系统性风险更能说明宏观经济冲击的尾部，而不是它们的集中趋势。何青等（2016）参照他们的思路，发现采用主成分分析分位数回归法（PCQR）构造出系统性风险指数可以较为准确、有效地预测未来宏观经济冲击的分布情形，系统性金融风险主要通过信贷这一渠道传导至实体部门，进而对宏观经济产生负面影响。

2. 金融市场、不确定性与实体经济运行

在外部冲击下，股票市场往往会形成前所未有的剧烈波动。古巴导弹危机、肯尼迪遇刺、石油价格冲击、"9·11"袭击等一系列重大事件背后，美国市场的（隐含）波动暂时地飙升至 200%。Bloom（2009）认为，市场波动大幅跳跃的背后是疯狂飙升的不确定性，而非 Shiller（1981）的过度波动理论。Leahy 和 Whited（1996）认为，资产回报捕捉了企业所处经济环境方方面面的特征，尽管股票价格信息可能混杂了一些泡沫和噪声，但其波动情况仍然体现了大量不确定性信息。Bloom 等（2007）认为，股票日度收益率的标准差是不确定性一个有效的前瞻性指标，并且提出利用股指收益信息可以有效剔除个股收益中与基本面无关的噪声部分。除此之外，股票收益二阶矩往往与分析师对同一家公司的年度盈利预测的变异性以及不同分析师对同一家公司的预测的横向离散度呈正相关，截面离散状况体现的意见分歧正是不确定性在微观层面的重要特征（Bloom，2009）。更为重要的是，Gourio（2012）证明了我们可以从观测到的资产价格信息中推断出灾难发生的概率，资产价格是不确定性的外在表征，对灾难的感知概率增加，将导致投资崩溃和衰退，风险息差增加，以及安全资产收益率下降。因此，不确定性成为链接金融市场波动和实体经济运行状况的重要纽带，甚至金融市场不确定性就是产出波动的可能来源（Ludvigson 等，2015）。

Bloom（2009）证明在企业具有非凸性的调整成本情况下，股票市场跳跃和波动背后的不确定性将会产生巨大的实体经济冲击，直接驱动投资和就业动态。从短期来看（冲击之后的 6 个月之内），由于不确定性因素导致企业暂时暂停了投资、雇佣活动，产生了就业、产出、生产率的急速下降；从中长期来看，不确定性冲击带来的波动性增加会产生"波动性超调"，从而推动中期波动性超调和长期回归趋势。Jurado 等（2015）认为，如果杠杆、风险厌恶或情绪的变化是资产市场波动的重要驱动因素，那么股票市场的波动性也会随着时间而变化；如果共同风险因素的负荷存在异质性，则个股收益的横截面离散度可以在不确定性中波动而不发生任何变化。因此简单粗暴地直接使用金融市场数据是不妥的做法。他们利用包含 147 个金融时间序列的数据集构造了全新的不确定性指数，发现了相较 Bloom（2009）更为强劲的宏观效应。Gilchrist 等（2014）将不确定性的估计与公司的收入和资产负债表报表相匹配，最重要的是，与他们在二级市场上交易的单个公司债券的价格相匹配。他们发现异质性波动与金融市场的扭曲程度（信贷利差）紧密相关。当控制信贷利差的影响，不确定性对投资的影响将会大幅衰退。这表明不确定性冲击同样可以像其他部门冲击一样经过金融市场摩擦的"加速器"机制放大。Bloom 等（2018）基于此直接开发出了不确定性商业周期模型，将微观层面的个股日度波动作为不确定性的全新代理，同样证明了不确定性的逆周期特征。除此之外，不确定性并非完全由重大事件的一次性冲击驱动，这个发现可能意味着对于地震海啸等自然灾害对金融市场和实体经济的破坏要远远小于新冠疫情、政治危机等持续性发酵的公共事件。

二　金融摩擦对实体经济的间接影响

除了金融市场与实体经济之间直接的双向影响，金融市场还可能成为助长实体经济波动的隐藏推手。金融市场的不完全性特征导致经济周期中金融体系对经济的影响并非严格中性的。

（一）传统金融摩擦

1. 金融加速器

Bernanke 和 Gertler（1989）在实际经济周期中最早引入融资合约中的代理问题来研究金融市场是如何加剧经济的波动的。微观主体在通过银行进行外部融资的过程中面对异常严重的代理问题：投资者对企业的经营状况远不如经营者自身清楚，因此企业必须为使用外部资金而付出额外的成本（企业先利用自有资本进行投资，然后再利用外部资金，因此企业的净值就异常关键）。在经济运行良好的时期，企业的股价净值比高，融资成本较低，投资就会相较没有外部融资时更加繁荣；反之，在经济萧条时期融资成本较高，使得投资更为萎靡，最终金融合约就成了经济周期的"放大器"，即金融加速器（Bernanke 等，1999）。赵振全等（2007）发现，中国存在显著的金融加速器效应，表现为对于相同特征的各种外生冲击，经济波动在信贷市场处于"紧缩"状态下的反应均明显强于信贷市场处于"放松"状态下的反应。更为具体的，王立勇等（2012）发现，中国的金融加速器机制在不同黏性条件下，金融加速器效应大小、金融加速器作用后的外部冲击的影响程度、对经济冲击的放大作用均不同，黏性信息条件下的金融加速器效应较显著，而黏性价格条件下金融加速器效应相对最小。

2. 抵押品约束

Kiyotaki 和 Moore（1997）关注金融合约的不完备性与企业的一致性，引入了明确的抵押品约束。在不同的经济状态下抵押品价值会发生变化，企业得到外部融资的机会就会随着抵押品价值的变化而变化，同样形成"经济周期放大器"。Fostel 和 Geanakplos（2008）将异质性特征放在投资者身上，认为投资者对经济形势的判断存在分歧。危机中，悲观者会要求更高的抵押品价值，进而出现去杠杆；而购入资产的乐观者会面对去杠杆带来的资产价格下降，资产价格暴跌会进一步强化去杠杆的过程。最终出现繁荣时期的杠杆率过高与危机时的杠杆率过低。这种情绪的变化还将会带来融资渠道的改变（Mclean & Zhao，2012），在经济衰退时期投资者情绪低迷，投资和就业对托宾 q 值不那么敏感，而对现金流更敏感，对现金的执着推高了外部融资成本，放大了经济周期。

3. 特殊冲击的"金融加速器"

除了抵押品价值变动带来的杠杆周期，金融摩擦作为实体经济波动放大器还可以将其他特殊的冲击放大，最为典型的就是波动冲击，更确切地说是不确定性。Gilchrist 等（2014）认为，在风险债务的框架下，杠杆股权可以看作是在有限责任下的看涨期权，而债券持有人所面对的偿付结构，与卖出看跌期权的投资者相似。这种情况下公司资产风险的增加以债券持有人的损失为代价，使股权持有人受益，这意味着为了补偿债券持有人增加的不确定性，信贷息差会上升。受制于机构或道德风险问题，不确定性的增加将提高通过外部融资的使用成本，导致投资支出下降，最终不确定性将在金融摩擦的机制下被放大。Arellano 等（2019）认为，雇用投入来生产产出是一项有风险的努力。公司必须雇用投入，并承担财务义务，以支付他们之前的支出。当金融市场不完备时，公司只有债务合同来防范这种冲击，他们必须承担这种风险。如果公司不能履行他们的财务义务，这种风险就会产生真正的后果，他们必须经历代价高昂的违约。因此，企业层面的波动性增加会导致经济下滑和信贷状况恶化。

(二) 金融中介理论

随着 2007—2008 年美国次贷危机的爆发和全球经济的衰退, 依托于 BGG 模型的诸多文献似乎并不能完全捕捉在这场危机中的关键问题和特征, 包括危机中金融中介的大面积停摆崩溃以及各国或当局采取的以向信贷市场直接注资为代表的非常规政策 (Gertler & Kiyotaki, 2010)。金融中介的崩溃使得危机中原本可以分散的冲击变为了一种极具破坏力的系统性力量 (Christiano 等, 2010)。

1. 金融中介对实体经济波动的影响

与以往文献设定金融机构面临信息不对称问题或者借款人面对融资约束不同, Adrian 和 Shin (2009) 表示, 在市场化金融体系中, 银行市场与资本市场发展密不可分, 融资条件与市场化金融中介机构杠杆波动密切相关。金融中介资产负债表的增长是一个流动性窗口, 提供了一种信贷可用性的感觉。经纪自营商资产负债表的收缩往往会先于实体经济增长的下降, 甚至在当前的动荡之前。因此, 以市场为基础的金融中介机构的资产负债表数量是影响货币政策实施的重要宏观经济状态变量。

Gertler 和 Kiyotaki (2010) 设定金融中介有完全评估债务人经营状况的能力, 他们可以凭此高效地给非金融部门提供信贷供给。金融中介通过向家庭部门或者银行间拆借业务吸收资金, 如果银行间市场运行良好, 那么资金可以顺利地从资金过剩的机构流向有需要的机构。然而, 金融中介与他们的存款人之间存在代理问题, 代理成本又表现为银行资本与总资产比率 (Holmstrom & Tirole, 1997), 这给中介杠杆比率带来了内生约束, 其效果是将中介部门的总体信贷流与权益资本捆绑在一起。与 2007—2008 年美国次贷危机一样, 中介资本的恶化将扰乱借贷活动, 从而提高信贷成本 (Gertler & Karadi, 2015)。相较于资金充裕的金融中介, 面对资金压力的中介机构往往要求更高的贷款利率, 信贷利差在这个过程中逐渐拉大, 信贷标准逐渐收紧，重创了实体经济。而实体经济受创使得金融中介资产负债表雪上加霜，最终形成恶性循环。债券融资对银行融资的替代就是危机期间银行信贷供给萎缩的有力证明。在此基础上，Gertler 和 Kiyotaki（2015）进一步引入流动性错配和银行挤兑，由于银行净值随总生产而波动，银行资产预期收益率和存款之间的息差呈现反周期波动。他们发现银行运行均衡是否存在取决于银行资产负债表和内生确定的银行资产清算价格，Adrian 等（2013）发现，在 2007—2008 年美国次贷危机中，证据压倒性地指向银行和其他金融中介机构的中介信贷供应出现了冲击。银行贷款下降主要是通过债券市场借款增加来弥补的。然而，无论是直接信贷还是中间信贷，信贷成本都急剧上升，表明债券融资的需求曲线向外移动是对银行信贷供给曲线向内移动的响应。对实际活动的影响来自风险溢价的飙升，而不是信贷总量的收缩。之所以出现这种情况，He 和 Krishnamurthy（2013）认为，中介机构在筹集股本方面面临限制。当约束受限时，中介机构股权资本稀缺，表现为风险溢价上升。降低中介机构的借贷成本，注入股权资本以及直接干预不良资产市场，是经济从危机中复苏行之有效的方式。Jimenez 等（2012）为银行信贷供给受制于其自身资产负债表情况给出了证据。他们发现面对从紧的货币政策和疲软的经济环境，相较于其他银行，资本或流动性比率较低的银行大大减少了信贷供应，面对同样的贷款申请，实力较弱的银行不太可能发放贷款。

2. 危机中的企业、金融中介与信贷市场

Bolton 等（2016）认为，金融中介的流动性需求可以通过向长期投资者出售现金（内部流动性）和资产（外部流动性）两种方式实现，相比之下后者更为有效。但是，由于关于资产的信息存在严重不对称，对流动性冲击的预期导致银行过早地抛售资产。这个过程中将资产市场流动性与交易者的融资流动性紧紧捆绑在一起。基于这种事实，Brunnermeier 和 Pedersen（2009）认为，交易者向市场提供流动性，而提供的流动性规模取决于自身获取资金的能力（个体融资流动性的大小)。反之,交易者融资流动性的大小受到了融资约束的限制,在较高的市场流动性保证了交易者所持资产的价值,放松了融资约束。这样市场流动性和个体的融资流动性形成了相辅相成的双螺旋结构,二者"一荣俱荣,一损俱损"的特点带来了市场流动性的诸多特征。

面对这种市场流动性与自身融资流动性同步收紧的特殊时期,关系型银行成了持续信贷的主要供给者(Bolton 等,2016)。关系型银行可以收集借款人的信息,从而在危机期间为盈利的公司提供贷款。由于其提供的服务,关系银行的经营成本高于交易银行,它们在正常情况下收取更高的中介费用,但在危机中以比交易银行更优惠的条件向盈利企业提供持续贷款。

然而,并非所有企业都能够获得关系型银行的青睐,其他企业开始尝试将外部融资渠道从银行信贷转向其他方面。Appendini 和 Garriga (2013) 研究了 2007—2008 年国际金融危机期间企业间流动性供应变化,发现危机前流动性水平高的企业增加了对其他企业的贸易信贷,与事前现金匮乏的企业相比,其业绩表现得更好。受到更多信贷约束的企业更多地选择贸易信贷作为银行信贷渠道中断的补偿,这与银行信贷短缺时,企业为客户提供流动性保险并为积累现金储备提供重要的预防性储蓄动机是一致的。Casey 和 Toole (2014) 发现,受到银行贷款限制的中小企业积极选择使用或申请替代性外部融资,包括贸易信贷、非正式贷款、来自其他公司的贷款、市场融资(发行债务或股权)和国家赠款。Beck 等 (2018) 认为,尽管在信贷繁荣时期,关系借贷与信贷约束无关,但在经济低迷时期,它能缓解这种约束。对于规模较小、不透明的企业以及经济下滑更为严重的地区,关系贷款的积极作用更为明显。此外,关系贷款减轻了企业增长下滑的影响。尽管贸易信贷是常规银行信贷的优秀替代,但是信贷冲击对企业附加值、就业、购买投入的影响将会沿着企业间的贸易信贷链进行传递(Cingano 等,2016)。

3. 金融中介网络与金融市场"级联崩溃"

由于金融中介除了从储户手中获取资金，银行间市场的拆借业务更是银行纾困的有效选择，金融中介的个体行为往往与市场整体特征捆绑在一起。正如 Iyer 等（2014）的发现：危机前更依赖银行间拆借的银行在危机期间减少了更多的信贷供应。对于那些规模较小、与银行关系较弱的公司来说，信贷供应减少的幅度更大，而流动性不足对信贷紧缩的影响对偿付能力较差的银行更大。同样的证据来自 Cingano 等（2016），他们发现，如果银行间市场没有崩溃，投资支出将会高出 20% 以上，平均每家公司每增加 1 欧元，可用信贷就会增加约 30 分。正如 Gertler 和 Kiyotaki（2010）所言，银行间市场的紊乱将大大抑制实体经济活动。

尽管经验证据表明，银行间市场的缺失将严重影响信贷供给效率，但是银行间市场网络对系统稳定性的影响文献并没有给出统一的结论。以 Allen 和 Gale（2000）为代表，他们建议更平等地分配银行间债权，可以增强系统对任何一家银行破产的抵抗力。Allen 和 Gale（2000）认为，在一个联系更加紧密的金融网络中，一家陷入困境的银行的损失会在更多的债权人中分配，从而减少单个机构受到的负面冲击对系统其他部分的影响。特别是，在一个完整的金融网络中，所有其他银行平均持有每家机构的债务，这是最不容易发生传染性违约的结构。与之相对的是环状网络——在这种结构中，一家银行的所有债务都由单一的交易对手方持有——是所有金融网络结构中最脆弱的。与之相反，另一些人则认为，紧密的相互联系可能会起到破坏稳定的作用，为银行系统的集体崩溃埋下隐患。Battiston 等（2012）认为，由于金融加速机制的正反馈循环，金融系统的互联性越强，金融系统的脆弱性就越大。一个金融中介的稳健性的负面变化往往会持续一段时间，通过对手方的反应对代理的后续业绩产生不利影响。Acemoglu 等（2015）将以上两种观点进行了整合，认为随着银行间联系的增加，金融传染呈现出一种阶段转变的形式：只要影响金融机构的负面冲击的规模和数量足够小，更"完整"的银行间债权就能增强系统的稳定性；然而，超过一定限度，这种相互联系就开始成为冲击传播的机制，导致金融体系更加脆弱。由于网络外部性的存在，均衡出现的银行间网络可能是社会低效的。尽管银行考虑了其贷款、风险承担和破产对直接债权人的影响，但它们并没有将其行为对网络的其他部分造成的后果内在化。这意味着银行间网络中每个个体都无形中驱动了市场整体行为。

银行间市场上每家机构都面临着可能被其他机构传染的风险，那么银行间能否自动形成事前承诺的相互担保和流动性收紧情形下的自发救助？关于这个问题，Leitner（2004）认为，银行间的联系会传播传染，其他银行的流动性紧张可能会波及自身，银行会形成自发的私人纾困，流动性强的银行会因为传染的威胁而对流动性差的银行进行救助。Babus（2013）为银行通过双边协议分担这种风险的决定建模。允许在不同的关联方之间分担损失的金融网络是内生的。在均衡银行网络中将系统风险定义为传染发生的条件是一家银行倒闭的事件概率。证明存在不发生传染的均衡，银行间市场会自发形成对冲击传播极具弹性的网络。Leitner（2004）表示，尽管银行并不会形成正式承诺，但事前联系的相互保险要优于事后的自发救助。

三 文献评述

金融市场与实体经济是当代经济系统中不可缺少的两个维度，二者之间也存在不可分割的血脉联系。这样的客观现实要求金融市场与实体经济形成良性互动以确保经济系统的高效运行。学术界、监管层、政策制定者都在为这个目标而努力，厘清金融市场与实体经济之间相互影响的方式、渠道、特点则是实现这一目标的重要基石。从文献回顾的内容来看，无论是从实体经济与金融市场的直接双向互动的角度，还是从金融市场摩擦的间接影响角度，实体经济与金融市场之间的相互影响已经有了大批富有洞见的研究成果，现有研究的主要贡献具体如下。

1. 现有文献从金融市场与实体经济的直接双向互动以及金融市场对实体经济的间接影响两个维度讨论二者之间的关系，视角较为全面，尤其是对实体经济与金融市场间双向互动机制的研究，主要包括信贷摩擦、流动性、风险溢价等视角，为该课题的研究提供了大量的理论支撑。

2. 现有文献在研究金融市场与实体经济双向互动过程中开发了大量高效的计量模型，尤其是基于混频数据模型和非对称模型的开发运用，弥补了实体经济数据和金融市场数据频率差异的先天缺陷，捕捉了实体经济与金融市场互动的特殊模式。

3. 近年来，大量文献利用网络分析的方法研究金融市场与实体经济内部结构特征，以更为微观的视角审视金融危机的爆发，以及实体经济与金融市场的风险共振。无论是金融中介网络还是企业间的投入产出网络，大量研究开始关注微观个体间的风险传染以及整体风险的形成过程。这些文献对我们从微观层面审视信贷市场摩擦与实体经济波动之间的关系具有重要意义。

现有文献对研究实体经济与金融市场风险传染机制作出的贡献毋庸置疑，然而，仍然存在一些有待进一步考究的问题。

1. 实体经济与金融市场双向互动的特征研究较为缺乏。尽管有大批文献将"罕见灾难"纳入资产定价或者宏观经济学的模型框架，但其将关注重点放在了"罕见灾难"如何影响资产价格或者经济周期，鲜有考虑"罕见灾难"下实体经济与金融市场的互动关系。基于不确定性的文献虽然普遍认为突发事件背后的不确定性会重创实体经济，但关于金融市场波动与不确定性之间的关系仍有较大分歧，不确定性的来源、不确定性对实体经济的影响机制等诸多理论问题仍未得到明确答案，无法完整回答实体经济与金融市场"风险共振"的问题。

2. 关于信贷市场摩擦与实体经济波动的研究局限在宏观层面缺乏微观层面的讨论。传统观点认为，在外部冲击下，信贷市场摩擦异常严重，导致借贷成本居高不下，切断了企业的外部融资渠道，进而引发实体经济衰退。但是，有文献指出，企业面对高昂的银行信贷成本时会选择企业间贸易信贷或者债券市场的方式进行弥补，甚至部分文献发现这些途径几乎可以完全弥补银行信贷缺口。这样来看信贷市场摩擦引起实体经济衰退的观点并不那么有力，从金融中介和企业层面的微观视角可以更为透彻地分析这个问题。但目前来看，这方面的文献相当空缺，值得深入挖掘和研究。

3. 现有文献鲜有涉及精准施策问题。无论是2007—2008年前后各国货币和财政当局的"非常规政策"，还是大量的文献研究都表明，通过向信贷市场直接股权注资是缓解危机的重要手段。但是，这只是一种宏观层面的政策指导，并未落实到细节。存在预算约束的情况下，难以对每一家机构都实现直接救助，直接股权注资对象的选择以及具体政策的"沙盘模拟"鲜有文献涉及。

第四节　金融风险跨市场传染的相关研究综述

随着经济全球化和金融自由化的加快，金融市场间的关联性逐渐增强。这种关联性多表现为各市场间显著的溢出效应与传染效应，它不仅存在于同一国家的不同金融市场间，也存在于不同国家的不同金融市场间。金融市场间的关联性是整个金融体系有效性的表现，一方面，金融市场间的关联性构成了货币政策有效执行的基础性条件；另一方面，这种关联性也使得各种风险在金融体系内快速传染，并在一定条件下演化为金融危机，严重影响金融市场和实体经济的正常运行（李成等，2010）。由此可见，金融市场间风险传染效应对于政策实施以及风险管理都具有重要的现实意义，也得到了国内外学者的普遍关注。本部分从金融风险传染的特征、金融市场风险传染和金融市场风险传染的成因三个方面对国内外相关研究进行了较为全面的梳理与评述。

一　金融风险传染的特征

2007年美国爆发的次贷危机给全球经济带来重创，此次危机之后，系统性风险成为各国监管机构及相关学者关注的焦点。究其原因，主要在于系统性风险的传播速度、牵连范围、破坏力度均远远超过单个机构的个体性风险，对全球金融体系的安全构成了巨大威胁。金融风险传染是形成系统性风险的根本原因，金融风险跨市场、跨机构、跨部门传染是当前系统性风险的显著特征。长期以来，金融风险传染和系统性风险是学术界关注的热点话题，大量学者对金融机构风险传染、金融部门风险传染、金融市场风险传染进行了研究。

对金融机构风险传染的研究中，代表性的包括：Adrian 和 Brunnermeier（2016）考察金融机构处于危机时对整个金融系统带来的影响，衡量金融机构对系统性金融风险的贡献度；Acharya 等（2017）基于系统性期望损失来考察面对系统性金融风险时整个金融体系可能遭受的损失，同时通过边际期望损失来考察单个金融机构对于系统性金融风险的贡献程度；Brownlees 和 Engle（2017）通过将金融机构的负债、规模和关联性纳入对银行预期资本缺口的衡量中，使用系统性金融风险指数 SRISK 来衡量单一金融机构在严重市场衰退条件下的资本缺口，以此测度系统性风险；Diebold 和 Yilmaz（2014）基于风险溢出效应来考察金融机构之间的风险传染，通过加总风险溢出效应考察系统性风险。

对金融部门风险传染的相关的研究表明（Allen & Gale, 2007），信贷资金的跨部门流动导致了金融风险在银行与保险机构之间进行传导（Adams 等，2014），从而使得系统性金融风险可能存在显著的跨部门传染效应。Billio 等（2012）研究发现，银行、对冲基金、保险等部门在过去的十年里高度相关，这种相关性可能通过一个复杂的和时变的网络关系提升金融、保险行业的系统性风险水平。Collet 和 Ielpo（2018）指出，跨部门的风险传染威胁着金融体系的安全与稳定，保险部门和商品部门是危机期间的风险源头。

二 金融风险跨市场传染

(一) 一国之内金融风险跨市场传染

国内外关于股票市场、债券市场、外汇市场、货币市场、商品市场等主要金融市场间溢出关系的研究较为丰富，其中大量文献集中于股票市场和债券市场、股票市场和外汇市场以及货币市场和资本市场的风险传染，以下重点梳理这些市场关系的文献。

1. 股票市场和债券市场

股票市场和债券是金融市场的核心组成部分，它们之间的传染效应成为金融市场间的传染效应研究的重点。就股票市场与债券市场风险溢出的形成机制及其表现形式而言，有两种代表性观点：传统金融观点认为，股票、债券均是预期现金流的现值，是虚拟化的资本，在其他条件不变的情况下，无风险收益率、通货膨胀率等市场基础条件的变化，将导致股票与债券二者价格同向变化，即联动效应（Engsted & Tanggaard，2004）。行为金融学观点认为，由于股票与债券的定价基础不同，所以随着新信息的不断出现，投资者对股票与债券价格的预期不再保持一致，引发投资者调整其投资组合，导致股票与债券价格呈反方向变动，即"跷跷板"效应（Barsky，1989）。近年来，随着金融市场复杂性上升，股票市场与债券市场的关系并非一成不变，Connolly 等（2005）发现，股债关系与股票市场状态相关，当股票市场不确定性增大时，二者呈负相关。Baele 等（2010）对股票市场和债券市场联动的研究发现，宏观基础条件如无风险收益率、通货膨胀率等对于股债收益率联动的影响微乎其微，而流动性对股债收益率联动的影响较为显著。

针对中国股票市场与债券市场之间的风险传染效应，不少学者也进行了研究，并出现了两种竞争性观点。一些学者指出，股票市场和债券市场处于分割状态：殷剑峰（2006）认为，股票市场与其他市场存在严重分割的问题,使得股票市场与债券市场不存在长期的均衡关系;史永东等(2013)也发现股票市场和债券市场联动效应总体不显著,相对分割的债券市场可以避免极端条件下系统性风险的相互感染。其他学者认为,股票市场和债券市场存在较为明显的风险传染:胡秋灵和马丽(2011)基于股票市场行情研究发现,股票市场和债券市场的波动均具有时变性和集簇性,在股票市场的不同行情下,两市场之间的波动溢出效应具有明显不同的特征;袁超等(2008)研究了股票市场和债券市场的相关性,揭示了二者相关系数的时变特征,并指出这种时变特征受到经济运行和宏观政策等外部因素的影响;王茵田和文志瑛(2010)论证了中国股票市场和债券市场流动性一体化的结论。张宗新等(2020)引入经济政策不确定性的多因子混频模型,以更好地捕捉中国股市、债市两市相关性的动态变化,经济政策不确定性的提高会降低股、债两市流动性的正相关性。

2. 股票市场和外汇市场

在金融市场中,汇率价格是一国经济基本面的反映,股票价格能敏感反映出一国经济的变化,而外汇市场与股票市场间的信息交流,使其波动溢出性大大增加。有关汇率和股价关系的经典解释是现金流导向模型和资产组合导向模型,现有文献和历史经验表明,在国际市场上大多发达国家的外汇市场和股票市场间波动溢出关系符合这两大理论模型。但相较于国际市场,特别是发达国家资本市场,中国金融市场体系还不完善、不发达,国内外汇市场和股票市场仍处于不完全开放状态,与发达国家已实现的汇率和利率市场化、资本项目可兑换等成熟开放的经济环境有所差异。而有学者及其相关研究表明,在不同经济运行机制、金融体制背景之下,外汇市场和股票市场之间的联动关系、溢出方向和传导机制并不一致。

国外学者较早地开始了对外汇市场和股票市场之间的联动关系的研究:Ajayi 和 Mougouė(1996)对包括美国、日本、德国等在内的8个发达经济体的股票指数与汇率之间的时间关系进行了研究,结果表明，一方面，国内股票价格的上涨短期内对国内货币价值产生了负面影响，长期来看则产生了积极影响；另一方面，货币贬值对股市有负面的短期和长期的影响。Caporale 等（2002）研究了东亚四国股价与汇率收益率之间的波动溢出关系，发现不仅存在股市向汇市的单向溢出效应，在印度尼西亚和泰国的两市还存在双向的波动溢出效应。Kanas（2000）对欧美六国股市和汇市收益率的相关性进行分析，实证结果表明存在股市向汇市的单向波动溢出效应。Yang 和 Doong（2004）研究了 G7 国家股市和汇市之间均值及波动溢出效应的传导机制，发现两市存在非对称的波动溢出效应，股价变动将影响汇率的未来变动，反之不成立。Walid 等（2011）在研究中国香港、新加坡、马来西亚和墨西哥外汇汇率变化对股票市场的影响时，发现汇市和股市的波动溢出关系在"平静"和"动荡"时期有着不同的表现，汇率波动将引起股市的波动。Hamrita 和 Trifi（2011）检验分析了美国市场利率、汇率和股价之间的关系，实证发现外汇市场与股票市场之间只在低频信号尺度上（长期）存在双向的波动溢出效应。

自 2005 年 7 月 21 日中国对完善人民币汇率形成机制进行改革以来，人民币兑美元汇率浮动幅度由原先的千分之五扩大至百分之一，股市呈现震荡发展趋势，国内外汇市场和股票市场的联动性越来越明显，研究新形势和新情况下两者间的波动溢出效应十分必要。早期的研究认为，股票市场与外汇市场存在长期协整关系（邓燊、杨朝军，2008；张碧琼、李越，2002；张兵等，2008）。汇率形成机制和股权分置改革后，探讨汇价与股价间关系的研究逐渐增多，但由于时间较短，研究结果也因为样本的时间跨度和实证方法不同而有所差异，使得对汇价与股价间波动溢出效应的认识难以达成一致。如，陈国进等（2009）实证结果表明，从短期来看，中国股票市场波动与外汇市场波动之间存在相互溢出效应，但从长期来看，两个市场间的波动溢出存在不对称性，只存在汇市波动向股市溢出；巴曙松和严敏（2009）研究发现，在价格溢出方面，只存在外汇市场到股票市场短期单向引导关系，在波动溢出方面，股票市场对外汇市场存在非对称的波动溢出效应，而外汇市场对股票市场只存在对称的波动溢出效应，并没有发现股价与汇率之间存在长期均衡关系；汪冬华和汪辰（2012）研究显示，汇改后牛市和熊市中的中国外汇市场与股票市场间溢出效应存在显著差异：牛市时期，外汇市场和股票市场的条件方差对自身负冲击都具有非对称性，两市场间存在显著的双向波动溢出效应，而熊市时期，只存在股票市场对外汇市场单向的均值和波动溢出效应；吴丽华和傅广敏（2014）研究表明，人民币汇率与股价之间的互动关系随时间变化而变化，即在不同时期不同背景下有不同的影响；熊正德等（2015）实证结果表明，两大市场存在显著的波动溢出效应，且在不同交易周期下存在不同的波动溢出效应，短期来看，股票市场向外汇市场有单向传递效应，随周期变长发展为双向溢出。

3. 货币市场和资本市场

货币市场是短期资金市场，是金融市场的重要组成部分。货币市场产生和发展的初始动力是为了保持资金的流动性，它借助于各种短期资金融通工具将资金需求者和资金供应者联系起来，既满足了资金需求者的短期资金需要，又为资金有余者的暂时闲置资金提供了获取盈利的机会。随着中国金融市场的市场化建设加快，一体化程度提高，整体的资源配置效率得到显著改善，同时股票市场、债券市场、外汇市场、货币市场等主要金融市场之间的关联性也逐渐增强，一个多元化且较为完整的金融市场体系在中国初步形成，货币市场的功能也逐渐强大起来。将货币市场置于金融市场以至市场经济的大环境中可以发现，货币市场既从微观上为银行、企业提供灵活的管理手段，使他们在对资金的安全性、流动性、盈利性相统一的管理上更方便灵活，又为中央银行实施货币政策以调控宏观经济提供手段，为保证金融市场的稳定发展发挥巨大作用。

在国外，有关货币市场与资本市场联动关系的研究很早就开始了：Gordon（1959）提出了著名的股利定价"戈登方程"，从理论本身说明股票价格包含人们对经济未来预期的信息，揭示了股票市场和货币市场的内在关系；Fleming 等（1998）发现，股票市场、债券市场、货币市场有很强的波动关联性，且这种效应在 1987 年股灾之后显著增强，揭示了三个市场间有较强的波动溢出效应；Schwert（1989b）研究发现，美国股票市场和债券市场的收益和波动性同时变化。近年来，国外有关货币市场与资本市场互动表现的研究正逐步深入：Rigobon 和 Sack（2003）发现，金融市场之间的传导过程是多方向的，股票市场与货币市场的相关关系取决于特定时期市场的地位状况；Bernanke 和 Kuttner（2005）证实了货币市场和股票市场间存在风险传染效应；Ehrmann 等（2011）研究表明，货币政策对美国股市走势具有强烈的影响。Campbell 等（2015）通过一种新的凯恩斯模型进一步研究了货币政策在名义债券风险中的作用，用宏观经济基本面和资产价格进行校准，通过模拟分析，认为货币政策参数的变化是债券风险的主要动因。

国内学者也非常关注货币市场与资本市场之间的联动。一方面，部分学者主要研究了货币政策对于资本市场的影响：易纲和王召（2002）围绕货币政策是否关注资本市场价格，从定性角度分析了货币市场与资本市场的紧密关系；王少林等（2015）研究表明，中国货币政策与股票市场之间存在非对称的互动关系，其中货币政策变动对股票市场具有较强的同期影响，但持续时间较短，股票市场变动对货币政策则是同期影响强度较小、长期影响持续时间长；罗瑜（2012）指出货币市场主要起到流动性边际调节作用，债券市场则主要发挥资产配置功能，从而导致债券市场对于货币政策的反应不灵敏。另一方面，不少学者也对货币市场与资本市场之间的联动及风险传染进行了研究：王一萱和屈文洲（2005）发现，中国股票市场与货币市场（同业拆借和债券回购市场）关联程度较低，货币政策的变动对股票市场影响较小；殷剑峰（2006）利用向量误差修正模型分析了中国货币市场、国债市场、股票市场指数之间的长期均衡和短期互动关系；

沈传河和王向荣（2015）研究表明，货币市场与股票市场之间的互动性较为明显，体现出独特的联动形态结构。

4. 其他市场关系

除上述研究以外，一些学者开展了其他市场间关系的研究：赵华（2007）研究了外汇市场与货币市场之间的溢出关系，发现除美元标价的人民币与货币市场利率间存在双向波动溢出效应；Diebold 和 Yilmaz（2012）研究了美国股票市场、外汇市场、债券市场和商品市场之间的风险传染关系，发现市场间波动溢出在金融危机期间格外显著。李成等（2010）分析了中国股票市场、债券市场、外汇市场以及货币市场间的溢出关系，发现显著的双向均值溢出存在于大多数金融市场间，显著的双向波动溢出存在于所有市场间，并进而证实了市场传染效应是市场间溢出的主要原因。张群等（2017）以货币、证券及外汇三个主要金融子市场及构成的整体金融市场为对象，探究其在结构、作用和功能方面的演化机理与管理问题，从金融系统的环境、组成、关联、演化、稳定、风险各方面构建起应对金融市场复杂的宏观管理框架。陶玲和朱迎（2016）提出了包括金融市场在内的 7 个维度的系统性金融风险综合指数，在采用马尔科夫状态转换方法对综合指数进行实证分析的基础上，识别和判断风险指标的状态和拐点，构建了一个既可以综合分析整体风险，又可以分解进行局部研究的系统性金融风险监测和度量方法。方意等（2019）量化分析了中美贸易摩擦对中国股票市场、债券市场和外汇市场风险及跨市场之间风险传染的溢出效应，研究发现贸易摩擦在短期会造成中国各金融市场自身风险的上升，同时贸易摩擦对跨市场风险传染有显著且持久的溢出效应。

（二）金融市场风险跨国传染

金融市场间的传染效应不仅存在于同一国家的不同金融市场间，也存在于不同国家的不同金融市场间。金融市场之间的联系对危机的蔓延至关重要（Imbs，2010；Lane，2013），近年来，我们已经见证了多次严重的金融危机，如亚洲金融危机、互联网泡沫危机、美国次贷危机等，金融风险都是从一个市场产生，然后传染至另一个市场，并且在金融危机时期具有明显的加剧和共振现象。随着经济全球化、金融市场一体化的推进，国家（地区）之间的金融活动相互渗透、相互影响，不同金融市场的联系日趋紧密，风险跨国传染的强度与频率显著增强（Devereux & Yu，2020）。

近30年来，金融市场风险传染效应的研究得到了国内外学术界和业界广泛的关注。股票市场和外汇市场受国际形势影响很大，使得关于股票市场和外汇市场的研究在国际金融市场风险传染研究中备受重视，以下重点梳理股票市场和外汇市场风险传染的研究。

1987年美国股灾引起全球股票市场同步下挫后，大量学者开始研究国际上股票市场的相互影响及风险传染机制。发达国家股票市场之间关系备受学者关注，研究认为成熟股票市场之间存在溢出效应：Hamao等（1990）、Theodossiou和Lee（1993）发现，美国、英国和日本股市之间存在风险溢出关系；Theodossiou和Lee（1993）发现美国对其他4个国家股市收益均值存在显著的溢出效应；Susmel和Engle（1994）发现纽约和伦敦间波动溢出效应很小且持续时间较短。在全球化浪潮中，特别是20世纪90年代亚洲金融危机以来，国际主要股市的资产收益及波动的联系更加密切（Diebold & Yilmaz，2009）。Yang和Zhou（2017）基于德国、法国、英国等股市的隐含波动率，结合美国量化宽松政策研究国际主要股市的波动溢出效应，发现美国处于波动溢出网络的中心，且2008年国际金融危机之后美国对其他市场的波动溢出显著提升。2020年Yang等（2020）同样基于德国、法国、英国等股市的隐含波动率，结合美国货币紧缩政策研究国际主要股市的波动溢出效应，发现美国仍处于波动溢出网络的中心，美国收紧货币政策是加剧全球系统性风险的重要催化剂。

近年来，越来越多的学者将中国股票市场纳入研究。Zhou等（2012）采用1996—2009年中国、美国、英国等11个股市的日指数研究了中国股市与主要股市之间的波动溢出效应。梁琪等（2015）研究了1994—2013年全球17个国家或地区的股票市场的关联性。杨子晖和周颖刚（2018）研究发现包括中国在内的全球各金融市场呈现显著的网络关联性，中国内地股票市场除了受美国的同期影响，还受到来自中国香港、韩国以及俄罗斯的同期冲击。郑挺国和刘堂勇（2018）研究发现，股市风险溢出效应与政策不确定性有一定关联。与此同时，不少学者立足于中国股票市场，探究其与海外市场的联动性。张兵等（2010）以指数日交易数据为样本，分段检验了2002—2008年中美股市的溢出效应，认为中国股市与美国股市不存在长期的均衡关系，走势相对独立。李红权等（2011）研究发现A股市场不再是"独立市"，A股不仅能够反映美股、港股等外围市场的重要信息，而且已具有影响外围市场的能力，但美股仍处于主导地位，并且对港股、A股市场具有金融传染效应。Luo和Qi（2017）考察了中国股市与G7经济体之间的动态相关性，发现中国股市与G7经济体股市相关性在2008年国际金融危机期间有所增加。周开国等（2018）探究了中国香港对其他亚太地区股市的溢出效应，发现中国香港股市收益溢出指数显示出其区域的领导地位及其影响力逐渐加强。

  外汇市场受国际形势影响很大，使得关于外汇市场的研究在国际金融市场风险传染研究中备受重视。Greenwood-Nimmo等（2016）研究发现，十种汇率存在风险溢出效应。夏南新（2016）分析了人民币、欧元、日元兑美元的汇率的波动溢出效应，发现人民币和欧元之间、人民币和日元之间的波动传递影响持久性相对较弱，而欧元和日元之间的波动传递影响持久性相对较强。万蕤叶和陆静（2018）选取2000—2016年欧元区国家、欧盟非欧元区国家、部分发达国家以及金砖五国等47个国家的货币汇率数据为样本，研究表明两次金融危机爆发后，样本国家的外汇市场均出现大幅度震荡，汇率市场间存在相互依赖关系。进一步地，杨子晖等（2020）结合经济政策不确定性，对全球19个主要国家（地区）的股票市场和外汇市场展开研究，结果表明，股票市场是风险的主要输出方，而外汇市场则是风险的主要接受者，二者之间存在非对称传染效应。

三　金融风险跨市场传染机制

金融风险既可以通过贸易和金融渠道在经济联系紧密的市场之间传输，也可能通过投资者信心、政治和文化等因素在经济联系薄弱的市场之间传输。根据产生根源的不同，可以将金融风险传染的渠道分为两大类：一是由于系统间各主体实体关联而产生的传染，如肖斌卿等（2014）认为，机构间的债务关系是影响机构间风险传染的最主要因素；Adler 和 Dumas（1983）、Solnik（1974）和 Stulz（1981）指出，国际市场之间的联动性取决于不同经济体基本面之间的相关性。二是由于不完全信息下的投资者行为而产生的传染。在信息不完全的情况下，投资者能观察到价格变化却无法获知导致价格变化的所有信息，一旦市场价格发生大幅波动，会导致投资者产生特定的有限理性行为，如"羊群行为"（Calvo & Mendoza, 2000），造成市场过度反应，这使得一个市场的价格波动哪怕是"偶然的错误"也会传染到另一个市场（King & Wadhwani, 1990）。

（一）系统间各主体实体关联

在开放经济条件下，国际贸易渠道是最基本的金融风险传染渠道。一个国家发生危机时可以降低收入和进口的需求，从而通过双边贸易影响其他国家的出口；此外，如果一个国家的货币贬值，这会提高该国的相对出口竞争力而导致其他国家对第三方市场的贸易竞争力下降。由于全球各国广泛存在的供应链使得这个效应可能会得以放大，致使冲击传播到更多国家。Gerlach 和 Smets（1995）将贸易传染机制细分为贬值效应、收入效应和廉价进口效应。Eichengreen 等（1996）对 20 个工业化国家 30 年的面板数据进行研究，结果证实了贸易联系是最容易观察到和非常重要的危机传染渠道。Forbes 和 Rigobon（2002）利用股票回报、金融统计数据、产业信息数据和地理数据等指标，分析了东南亚金融危机和俄罗斯金融危机期间最容易受到风险影响的公司类型，研究结果表明，金融危机爆发后的信用收缩，并不是金融风险跨国传递的重要原因，金融风险外溢的主要表现是国际贸易渠道。Gorea 和 Radev（2014）对欧元区国家 2007—2011 年的违约传染风险进行了研究，结果表明实体经济联系在冲击传播中起到了重要的作用，具有较强贸易关联的两个国家更容易发生违约风险。

在全球金融一体化背景下，金融渠道也是金融风险跨市场传染的重要渠道。金融渠道是指各市场通过相互的金融系统联系导致的传染效应。Calvo（2003）发现，被传染国发生金融危机时经常出现资本流入突停，Rothenberg 和 Warnock（2011）认为，这种"突停"现象的本质是传染源国的资本抽逃，这种资本抽逃导致他国资本账户严重逆转，进而引发危机传染。此外，国际银行机构存在"共同信贷人效应"，Goldfajn 和 Valdes（1998）认为，当某国发生金融危机时，共同债权人遭受损失后面临流动性问题，进而通过减少在其他市场的头寸拆借来解决，导致其他市场出现危机。Kaminsky 和 Reinhart（2000）把借款国家分为主要借款来自日本银行和美国银行两组，一旦给定组中的某些国家出现危机特征，则同一组内其他国家发生危机的条件概率就会急剧增加。

随着研究的深入，单一渠道无法完全解释风险的传染，综合考虑各种因素的研究逐渐发展起来。Frankel 和 Rose（1998）使用引力模型进行因子分析发现，在众多因素中各国贸易总额和他国双边贸易额、国家要素禀赋和产业结构以及是否属于区域货币同盟对国际经济联动有重要作用。叶青和韩立岩（2014）分别使用截面数据和面板数据模型识别次贷危机通过债务、贸易和金融渠道进行传染的显著性，截面数据模型显示区域、金融和债务渠道显著，面板数据模型显示贸易和金融渠道显著。

（二）不完全信息下的投资者行为

由于投资者能力有限，无法及时获知金融市场上的所有信息，所以金融市场存在信息不对称的特征，这种特征可能导致"羊群效应"，进而引发金融危机传染（万蕤叶、陆静，2018）。近年来，学术界越来越关注投资者行为在金融风险传染中的作用，尤其是用来解释基于实体关联难以解释的传染现象，代表性的机制包括"唤醒效应"、"自我实现"、注意力配置等。

亚洲金融危机后，Goldstein（1998）提出"唤醒效应"：当某国爆发金融危机后，投资者常常认为，在宏观经济、地理位置、金融或政治特征等方面与初始危机国家类似的国家也可能面临同样的危机。Bekaert 等（2012）对 2007 年美国次贷危机进行研究，发现国内股市风险已严重蔓延至个人的国内股票投资组合，其严重程度与各国经济基本面和政策的质量成反比，这证实了"唤醒效应"在金融传染中的作用，即在危机期间，市场和投资者更多地关注特定国家的特征。

Obstfeld（1986）提出"多重均横—自我实现危机模型"，认为经济基本面、市场情绪和道德风险等各种因素都会导致投资者预期发生急剧的改变，这将使得金融市场出现"自我实现"的多重均衡状态。张靖佳等（2016）构建了微观企业对危机溢出渠道的敏感度指标，研究发现中国的微观企业在金融危机的背景下对经济前景信心的减弱，导致了消费、投资的下降，最终影响到整个生产环节，造成了危机的"自我实现"效应，企业对经济周期的敏感度，是金融危机最终传导至中国最直接、有效的渠道。

注意力长期以来是认知心理学领域的研究焦点，大量的实验研究和数据结果表明，人的大脑对信息的筛选及同时处理多个任务的能力是有限的，有限注意力表示人在处理多个任务时，需要预先将其有限的注意力优先配置到各个任务中，对某项任务分配的注意力增加或减少直接影响投资者对该任务有关信息处理的精确程度。Peng 和 Xiong（2006）发现，有限注意力会导致投资者产生分类学习（Category Learning）的行为，即相对于具体公司的信息来讲，在有限注意力的情形下，投资者会更关注整个市场和行业的信息，从而能够使得不同市场之间的资产收益产生联动效应。Mondria 和 Climent（2013）以

1997年泰国金融危机为样本数据，研究了金融危机通过投资者有限注意力配置由亚洲传染到拉丁美洲的效应，研究表明投资者的注意力配置是亚洲金融危机传染的有效间接传染渠道。凌爱凡和杨晓光（2012）基于 Google Trends 搜索量，结合 2007—2008 年次贷危机时期，美国、中国、日本和韩国市场间的数据进行了丰富的实证分析，结果发现，注意力配置作为一种间接传染渠道，在危机的传染中非常显著。

除了上述的这些金融风险传染渠道外，一些学者在实证研究中也发现了其他的渠道。Kyle 和 Xiong（2001）提出，金融传染是由于财富效应，他们认为，交易者财富水平的下降会促使交易者将持有的金融资产变现，导致本国资产价格和外国资产价格的相互影响。Haile 和 Pozo（2008）指出，"邻里效应"也是金融风险的传染渠道，即当一国的邻国发生危机数增加时，该国发生危机的概率也增加。

以上是根据产生根源的不同，将金融风险传染的渠道分为两大类。实际上，这些传染渠道往往交叉难以区分，它们共同作用形成了风险传染。Hernández 和 Valdés（2001）从贸易、邻里和金融联系三个方面研究了泰国、俄罗斯、巴西危机，发现金融联系是俄罗斯危机传染的唯一渠道，而贸易联系和"邻里效应"是泰国和巴西危机的传染渠道。Pavlova 和 Rigobon（2005）研究发现，除了贸易以及现金流折现外，投资组合松、紧引发的财富转移导致了金融危机传染。郑挺国和刘堂勇（2018）研究发现，国际股市间的总波动溢出效应可以较好地由经济基本面和信息不对称下的投资者行为进行解释，并且与美国货币政策调整以及政策不确定性有一定的关联。大量实证研究也表明，金融风险的传播渠道与危机的类型、危机起源市场的经济特征、被传染市场的经济结构、金融脆弱性等因素有一定的关系，并且各个传播渠道的相对重要性随着经济全球化的演进也在不断改变，潜在的传染渠道也可能会逐渐凸显并在风险传染中起到重要作用。

四 文献评述

近年来,系统性风险已经成为一个越来越重要的话题,引起了大量学者的极大关注,金融风险传染是形成系统性风险的根本原因,金融风险跨市场、跨机构、跨部门传染是当前系统性风险的显著特征。其中,针对金融风险跨市场传染的研究集中于探讨金融市场间的传染关系,以及这些传染关系背后的具体传染机制。

这部分文献虽然数量庞大,但缺乏对外部冲击的考虑。外部事件造成的市场压力,使得金融市场间出现明显的风险溢出效应(White等,2015),并导致市场不确定性因素急剧攀升,使得金融机构或市场间原有的相互关联关系发生突变。而近期暴发的新冠疫情对经济造成外部冲击,整体上增加了金融领域的风险水平,增大了系统性金融风险爆发的可能性。现阶段对金融风险跨市场传染机制展开深入研究,识别风险来源、厘清风险在各个市场间的传染方向和大小,摸清风险传染背后的具体机制,有助于构建中国金融市场协调监管体系、健全系统性金融风险防范体系,对于防范金融市场异常波动和风险共振、防止发生系统性金融风险,具有重大的现实意义。

第五节 政府干预经济活动和金融市场运行的相关研究综述

在长期的经济实践与经济金融危机应对过程及其引发的经济学理论探索进程中,政府宏观调控对经济复苏、经济活动恢复常态的重要影响得到验证与广泛认可,政府如何适时恰当地进行何种形式的干预成为学术界长期关键的议题。政府与市场的关系是经济学理论发展过程中的核心议题,针对政府干预与经济活动关系的讨论是经济学理论发展的重要基石。在1929年"大萧条"经济危机冲击下,凯恩斯主张的一系列财政政策与货币政策迅速且有效地刺激有效需求、推动经济恢复，从需求端进行政府干预以调控经济活动的政策主张也因此长期成为各国政府制定政策的重要依据。然而，在应对20世纪70年代"滞胀"冲击的过程中，凯恩斯主义与供给学派的政策主张均难以扭转美国及全球经济颓势，外部冲击下政府如何适时有效地干预成为关键议题，其背后的议题是政府与市场的边界问题。比如，在此期间迅速发展的新古典经济学派与新凯恩斯主义学派均认可政府干预在面对外部冲击时的重要作用，其争论集中于政府干预的方式，即政府是应根据既定政策规则保护市场竞争机制正常运行，还是应采取积极宏观政策主动调控经济运行（尹伯成，2005）。

不论是以保护市场机制为目的还是以主动调控经济运行为目的，政府干预均以调控经济活动或优化金融市场运行作为中介目标。当外部事件对经济活动与金融市场产生重大冲击时，政府往往针对这两个方面展开干预，冲击影响严重时还需展开宏观调控。因此，要解决政府如何应对经济与金融环境的变化，就需要剖析政府针对不同中介目标的政策选择。

一 针对经济活动所展开的政府干预

为应对经济与金融市场受到的冲击，针对经济活动进行调控是政府重要举措之一。政府针对经济活动所进行的干预主要有两种形式：一方面，政府可以通过积极财政政策来调控经济活动，直接参与市场交易或调整市场主体行为，达到直接调控经济运行的目的；另一方面，政府也可以通过服务型政策工具改善受到外部冲击的经济活动相关环境，避免市场交易与市场竞争等重要经济机制受到影响，优化制度环境与营商环境，最终达到推动经济从冲击中迅速恢复的目的。

（一）积极财政政策

1. 普适性财政政策工具

大量文献指出，逆周期财政政策是一种有效的应对方式。比如Bénétrix 和 Lane（2013）通过研究1980—2007年欧元区成员国财政政策周期特征，发现逆周期性财政政策的模式缺失以及相应政策空间有限是国际金融危机诱发因素之一，也是危机后欧元区成员国难以迅速恢复的重要原因。Lane（2012）通过回顾2008年国际金融危机前后各类经济指标并展开分析，也得到类似结论。Heinemann等（2014）从文化角度出发，发现危机期间逆周期的财政规则具有恢复市场信心的作用，有助于危机后经济复苏。

Boubaker等（2018）采用DSGE模型针对法国、德国、意大利与西班牙四个欧元区国家样本进行研究发现，政府采购等直接参与市场交易的方式可以有效应对2008年国际金融危机的冲击，短期赤字对预算平衡的影响也能在未来5年内得以消除，而其他形式的扩张性财政政策则难以达到这一效果。这一结论表明，财政政策的逆周期调节能够短期内推动经济恢复且不影响长期经济增长。

Blanchard和Leigh（2013）、Fatás和Summers（2018）则发现，2008年国际金融危机中财政刺激政策对经济复苏的推动作用存在很强的滞后效应，之后主权债务危机的爆发并非源于财政刺激政策，激进的财务整顿不仅未能减少债务，而且通过对产出的长期负面影响导致债务占比迅速提高，形成产出—债务相互约束的恶性循环。这一结论表明，逆周期财政刺激政策推动了经济长期复苏，其短期的正面效应与负面效应均不明显，经济不会因债务积累而诱发债务危机。Michau（2019）采用引入流动性陷阱的DSGE模型也得到类似结论，在持续通胀与流动性陷阱下应对危机冲击，政府需要实施规模较大的前瞻性、持续性财政刺激政策，因此财政刺激面临巨大成本。这也同时表明，普适性财政刺激政策引致的债务积累开始引起学术界重视。

相关文献进一步指出逆周期财政政策的可行性与政策空间是危机应急措施的重要基石。比如，Bergman和Hutchison（2015）采用动态面板模型，研究1985—2012年81个国家与地区的财政政策顺周期性发现，只有政府效率较高时，强有力的财政规则才能有效扭转财政政策顺周期性，进而应对危机冲击引致的经济波动。这类研究表明，逆周期财政刺激政策应对外部冲击的效果依赖于政策空间等因素，在一定条件下财政刺激政策未必能有效推动经济复苏，欧洲主权债务危机的爆发进一步引发了关于财政刺激政策有效性的讨论。

一些文献发现，短期的普适性积极财政政策可能对长期经济复苏以及长期增长潜力产生抑制作用，尤其是较为激进的政策选择更将较大程度地限制后续政策调控空间（如 Han，2021 等）。比如，Andrés 等（2020）采用小型开放经济 DSGE 模型研究发现，在应对负面金融冲击的过程中，渐进式去杠杆化的财政整顿有助于缓解金融冲击造成的影响以及危机后的经济恢复，而激进的去杠杆财政政策则未能实现推动经济增长的目标。

Caruso 等（2019）采用 VAR 模型研究 1981—2008 年欧洲整体数据发现，在 2008 年国际金融危机应对过程中，激进的财政整顿导致未预期到的债务积累，从而导致主权债务危机的迅速爆发，形成"双胞胎危机"（Twin Crisis）状况。因此，过于激进的短期财政刺激政策不仅难以推动经济复苏，甚至将诱发新的经济危机。

Huidrom 等（2020）采用交互面板向量自回归（Interacted Panel Vector Autoregressive）模型研究 1980—2014 年 34 个国家和地区样本，发现危机期间财政政策效果依赖于财政状况，财政状况较差时财政政策效果较小。这一现象源自李嘉图渠道与利率渠道的影响：在李嘉图渠道中，家庭预期财政状况较差时的财政刺激政策会导致未来财政整顿，因而减少消费；在利率渠道中，财政状况疲软时的财政刺激会加剧投资者对主权信用风险的担忧，借贷成本随之提高，私人投资与内需均随之降低。这一结论表明，政府财政政策选择需要把当前及未来的政策空间纳入考量。

Medas 等（2018）提出财政危机的概念并构建相关数据库，指出财政政策与财政危机呈顺周期特征，因此短期普适性财政刺激政策实际上难以扭转经济周期，而且财政政策长期受到财政危机的周期性约束。Niemann 和 Pichler（2020）采用小型开放经济模型也得到类似结论。他们发现,最优税收与公共支出往往是顺周期的,极大透支政策空间的逆周期财政政策叠加既有经济衰退引致的债务积累,将诱发新一轮经济危机。这一系列结论直接表明,普适性财政刺激政策受制于财政危机周期状况,即危机发生前所积累的政策空间,政策选择也将影响财政危机的动态演化过程。

与此同时,也有一些文献指出,普适性财政政策工具难以在短期内有效减轻外部冲击的影响,或者仅能短期缓解外部冲击但将抑制长期增长能力。这类文献指出,一方面,普适性财政政策工具容易引发"大水漫灌""洪水滔天"等隐患,甚至可能在未来诱发二次危机(Boscá 等,2020;Daniel 和 Shiamptanis,2012);另一方面,其难以针对性地解决经济活动失衡、市场交易关系断裂等直接影响,从而无法有效扭转经济衰退趋势(Lim & McNelis,2018)。Lim 和 McNelis(2018)采用引入金融摩擦的两国 DSGE 模型研究发现,当两国经历类似冲击时,传统政策规则难以针对性地应对外部冲击造成的后果;而非传统的财政/货币政策虽然可以改善本国状况,但同时也恶化了另一国经济状况,产生"以邻为壑"的增长现象。

Daniel 和 Shiamptanis(2012)提出了一个考虑信贷市场的经济动态模型,研究发现在有限的政策空间下,实行激进的逆周期财政刺激政策将导致未来债务违约以及政策转向,从而诱发新的经济危机。

Dioikitopoulos(2018)则采用代际交叠模型(Overlapping Generation Model)研究指出,政府债务必须遵循顺周期规则,以产出为政府投资融资;而财政刺激政策应以税率调整为工具,通过降低税率来刺激私人投资,通过更高的税基减轻政府债务压力。尤其是在初始资本存量较低的情况下,政府必须主动降税而不能采取扩张政府投资的政策工具。Ramey(2019)采用 DSGE 模型研究也得到类似结论,他们发现,在应对 2008 年国际金融危机的过程中,依赖减税的财政刺激方案优于依赖财政支出的刺激方式,但各国政府缺乏有效指导,错误的危机应急处理工作因而诱发新的危机。

Freedman 等（2010）采用 IMF DSGE 模型研究发现，一套精心选择的财政刺激和货币刺激政策体系，可以在危机时期为国内和全球经济恢复作出重大贡献，但这些刺激政策还应嵌入在一个保守的中期财政框架中，以确保当经济复苏时，赤字和债务不会永久地向上漂移。如果没有这样一个框架，长期成本可能超过短期收益。

Boscá 等（2020）采用小型开放经济 DSGE 模型对西班牙 1992—2019 年经济金融多部门数据进行贝叶斯估计，发现 2008 年国际金融危机后政府的扩张性财政政策虽然在短期内推动经济恢复，但较大程度地削弱了经济未来增长能力；此后的主权债务危机更是恶化了经济状况，传统货币政策的失效以及公共财政的不可持续性均导致了经济衰退的进一步恶化。

张晓晶和刘磊（2020）创新性地采用风险增长模型将增长与风险纳入统一框架下讨论，以 2008 年国际金融危机以及 2015 年供给侧结构性改革这两个重要事件前后的预期增长分布为依据，发现宽松的财政/货币政策虽然促进短期经济增长，但会抑制长期增长潜力，主要原因在于短期宽松政策加大了金融失衡与宏观金融脆弱性。面对新冠疫情冲击，政府盲目地加大政策刺激力度将引发"洪水滔天"隐患，政府应利用好前期供给侧结构性改革所提供的政策空间，在增长与风险的权衡取舍中创新宏观调控方式，在保民生、保经济运行的同时坚持稳（去）杠杆、防风险的基本原则。

2. 针对性财政政策工具

与此同时，普适性财政政策工具的运用未必能够有效缓解外部突发冲击所造成的影响，政府与学术界因此更为重视针对性财政政策工具的运用。针对性财政政策工具不仅有效解决了持续性积极财政政策下财政可用政策空间有限的困境，而且能够针对性地缓解外部冲击所产生的直接经济影响，有效地控制外部冲击导致的经济损失。王元龙和苏志欣（2003）指出，在非典型肺炎疫情的发展与冲击仍存在较大不确定性的情况下，政策选择应遵循审慎原则，在公共卫生、就业保障以及鼓励出口等方面增大支出，针对性地提升医疗技术水平，同时通过保障就业与出口以维持经济运行和社会稳定。

李明等（2020）也指出在新冠疫情冲击下，中国在供需两侧同时承压，普适性财政政策空间有限，政府应针对性地"补短板"，着眼产业链关键环节调整布局财政政策。具体而言，政府一方面应强调传统基础设施投资和新型基础设施投资并重，注重发挥投资的关键性作用；另一方面，应优化供给提升消费，注重发挥消费的基础性作用。

Flodén（2013）总结瑞典 20 世纪 90 年代初经济危机的应对经验时指出，整体紧缩性财政政策与出口激励政策的组合是瑞典经济从经济危机中迅速恢复的关键因素，其中出口激励政策带来的出口导向型经济增长是财政紧缩的重要基础。因此，在应对欧洲主权债务危机的过程中，政府应在保持预算平衡的同时，针对经济增长点实施提振刺激政策。

陈赟等（2020）通过研究新冠疫情对异质性企业造成的冲击，发现中小企业、成长型企业以及所在地数字金融基础设施薄弱的企业受到更大影响，因此政府应采取精准而果断的帮扶措施，同时加强新型基础设施建设，从而加强小微企业和成长型企业的长期生存与发展能力。

刘世锦等（2020）基于区域间投入产出架构网络分析方法，研究湖北省各行业跨地区跨行业传导路径，指出新冠疫情对中国经济产生的冲击主要体现在网络结构中与湖北省以及相关行业联系紧密的地区与行业，因此经济救助与刺激政策应针对相关地区与行业给予必要倾向。

唐遥等（2020）通过研究 2003 年抗击 SARS 疫情和 2008 年应对国际金融危机的经验，并比较 2011 年日本地震对日本经济造成的冲击与应对经验，指出重大突发事件下良好的国内经济基本面是经济稳定的核心力量，有效拉动内需与坚持产业升级换代是维持经济稳定的重要举措，因此，应针对性地整合优化一些行业产能，加强部分行业进口替代；与此同时，应强化与周边国家以及共建"一带一路"合作国家在全球供应链和价值链中的合作。因此，"双循环"经济结构的建设与有效运行，是当前应对新冠疫情工作的重要基础。

（二）服务型政策工具

除积极财政政策外，服务型政策工具也是政府应对经济波动时干预经济活动的重要途径。尽管学术界对于服务型政策工具的界定与选择尚未达成共识，但是已有文献普遍认为，服务型政策工具是相对于传统的积极政策工具而言的，其以维护经济活动的必要环境为主要目标，试图达到维持市场机制正常运行的目的。比如王欣和王九云（2014）指出，政府应加强重大突发事件应急处理过程中的科技参与，通过科研人才的培养培训，推动高新技术及产品的研发与试验，进而提高应急处理与事后恢复工作的效率。金碚（2020）指出，政府积极经济政策的有效性依赖于政府组织能力，外部重大冲击下政府应着力于提高组织资本，并依靠组织资本的支撑有针对性地在科技支持、卫生医疗队伍建设与国际经贸合作等方面提供支持与引导。

李燕凌和王珺（2015）以2013年上海市"黄浦江浮猪事件"为案例，采用三方演化博弈模型研究危机事件对社会信任以及消费者行为的影响，发现危机事件对社会信任产生严重冲击，消费者因此减少相关产品的消费。因此，政府应以维持市场供求、化解社会恐慌为调控目标，加强舆情传播管控与法律体系建设，进而减轻危机冲击的经济影响。

（三）文献总结

围绕政府干预经济活动的相关研究主要从财政政策工具出发，围绕积极财政政策与服务型政策的危机应对效果展开讨论，其中关于各类积极财政政策的有效性是重要议题。最新研究表明，普适性"大水漫灌"式的逆周期财政刺激政策存在多方面局限性，短期的经济恢复往往以长期发展潜力受损为代价，甚至在一些环境中其短期经济刺激效果也可能大打折扣。因此，针对性财政政策有效性成为学术界与政府重点关注问题。

在此背景下，政府针对经济活动展开干预，需要同时关注针对性财政政策与服务型政策，发挥主动干预优势的同时发挥服务型政策的重要作用。这要求在外部冲击出现时，政府能够迅速厘清突发事件的影响路径，找准关键行业、关键企业甚至是关键性交易关系，针对性地展开救助与干预。这一目标的实现，依赖于沙盘模拟模型的有效搭建。

二 针对金融市场运行所展开的政府干预

在应对突发冲击的过程中，除了针对经济活动进行调控以外，政府也需要针对金融市场运行进行干预。由于金融创新快速发展，金融市场运行日趋复杂，为了在外部冲击下维持金融稳定，政府需要通过多种途径针对金融市场运行进行干预。政府可以通过直接参与金融市场交易或金融机构运营，发挥政府指导作用。另外，传统/非传统货币政策工具也是政府应对突发危机时重要的干预措施。与此同时，"稳风险"是政府针对金融市场运行进行干预的重要目标之一，微观审慎政策与宏观审慎政策则为政府调控单个金融机构以及金融网络的风险提供针对性工具。

（一）政府直接参与

在危机冲击初期，政府往往通过直接参与金融市场进行干预，其中直接救助甚至接管高风险金融机构是政府在危机爆发初期的常用干预手段。2007年起于美国的次贷危机引致房地产市场崩溃，抵押贷款与担保债券风险迅速爆发，美国政府迅速注资并于2008年9月接管两大住房抵押贷款巨头"房利美"与"房地美"，有效防止系统性金融机构破产，一定程度上缓解了金融危机导致经济大衰退。与此同时，美国也进一步对债券和基金进行回购和担保，向市场注入流动性解决信贷紧缩困境的同时，避免贷款违约状况进一步恶化。在国际金融危机爆发初期，各国政府尚未能明晰突发冲击影响机制，这一系列政府直接参与金融市场的干预措施有助于缓解危机蔓延，快速维持金融市场稳定与经济活动正常运行。类似地，中国政府2019年接管包商银行，2020年接管新时代证券等高风险金融机构。国内外大量危机应对经验均表明，在外部冲击初期，政府直接接管高风险金融机构往往有助于在金融风险萌芽时防控风险大面积爆发。

李志生等（2019）利用SJC Copula函数中极值相关性衡量极端市场中个股价格随大盘暴涨暴跌的条件概率，研究2015年A股市场"股灾"期间"国家队"持股对股价尾部系统风险的影响。他们发现政府直接参与资本市场交易有效降低了股价尾部系统风险，这是由于"国家队"救市一方面为市场提供额外的流动性支持以缓解流动性危机，另一方面有效改变了危机时期的市场预期进而恢复投资者信心。

（二）货币政策工具

货币政策是政府应对外部冲击的常用干预措施。货币政策干预主要通过调节市场利率，进而影响投资与需求，达到缓解冲击影响、推动经济复苏的目标。相关文献首先讨论传统货币政策工具在应对突发事件时的有效性。然而，相关研究证据尚未能在其有效性上达成共识，学术界又开始关注非传统货币政策工具。

1. 传统货币政策工具

大量文献针对货币政策工具的有效性，其中大多文献聚焦传统货币政策工具。传统货币政策主要通过公开市场操作、存款准备金和再贴现率等手段影响基准利率，进而影响信贷市场与资本市场运行。传统货币政策是政府干预金融市场运行的基础工具之一，因此，政府对传统货币政策上的取向与选择成为各类经济主体极为关注的政策信号。Hanisch（2017）采用结构动态因子模型研究1985—2014年日本应对多次经济金融危机的经验发现，传统的扩张性货币政策能有效推动经济恢复，而商品与股票价格受影响不大。Jäger和Grigoriadis（2017）采用混合截面OLS模型研究2007—2013年欧元区11个样本国家发现，货币政策能够有效降低欧元区国家的债券收益率利差，有助于缓解政府债务危机。

然而，一些文献则指出，传统货币政策工具在应对突发危机时未必能够有效扭转危机态势，其在应对国际金融危机与欧洲主权债务危机中的低效也引发了对于货币政策有效性的重新思考（Mishkin，2017）。比如，Lothian（2014）回顾2008年国际金融危机及其后引发的欧洲主权债务危机中的货币政策时指出，货币供应量及其波动性的迅速增加不仅未能有效扭转危机态势，反而进一步诱发新的风险引致新危机爆发。蒋涛（2020）发现，受到新冠疫情影响，企业银团贷款利率和贷款额度均显著增加，而政策利率调控效果有限，通过下调政策利率可有效增加贷款额度，但无法消除疫情对贷款利率的冲击。这一结果也表明，传统的普适性货币政策工具难以有效应对重大突发冲击，金融机构以及企业对疫情后经济恢复预期难以通过"大水漫灌"式货币政策得到有效调节。

相关文献指出，传统货币政策工具的失效主要源自潜在风险累积与政策效果异质性两方面因素。一方面，传统的"大水漫灌"式宽松货币政策可能导致新的风险累积，引致新一轮系统性金融风险（Lothian，2014）。比如，Angeloni等（2015）发现，应对国际金融危机过程中的宽松货币政策导致美国银行业在负债选择上承担风险而变得更加脆弱。另一方面，一些文献指出，不同经济体的传统货币政策效果存在异质性，传统货币政策的调控作用依赖于经济体自身状况以及其他经济体货币政策取向。

Hanisch（2017）和Michau（2019）研究发现，在实际利率近乎零时（量化宽松时期），传统货币政策推动危机后经济恢复的能力与持续性有所减弱，还会对商品与股票价格产生广泛且强烈的影响。这一结论与凯恩斯主义学派关于流动性陷阱下货币政策失效的观点一致，表明货币政策效果受制于货币市场状况。

Boscá等（2020）指出，在2008年国际金融危机应对过程中，公共财政不可持续性倒逼了财政的重大调整，在很大程度上限制了传统货币政策的效果，导致传统货币政策难以有效扭转金融市场紧张局势，甚至恶化了经济恢复状况。这一结论表明，传统货币政策效果受制于经济体自身财政状况。

Boyd 等（2019）通过理论模型分离得到系统性银行冲击以及政府应对冲击的反应，进一步发现存款保险制度与"安全网担保"（Safety Net Guarantees）制度均不会加剧系统性银行冲击的概率，但均能有效提高政策对危机冲击的调控效果。这一结论表明，货币政策在某些制度环境下能够发挥更好的效果。

Barbosa 等（2018）研究英国与美国货币政策对葡萄牙与爱尔兰的溢出效应，发现货币政策的跨境溢出效应存在异质性。因此，对于作为共同货币成员国的小型经济体而言，在危机应对过程中的货币政策选择受制于发达国家及共同货币的货币立场，同时也要把自身金融摩擦状况与资产结构（风险结构）纳入考虑。

2. 非传统货币政策工具

在传统货币政策工具失效的背景下，非传统货币政策工具在应对突发危机过程中的有效性成为相关文献的研究热点。非传统货币政策是在传统货币政策基础上的一种突破和创新：一是有针对性地解决金融系统与产业结构中存在的问题，比如修复利率传导机制、向特定部门注入流动性等；二是突破"零利率下限"或直接干预长期利率，甚至塑造利率期限结构；三是解决经济、金融、实体存在的结构性问题。因此，非传统货币政策工具主要分为三类，量化宽松政策、负利率政策以及结构性货币政策（包含前瞻性指引）。

Afonso 等（2018）研究 1999 年 1 月至 2016 年 7 月欧元区国家在主权债券利差与其影响因素的关系中货币政策的动态影响，发现非传统货币政策工具不仅直接影响主权债券风险定价，还通过消解银行风险进而间接影响主权债券风险定价，有效扭转欧洲主权债务危机态势。

一些文献进一步研究发现，量化宽松政策这种非传统货币政策工具并没有扭转经济金融危机态势（Hristov 等，2014；Von Borstel 等，2016）。比如，Illes 等（2019）采用动态面板模型研究发现，银行借贷利率并未受量化宽松政策影响而大幅降低，货币政策与贷款利率的结构性断裂源自银行在负债与成本上的风险承担需要与风险追逐倾向，而这导致量化宽松政策失效。Kurtzman 等（2018）研究几轮量化宽松政策与 LSAP 政策（大规模资产购买计划）对美国银行业金融危机后恢复情况的影响，也发现量化宽松政策加剧银行风险追逐倾向，银行倾向于以更低的标准发行更高风险的贷款产品。

基于量化宽松政策的失效，一些文献开始注重结构性货币政策工具在危机应对中的有效性。例如，Jäger 和 Grigoriadis（2017）发现，在应对欧洲主权债务危机过程中，欧洲央行推行的证券市场计划（SMP，以主权债券为标的的专项资产购买计划）尽管加剧了非危机国家的财政风险，但有效降低了危机国家的利差，这种结构性货币政策工具具有良好的危机应对效果。Kurtzman 等（2018）也发现，美国 LSAP 政策有效扭转金融危机态势，有助于维持美国金融稳定。

Werner（2014）采用面板数据模型对比欧元区"三驾马车"危机贷款计划与 IMF 危机后贷款计划的危机应对效果，指出这一系列非传统货币政策工具能够有效应对危机冲击，发现欧元区"三驾马车"贷款计划由于忽略了刺激需求而不具有持续性。他们进一步指出，最优的结构性货币政策工具应注重刺激国内需求，从而结束"债务积累—经济衰退"的恶性循环。

Salachas 等（2017）采用全球 480 家商业银行数据以及所在国家的宏观数据，研究传统货币政策与非传统货币政策（专项资产购买计划）的危机应对效果，发现危机后传统货币政策对银行信贷的调整机制受到扭曲；而专项资产购买计划则有效降低金融机构对资产负债表的依赖，从而推动信贷与经济增长。

（三）微观审慎政策工具与宏观审慎政策工具

微观审慎监管体系源自 20 世纪 80 年代各国政府为预防国际金融危机爆发而进行的监管改革。微观审慎体系以最低资本要求为基础，以防范单个金融机构危机爆发为直接目标，从而实现保障微观个体

（消费者与投资者）利益与维持金融稳定的目的。巴塞尔协议的出台与修订是微观审慎监管体系落实与完善的重要体现，微观审慎监管体系与巴塞尔协议也成为各国政府金融监管的一大支柱。结合全球应对各类危机冲击的经验，巴塞尔协议也不断更新，形成以最低风险资本要求、资本充足率监管和内部评估过程的市场监管为三大支柱，结合宏观审慎监管与流动性监管的全面统一的监管体系。

Bezemer 和 Zhang（2019）采用面板模型研究 2003—2012 年 51 个经济体在 2008 年国际金融危机前后特征发现，信贷增长尤其是抵押贷款的迅速增长是危机后宏观经济脆弱性的关键因素。因此，危机后经济恢复政策应采取微观审慎政策，着重关注金融机构的信贷规模以及信贷结构。Illes 等（2019）采用动态面板模型研究 2003—2017 年欧洲 11 国样本，指出金融机构在成本与负债上的风险状况是导致量化宽松政策失效的原因，因此政府应关注相关风险情况。

在微观审慎政策的基础上，为应对国际金融危机的长期影响，各国政府相继建立宏观审慎监管体系，对金融监管体系进行全面改革，防范系统性风险，维护金融稳定。2008 年国际金融危机爆发突出了微观审慎政策的局限性，"太大而不能倒"问题、投资者保护不足等问题难以在微观审慎体系下得以解决，系统性金融风险难以得到及时监控，宏观审慎政策框架应运而生。金融网络关联特征、金融风险传染特征以及"太关联而不能倒"特征均使得宏观审慎政策在应对突发冲击过程中愈发重要（Diebold & Yılmaz，2014；杨子晖等，2020）。

国际金融危机后，各国宏观审慎和金融监管改革所建立的宏观审慎监管体制虽然有所不同，但均呈现统一的发展趋势。第一，中央银行在宏观审慎政策框架中的核心地位得到强化，从宏观经济、金融市场和支付体系等宏观层面展开渗透式监管，是宏观审慎政策有效性的必要基石。第二，宏观审慎监管体系强调对系统重要性金融机构和重要金融基础设施的监管，为宏观审慎逆周期调控和审慎监管提供重要基础。第三，中央银行全面广泛的信息搜集能力与处理分析能力是宏观审慎体系的重要因素。

一些文献针对危机后宏观审慎政策推动经济恢复的效果展开研究,但由于难以统一界定宏观审慎政策工具,因此这类文献主要采用事件研究实证方法或 DSGE 模型进行分析。比如,Kim 等(2018)采用 DID 模型研究宏观审慎政策对美国银行业信贷行为的影响,发现政府对于金融机构的指导政策有助于减少银行抵押贷款行为,但是对非银行金融机构的杠杆信贷行为不存在明显监管作用。这一结论一方面提供了宏观审慎政策有助于应对危机冲击的相关证据,另一方面也提醒当局要不断调整宏观审慎政策的广泛性与针对性。

Bekiros 等(2020)采用引入房地产与金融部门的 DSGE 模型,刻画了内生性的住房抵押贷款违约冲击,从而研究货币政策与宏观审慎政策的危机应对效果。他们发现,货币政策与宏观审慎政策的有效性取决于经济受到的是基本面冲击还是非基本面冲击(non-fundamental shock)的影响。这一结论表明,应对不同类型事件所带来的不同冲击,政府最优干预手段也有所不同。

Ma(2020)采用内生增长模型研究宏观审慎政策的干预效果,发现宏观审慎政策有效提高金融系统稳定性,然而其对经济增长与福利水平均不存在明显作用。因此,在危机应对框架下,宏观审慎政策更应成为政府维持金融系统稳定的重要工具,政府应采用其他政策工具推动危机后的经济恢复与增长。

(四)文献总结

围绕政府干预金融市场运行的相关研究主要从三类政策工具出发,分别是政府直接参与、货币政策工具以及审慎监管体系。其中,关于政府直接参与有效性的相关研究指出,政府直接参与的干预手段主要适用于危机萌芽期或爆发初期,其短期调控能力较强而长期调控能力较弱。关于货币政策有效性的相关研究则发现,传统货币政策的危机应对效果取决于经济环境与冲击特征,其有效性在短期与长期内均存在一定局限性,因此非传统货币政策的重要性与有效性成为重点问题,尤其是其中的结构性货币政策工具。与此同时,关于审慎监管体系的相关研究指出,微观审慎政策存在一定缺陷,宏观审慎监管体系成为学术界与政府重点研究内容。

在此背景下,政府针对金融市场运行展开干预,需要构建货币政策与宏观审慎政策"双支柱"监管体系,尤其是关注结构性货币政策的适当运用与干预效果。这要求政府能够迅速找准关键行业与企业,实现调整与恢复经济结构正常运行的目标。这一目标的实现,同样依赖于沙盘模拟模型的有效搭建。

三 文献评述

围绕政府应对经济金融波动的政策干预问题,现有文献主要从经济活动与金融市场运行两个干预对象出发,分析不同政策工具经济活动与金融市场波动的干预效果。大量研究证实了政策干预工具以及调控规则不断地发生转变,传统的"大水漫灌"式的刺激政策面临政策空间、政策生效环境、政策潜在风险等方面的约束,政府与学术界因而重点关注新型结构性政策工具的运用与干预效果。最新的相关研究结果表明,针对性财政政策与结构性货币政策能够有效避免传统政策干预方式的诸多问题,从而有效发挥精准施策的效果与优势;货币政策与宏观审慎政策相结合能够有效防控系统性金融风险,双支柱监管体系成为重要的政策干预规则。与此同时,传统刺激政策干预方式的失效,也使得服务型政策工具变得更为重要。

然而,现有文献仍存在两方面的局限性。一方面,相关研究主要采用事后评价政策干预效果的研究方法,分析政府应对经济金融波动的最优政策选择问题。然而,对政策调控效果的事后评价仅能够作为政府施策的依据,而无法及时有效地为政府及时提供应对当前冲击的施策建议。另一方面,相关研究难以实时动态地对政策干预效果进行事后评价,从而难以及时为政府提供政策干预效果方面的反馈与政策调整建议。

第三章　系统性金融风险相关指标计算方法

第一节　系统性金融风险测度方法概要

系统性金融风险概念复杂，其内涵不断深化，相关的测度方式也随着理论发展与经济运行的实际情况而不断变化。学术界与监管当局主要聚焦于微观金融机构视角与宏观金融系统视角两个维度，一方面，强调从微观层面上找准风险源头，识别系统重要性金融机构，从而重点监管、精准施策；另一方面，强调从宏观层面上把握整体风险水平，做到系统性风险预警。

现有的相关文献主要从两个角度针对系统性金融风险加以界定与度量，分别为金融机构系统性金融风险以及金融市场系统性金融风险。其中，金融机构系统性金融风险包括两个方面：一是系统性风险贡献（Systemic Risk Contribution）；二是系统性风险敞口（Systemic Risk Exposure）。两者的风险传导方向恰好相反，前者是金融机构对金融系统的影响，后者是金融系统对单个金融机构的影响。系统性风险贡献评估哪些金融机构陷入困境对整个金融系统来说最危险，代表性的度量方法有 $\Delta CoVaR$。系统性风险敞口评估危机发生时哪些机构将受到严重威胁，面临的风险最大，其思想与金融监管当局所做的压力测试相同，代表性的度量方法有 MES。与此同时，一些指标综合考虑了系统性风险的上述两个传导方向，代表性的度量方法有 $CoVaR$。总的来说，系统性风险贡献反映金融机构的系统重要性，系统性风险敞口则反映金融机构的系统脆弱性,两者对应不同的监管目标和政策工具,对金融机构的宏观审慎监管应综合考虑两个方面的结果,根据机构的类型来选择合适的监管目标和政策工具。

金融市场系统性金融风险主要通过三个方面体现:风险共振与传染、市场波动性与不稳定性以及市场流动性(Giglio等,2016)。其中,伴随着"太关联而不能倒"理论的提出与深化,系统性金融风险的风险共振与溢出传染近几年受到广泛关注,金融机构之间、金融机构与金融系统之间的相互关联是相关风险测度指标的重要关注点及理论基础。与此同时,市场波动性以及市场流动性与系统性金融风险的爆发密切相关,相关风险测度指标便于运算且便于观测,社会各界能够更为直观地对金融体系风险水平形成直观感受,因而长久以来被广泛运用于风险预警与风险度量。系统性金融风险相关度量方法见表3-1。

表3-1 系统性金融风险度量方法汇总

变量类别	变量含义	变量符号	度量方式	文献来源
金融机构系统性金融风险	条件风险价值	$CoVaR$	当单个金融机构发生极端风险时金融系统可能面临的极端损失,考虑了系统性风险贡献与风险敞口两个方向	Adrian 和 Brunnermeier (2016)
	增量条件风险价值	$\Delta CoVaR$	单个金融机构风险状况突然恶化对金融系统整体风险状况的影响,着重考虑系统性风险贡献方向	Adrian 和 Brunnermeier (2016)
	边际预期损失	MES	在金融系统受到突发重大冲击时单个金融机构所受到的影响,着重考虑系统性风险敞口方向	Acharya 等 (2017)
	系统性风险指数	$SRISK$	在金融系统受到突发重大冲击时,单个金融机构可能面临的金融资本短缺状况	Brownlees 和 Engle (2017)

续表

变量类别	变量含义	变量符号	度量方式	文献来源
金融市场系统性金融风险	风险共振与传染	Absorption ΔAbsorption	吸收比率，金融体系收益率整体的方差中，被特定维度特征向量解释的程度，即为各金融机构对于风险冲击的协同程度	Kritzman 等（2011）
		DCI	动态因果指数，金融机构股票收益之间格兰杰因果关系的显著个数	Billio 等（2012）
		SI	溢出指数，金融市场风险溢出整体水平，即每家金融机构对其他金融机构风险溢出水平之和	Diebold 和 Yilmaz（2009）；Diebold 和 Yilmaz（2012）；Diebold 和 Yilmaz（2014）
	市场波动性与不稳定性	AvgVola	平均波动率	Giglio 等（2016）
		Turbulence	金融系统动荡程度，股票收益当前的协方差相对于长期协方差的差额，其本质是一种超额波动率	Kritzman 和 Li（2010）
		CatFin	金融系统巨灾风险，采用广义帕累托分布、偏广义误差分布与非参数估计等方法构建的金融行业截面尾部风险指标	Allen 等（2012）
		AvgBL	平均账面杠杆率，账面杠杆率为金融机构负债与账面价值之比（Debt/Assets）	Giglio 等（2016）
		AvgML	平均市场杠杆率，市场杠杆率为金融机构负债与市场价值之比（Debt/Market Equity）	Giglio 等（2016）
		SizeHHI	金融机构市值规模集中度	Giglio 等（2016）
	市场流动性	AIM	非流动性指数	Amihud（2002）

第二节　金融机构系统性金融风险

一　$CoVaR$ 与 $\Delta CoVaR$

Adrian 和 Brunnermeier（2016）在 VaR 基础上提出条件风险价值 $CoVaR$ 系统性金融风险指标，$\Delta CoVaR$ 则测度单个机构的系统性风险贡献程度。条件风险价值 $CoVaR$ 综合考虑了系统性风险贡献与敞口两个方面，考虑了风险传导的两个方向，定义为在一家金融机构发生重大风险事件的条件下，金融系统整体可能面临的最大损失，即金融系统整体的在险价值（VaR）。其中，单一金融机构的重大风险事件可以通过其在险价值加以刻画。进一步地，$\Delta CoVaR$ 着重考虑了金融系统面临的风险如何随特定机构陷入困境而发生变化，衡量了特定金融机构的系统重要性。

具体地，金融系统的 $CoVaR^i(q)$ 为金融机构 i 在条件事件 $X^i = Var^i$ 下金融系统的 VaR，可表示为一个条件概率分布的 q 分位数：

$$\Pr\left(X^{syst} \leq CoVaR^i(q) \mid X^i = VaR^i\right) = q \qquad (3-1)$$

其中，X^i 和 X^{syst} 分别为金融机构和金融系统的收益率。条件事件为金融机构 i 处于困境状态 $X^i = VaR^i(q)$，$VaR^i(q)$ 则通过 $\Pr\left(X^i \leq VaR^i(q)\right) = q$ 计算得到。条件风险价值 $CoVaR$ 测度了当特定金融机构发生极端损失风险事件时，整体金融系统将可能面临多大的极端损失。

条件风险价值 $CoVaR$ 指标同时考虑了系统性风险贡献与敞口两个方面，而 $\Delta CoVaR$ 则从系统性风险贡献角度出发，定义为特定金融机构从正常风险状态转为极端风险状态时 $CoVaR$ 的变化：

$$\Delta CoVaR^i(q) = CoVaR^i(q) - CoVaR^i(0.5) \qquad (3-2)$$

其中，$CoVaR^i(0.5)$ 表示当特定金融机构处于正常风险状态（$X^i = VaR^i(0.5)$）时金融系统的风险状况。由此可见，$\Delta CoVaR$ 指标强调了在特定金融机构风险状况突然恶化条件下，其对金融系统整体风险状况的影响，从而刻画了单个金融机构对系统性金融风险的贡献程度。

在估计 $CoVaR$ 与 $\Delta CoVaR$ 指标的过程中,一般采用 Adrian 和 Brunnermeier(2016)提出的分位数回归方法。具体而言,首先对式(3-3)进行 $q\%$ 分位数回归与 50% 分位数回归,得到 $VaR_t^i(q)$ 与 $VaR_t^i(0.5)$(如式 3-4):

$$X_t^i = \alpha_q^i + \gamma_q^i M_{t-1} + \varepsilon_{q,t}^i \tag{3-3}$$

$$VaR_t^i(q) = \hat{\alpha}_q^i + \hat{\gamma}_q^i M_{t-1}, VaR_t^i(0.5) = \hat{\alpha}_{0.5}^i + \hat{\gamma}_{0.5}^i M_{t-1}, \tag{3-4}$$

其中,M_{t-1} 为滞后一期的状态变量。进一步地,对式(3-5)进行 $q\%$ 分位数回归,得到 $CoVaR^i(q)$ 与 $\Delta CoVaR^i(q)$(如式 3-6 与式 3-7):

$$X_t^{syst} = \alpha_q^{syst|i} + \beta_q^{syst|i} X_t^i + \gamma_q^{syst|i} M_{t-1} + \varepsilon_{q,t}^{syst|i} \tag{3-5}$$

$$CoVaR_t^i(q) = \hat{\alpha}_q^{syst|i} + \hat{\beta}_q^{syst|i} VaR_t^i(q) + \hat{\gamma}_q^{syst|i} M_{t-1} \tag{3-6}$$

$$\Delta CoVaR^i(q) = CoVaR^i(q) - CoVaR^i(0.5) = \hat{\beta}_q^{syst|i}(VaR_t^i(q) - VaR_t^i(0.5))$$

$$\tag{3-7}$$

二 边际预期损失 MES

Acharya 等(2017)在预期损失(Expected Shortfall,ES)的基础上提出了边际预期损失 MES 指标,着重考虑在金融系统受到突发重大冲击时单个金融机构所受到的影响,刻画了每个金融机构的系统性风险敞口。与此同时,MES 也反映了金融机构在遭遇系统性风险的情况下需要补充的资本金(杨子晖等,2018)。

具体而言,MES 为金融系统收益率低于一定水平的极端值时,单个金融机构的期望收益:

$$MES^i(q) = E[R^i | R^m < q] \tag{3-8}$$

其中,q 为一定损失概率水平 α 下金融系统收益率的极端值。在估计过程中,通过滚动窗口估计方法,我们可以得到各时点上各个金融机构的边际预期损失 $MES^i(q)$。

三 系统性风险指数 SRISK

在 Acharya 等（2012）所提出的资本缺口指标 CS 基础上，Brownlees 和 Engle（2017）提出并完善了系统性风险指数 SRISK，其刻画了在金融系统受到突发重大冲击时单个金融机构的预期资本缺口：

$$SRISK_{i,t} = E_t \left[CS_{i,t+h} | R_{m,t+1:t+h} < q \right] \quad (3-9)$$

$$CS_i = kA_i - W_i = k(D_i + W_i) - W_i \quad (3-10)$$

其中，CS 为资本缺口，k 为资本监管审慎系数，W 为金融机构市值，D 为金融机构账面负债。把式（3-10）代入式（3-9）可得：

$$\begin{aligned} SRISK_{i,t}(q) &= kE_t\left[D_{i,t+h} | R_{m,t+1:t+h} < q\right] - (1-k)E_t\left[W_{i,t+h} | R_{m,t+1:t+h} < q\right] \\ &= kD_{i,t} - (1-k)W_{i,t}(1 - LRMES_{i,t}(q)) \\ &= W_{i,t}\left[kLVG_{i,t} + (1-k)LRMES_{i,t}(q) - 1\right] \end{aligned}$$

$$(3-11)$$

其中，$LVG_{i,t}$ 为准杠杆率（quasi leverage ratio）$(D_{i,t} + W_{i,t})/W_{i,t}$，$LRMES_{i,t}(q)$ 为长期边际预期损失 $LRMES_{i,t}(q) = -E_t\left[R_{i,t+1:t+h} | R_{m,t+1:t+h} < q\right]$。显而易见，系统性风险指数 SRISK 是关于金融机构规模、杠杆率与长期系统性风险敞口的函数，规模因素、机构杠杆率及其长期系统性风险敞口均与其系统性风险指数正向关联。

第三节 金融市场系统性金融风险

一 风险共振与传染指标

风险共振与传染的相关测度指标有：吸收比率 Absorption、动态因果指数 DCI、溢出指数 SI。

风险共振与传染着重考虑的是金融机构之间股票收益率的相互依赖程度。目前相关文献主要从三个角度对此进行刻画：第一个角度是各金融机构对于外部风险冲击的协同程度，其中 Kritzman 等（2011）

提出的吸收比率 Absorption 指标得到较多关注；第二个角度是各金融机构之间股票收益率的相互预测关系，其中 Billio 等（2012）提出的以格兰杰因果检验为基础的动态因果指数 DCI 指标受到广泛认可；第三个角度则是基于网络拓扑视角，在方差分解技术的基础上考察金融机构之间的相互关联性（如 Diebold & Yilmaz, 2009；Diebold & Yilmaz, 2012；Diebold & Yılmaz, 2014 等）。第三个角度的相关文献运用网络拓扑等相关模型，更深入地挖掘金融机构之间的微观关联，近年来广受关注，得到普遍认可。

1. 吸收比率（Absorption）

对于第一个角度，我们关注相关文献常用的吸收比率 Absorption 指标。吸收比率考虑了各金融机构对于风险冲击的协同程度，考察金融体系收益率整体的方差中，被特定维度特征向量解释的程度。其中，特定维度的特征向量可由主成分分析方法得到。参考 Kritzman 等（2011）和 Giglio 等（2016），吸收比率可表示为：

$$Absorption(K) = \frac{\sum_{i=1}^{K} Var(PC_i)}{\sum_{i=1}^{N} Var(A_i)} \quad (3-12)$$

其中，K 为人为设定的提取主成分个数，N 为金融机构数量，$Var(A_i)$ 为第 i 个资产收益率的方差，$Var(PC_i)$ 为第 i 个特征向量（主成分）的方差。实际数据中，吸收比率的变化与股票价格的波动具有较强相关性，因此有必要进一步考察二者之间的因果关系。Kritzman 等（2011）指出，在同一个时点上，采用长期估计窗口的估计结果与采用短期估计窗口的估计结果之差，可以很好地预测系统性风险的发生。因此，他们进一步提出 $\Delta Absorption$ 指标作为系统性风险预警指标：

$$\Delta Absorption = Absorption_{short}(K) - Absorption_{long}(K) \quad (3-13)$$

2. 动态因果指数（DCI）

对于第二个角度，我们关注基于格兰杰因果检验方法的动态因果指数 DCI 指标（Billio 等，2012）。首先考察两个金融机构之间股票收益的相互关系：

$$R_{t+1}^i = \alpha^i R_t^i + b^{ij} R_t^j + e_{t+1}^i,$$
$$R_{t+1}^j = \alpha^j R_t^j + b^{ji} R_t^i + e_{t+1}^j,$$

其中，b^{ij} 为金融机构 j 对金融机构 i 的影响系数，b^{ji} 则为金融机构 i 对金融机构 j 的影响系数。如果系数 b^{ij} 显著异于 0，则金融机构 j 对金融机构 i 存在显著影响关系。一般而言，当 p 值小于 0.05 时，两家金融机构的股票收益之间存在显著的格兰杰因果关系。进一步地，由于股票收益可能存在波动率集聚等特征，因此，考虑一个 GARCH（1，1）模型：

$$R_t^i = \mu_i + \sigma_{it}\varepsilon_t^i, \quad \varepsilon_t^i \sim WN(0,1)$$
$$\sigma_{it}^2 = \omega_i + \alpha_i(R_{t-1}^i - \mu_i)^2 + \beta_i\sigma_{it-1}^2$$

其中，市场参与者决策的信息基础为所有股票过往所有的历史收益率，即为 $I_{t-1}^S = G\left(\left\{\{R_\tau^i\}_{\tau=-\infty}^{t-1}\right\}_{i=1}^N\right)$。$\mu_i, \omega_i, \alpha_i, \beta_i$ 均为 GARCH 模型相关参数。Billio 等（2012）指出，针对 $\tilde{R}_t^i = R_t^i/\hat{\sigma}_{it}$ 进行格兰杰因果检验，即可得到金融机构之间的格兰杰因果关系，其中，$\hat{\sigma}_{it}$ 由 GARCH（1，1）模型估计得到。这是由于，$\tilde{R}_t^i = R_t^i/\hat{\sigma}_{it}$ 刻画了金融机构 i 的股票收益对于金融机构 j 过往的股票收益的依赖程度：

$$E\left[R_t^i \mid I_{t-1}^S\right] = E\left[R_t^i \mid \{(R_\tau^i - \mu_i)^2\}_{\tau=-\infty}^{t-2}, R_{t-1}^i, R_{t-1}^j, \{(R_\tau^j - \mu_j)^2\}_{\tau=-\infty}^{t-2}\right]$$

此时，通过上述格兰杰因果检验方法，我们可以得到两个金融机构之间的相互关联：

$$j \rightarrow i = \begin{cases} 1 & \text{if } j \text{ Granger causes } i, \\ 0 & \text{otherwise} \end{cases}$$

据此，动态因果指数 DCI 考察了金融机构股票收益之间格兰杰因果关系的多少：

$$DCI_t = \frac{\# \text{ significant GC relations}}{\# \text{ relations}} \quad (3-14)$$

3. 溢出指数（SI）

对于第三个角度，大量文献从风险溢出角度出发，考察单个金融机构发生极端风险对其他金融机构风险状况所产生的异质性影响。Diebold 和 Yilmaz（2009）、Diebold 和 Yılmaz（2014）等一系列相关研究成果是这类文献的模型基础。具体而言，我们首先基于金融机构股票收益率或风险测度指标建立广义向量自回归模型，并基于一系列信息准则为 VAR 模型选择最优的滞后阶数，从而捕捉金融机构之间股票收益或风险指标的相互关系。然后，我们设定一定长度的预测期，并在此基础上通过方差分解分析技术构建风险溢出矩阵，考察金融机构之间风险传染的网络关系。以 3 家金融机构为例，金融机构之间风险溢出矩阵示例如表 3-2 所示。其中，x^i 可为金融机构 i 的股票收益率或风险测度指标，d_{ij} 为金融机构 i 对金融机构 j 的风险溢出水平。通过方差分解技术得到每一对金融机构之间的风险溢出水平后，即可加总得到每一家金融机构对其他金融机构所产生的风险溢出程度（To Others），以及每一家金融机构受到其他金融机构风险溢出后的受损程度（From Others），并计算得到每家金融机构对其他金融机构的风险净溢出水平（Net）。

表 3-2　　　　　金融机构之间风险溢出矩阵示例

	x^1	x^2	x^3	FROM OTHERS
x^1	d_{11}	d_{12}	d_{13}	$\sum_{j=1}^{3} d_{1j}, j \neq 1$
x^2	d_{21}	d_{22}	d_{23}	$\sum_{j=1}^{3} d_{2j}, j \neq 2$
x^3	d_{31}	d_{32}	d_{33}	$\sum_{j=1}^{3} d_{3j}, j \neq 3$
TO OTHERS	$\sum_{i=1}^{3} d_{i1}, i \neq 1$	$\sum_{i=1}^{3} d_{i2}, i \neq 2$	$\sum_{i=1}^{3} d_{i3}, i \neq 3$	$\sum_{i,j=1}^{3} d_{ij}, i \neq j$
NET	$\sum_{i=1}^{3} d_{i1} - \sum_{j=1}^{3} d_{1j}$	$\sum_{i=1}^{3} d_{i2} - \sum_{j=1}^{3} d_{2j}$	$\sum_{i=1}^{3} d_{i3} - \sum_{j=1}^{3} d_{3j}$	

溢出指数 *SI* 着重关注金融机构对其他金融机构风险溢出的整体水平，定义为每家金融机构对其他金融机构所产生的风险溢出程度（TO OTHERS）之和（如 Diebold & Yilmaz，2009；Diebold & Yilmaz，2012；Diebold & Yılmaz，2014；Giglio 等，2016 等）：

$$SI = \sum_{i=1}^{N} TO\ OTHERS^i = \sum_{i,j=1}^{N} d_{ij}, i \neq j \quad (3-15)$$

通过滚动窗口分析技术，我们可以得到各时点上金融市场风险溢出整体水平。

二 市场波动性与不稳定性

用于测度市场波动性和不稳定性的指标包括：金融系统动荡程度 *Turbulence*、金融体系巨灾风险 *CatFin*、平均杠杆水平、市值规模集中度。

市场波动性与不稳定性是系统性金融风险的重要体现，因此，大量文献通过刻画这一特征以度量系统性金融风险。这类文献主要关注四类风险指标：第一类指标为金融系统动荡程度，以传统的 *AvgVola* 指标与 Kritzman 和 Li（2010）提出的 *Turbulence* 指标为代表；第二类指标为金融体系巨灾风险指标，以 Allen 等（2012）提出的指标 *CatFin* 为代表；第三类指标为平均杠杆率，刻画了金融市场整体杠杆水平；第四类指标为市值规模集中度，刻画了金融体系中潜在的不稳定性。

1. 金融系统动荡程度 *Turbulence* 与 *AvgVola*

早期讨论系统性金融风险的相关文献主要基于金融机构的波动性来度量其风险状况，因此，金融机构股票收益率波动性的平均值 *AvgVola* 成为测度金融市场系统性金融风险的传统指标（Giglio 等，2016）。

Kritzman 和 Li（2010）进一步提出了 *Turbulence* 指标以刻画金融系统动荡程度，考察在金融机构历史波动特征下，当前波动的异常程度。具体而言，Turbulence 定义为金融机构已实现的股票收益的平方与历史波动率之差，其实质上是一种超额波动率，即股票收益当前的协方差相对于长期协方差的差额：

$$Turbulence_t = (r_t - \mu)'\Sigma^{-1}(r_t - \mu) \quad (3-16)$$

其中，r_t 为金融机构股票收益率向量，μ 与 Σ 分别为股票收益率历史均值与方差—协方差矩阵。通过滚动窗口分析技术，我们可以得到各时点上金融系统动荡程度指标。

2. 金融体系巨灾风险 CatFin

Allen 等（2012）认为，金融行业的特殊性在于金融机构是整个经济体资金融通的中介，具有高杠杆率和规模大的特点，一旦金融体系出现巨灾风险使得大部分金融机构陷入经营困境和财务困境，金融机构就会被迫削减投融资项目，造成投资规模的下降、融资成本的上升，从而影响实体经济活动。他们采用广义帕累托分布（Generalized Pareto Distribution，GPD）、偏广义误差分布（Skewed Generalized Error Distribution，SGED）和非参数估计等方法构建出金融行业的截面尾部风险指标，测度金融体系的巨灾风险（极端尾部风险）CatFin，并证明该指标能显著预测出未来经济下行风险。

在估计过程中，金融体系巨灾风险由三部分极端风险平均得到，第一部分为广义帕累托分布下金融机构股票收益率的极端风险，第二部分为偏广义误差分布下金融机构股票收益率的极端风险，第三部分为金融机构股票收益率在其实际分布下的极端风险。具体而言，广义帕累托分布 GPD 下，分布函数为：

$$G_{\min,\xi}(M;\mu,\sigma) = \left[1 + \xi(\frac{\mu - M}{\sigma})\right]^{-1/\xi} \quad (3-17)$$

其中，μ、σ 与 ξ 分别为广义帕累托分布 GPD 的位置、比例与形状参数。形状参数 ξ 为尾部指数，刻画了分布的厚尾特征；位置参数 μ 与比例参数 σ 则分别刻画了极端值的离差与平均水平。因此，在此分布下的在险价值 VaR（记为 ϑ_{GPD}）可表示为（Bali，2003；Bali，

2007；Allen 等，2012）：

$$\vartheta_{GPD} = \mu + \frac{\sigma}{\xi}\left[\left(\frac{\alpha N}{n}\right)^{-\xi} - 1\right] \quad (3-18)$$

其中，n 与 N 分别为极端值样本个数与样本总数，α 为主观设定的损失概率水平。广义帕累托分布 GPD 的相关参数可通过极大似然方法估计得到，从而可以计算出在此分布下金融机构股票收益率的极端风险。

对于第二部分，偏广义误差分布 SGED 考虑了股票收益率的厚尾特征与偏态特征，从而良好地刻画了金融机构股票超额收益率的分布特征，其概率密度函数为：

$$f(r_i;\mu,\sigma,\kappa,\lambda) = \frac{C}{\sigma}\exp\left(-\frac{1}{[1+sign(r_i-\mu+\delta\sigma)\lambda]^\kappa \theta^\kappa \sigma^\kappa}|r_i - -\mu+\delta\sigma|^\kappa\right) \quad (3-19)$$

其中，$C = \kappa/(2\theta\Gamma(1/\kappa))$，$\theta = \Gamma(1/\kappa)^{0.5}\Gamma(3/\kappa)^{-0.5}S(\lambda)^{-1}$，$S(\lambda) = \sqrt{1+3\lambda^2-4A^2\lambda^2}$，$A = \Gamma(2/\kappa)\Gamma(1/\kappa)^{-0.5}\Gamma(3/\kappa)^{-0.5}$，$\mu$ 与 σ 分别为股票超额收益率的均值与标准差，λ 为偏态参数，$sign$ 为示性函数，$\Gamma(.)$为 Gamma 函数。参数 κ 控制着分布函数的尖峰厚尾特征，而偏态参数 λ 控制着分布函数的偏态特征。当偏态参数为正 $\lambda > 0$ 时，分布函数呈右偏特征。通过极大似然估计方法得到偏广义误差分布 SGED 相关参数后（Bali，2008），在一定损失概率水平 α 下的在险价值 VaR（记为 ϑ_{SGED}）可通过式（3-20）计算得到：

$$\int_{-\infty}^{\vartheta_{SGED}(\alpha)} f_{\mu,\sigma,\kappa,\lambda}(z)dz = \alpha \quad (3-20)$$

对于第三部分，我们可以直接考察每个时期内金融机构股票收益率的截面分布特征，找到实际分布中一定损失概率水平 α 下的极端损失，记为 $\vartheta_{Empirical}(\alpha)$。在估计过程中，针对每个时点上金融机构股票收益率，分别根据三种不同截面分布得到三个部分的极端风险 $\vartheta_{GPD}(\alpha)$、$\vartheta_{SGED}(\alpha)$ 与 $\vartheta_{Empirical}(\alpha)$，其算术平均值即为该时点上的金融体系巨灾风

险 *CatFin*。

3. 平均杠杆水平 *AvgBL* 与 *AvgML*

金融机构的杠杆水平也是用于测度系统性金融风险的传统指标。杠杆水平与金融机构的资本结构密切相关，而资本是金融机构化解风险的重要工具。过高的杠杆水平导致负债水平较高而资本相对不足，这将引致系统性金融风险恶化（如 Acharya & Thakor，2016；Varotto & Zhao，2018 等）。大量文献指出，杠杆水平主要反映的是系统性金融风险的扩散传染能力，在金融危机中加速了系统性金融风险的冲击（如 Weiß 等，2014 等）。同时，不少文献研究发现，金融机构为了降低风险暴露而降低自身杠杆水平所形成的杠杆周期与金融风险周期存在重要关联（如 Brunnermeier & Sannikov，2014；Ellis 等，2014；He & Krishnamurthy，2013 等）。

对于杠杆水平变化与系统性金融风险波动之间关系的研究，现有文献主要形成两种相反意见，一些研究认为杠杆周期与金融风险周期同向运行，也有一些文献发现了杠杆水平的逆周期特征。其中，一些文献发现，杠杆周期与金融风险周期是同向变化的，杠杆周期存在顺周期特征（如 Adrian & Boyarchenko，2018 等）。Fostel 和 Geanakoplos （2008）采用理论模型研究发现，在抵押品价值内生、金融市场不完备的环境下，杠杆周期将引发风险传染。Poledna 等（2014）和 Aymanns 等（2016）均发现类似结论，在巴塞尔协议等一系列微观审慎风险管理政策下，杠杆水平较高的金融机构在受到小范围风险冲击时为了降低自身风险暴露而降低杠杆水平，这将造成大量同买同卖行为，进一步造成并扩大金融市场的扰动。另外，也有一些文献发现杠杆周期存在逆周期特征，并指出由于金融机构风险追逐行为与其自身杠杆是内生的、相互约束的，因而杠杆水平体现了当前金融状况与金融危机爆发之间的距离（He & Krishnamurthy，2013；Brunnermeier & Sannikov，2014）。

无论是从顺周期理论还是逆周期理论出发，现有文献研究结果均表明，杠杆水平与系统性金融风险紧密关联。Ellis 等（2014）指出，杠杆水平能够有效衡量系统性金融风险的"最后一道防线"[①]，但是仅从杠杆水平一个指标来衡量系统性金融风险将忽视每个机构所面临风险的差异性。因此，一些文献指出，对金融机构的杠杆水平进行平均，可以消除这种个体差异性对整体衡量系统性金融风险水平所产生的偏误，因而平均杠杆水平能够很好地刻画金融市场系统性金融风险水平（Giglio 等，2016）。企业杠杆水平可以通过两个指标进行刻画，分别是账面杠杆率 BL 与市场杠杆率 ML（Fama & French，1992）。其中，账面杠杆率为金融机构负债与账面价值之比（Debt/Assets），市场杠杆率为金融机构负债与市场价值之比（Debt/Market Equity）。因此，金融机构的平均账面杠杆率 $AvgBL$ 与平均市场杠杆率 $AvgML$ 均可作为平均杠杆水平的代理变量，刻画金融市场整体杠杆水平。

4. 市值规模集中度

大量文献指出，规模集中度刻画了大型金融机构发生违约时，金融体系所面临的风险及其潜在的不稳定性（如 Giglio 等，2016 等）。Uhde 和 Heimeshoff（2009）、Mühlnickel 和 Weiß（2015）均发现，金融机构集中度增加了金融机构的系统性金融风险贡献程度，当单个机构发生极端损失时金融市场将受到较大冲击。与此同时，一些文献从竞争效应与"太重要而不能倒"效应两个角度出发，进一步研究规模集中度的系统性金融风险积聚效应。从竞争效应角度展开研究的相关文献发现，集中度较低的金融市场中，金融机构之间的竞争程度较高，金融机构有更高的激励进行分散化投资，风险分散程度因而较高，金融机构以及金融市场重大冲击对于的脆弱性相对较低（如 Anginer 等，2014 等）。从"太重要而不能倒"效应角度展开研究的相关文献则发现，集中度较高的金融市场中，金融机构在"太重要而不能倒"效应作用下，具有更强的激励投资高风险资产（如 De Jonghe 等，

[①] Leverage ratios are a useful backstop measure and guard against potential gaming of risk-weights.

2015 等)。Fernholz 和 Koch（2017）也发现类似结论，当资产集中度比较低、各银行之间资产总额相差不大时，中等规模银行的特质波动率反而比大银行和小银行都高；而集中度比较高时，大银行风险明显更高。这表明，规模集中度也通过"太大而不能倒"效应促进了金融机构的风险追逐行为，进一步加剧系统性金融风险。

由此可见，相关文献不仅指出规模集中度是系统性金融风险形成、传染及扩散的重要原因与体现，而且发现规模集中度会通过竞争效应与"太重要而不能倒"效应进一步加剧系统性金融风险。因此，规模集中度能够有效体现系统性金融风险的潜在成因。相关文献主要基于市值规模计算赫芬达尔指数，从而考察金融机构规模集中度：

$$SizeHHI_t = N \frac{\sum_{i=1}^{N} ME_i^2}{(\sum_{i=1}^{N} ME_i)^2} \quad (3-21)$$

其中，N 为 t 期时金融机构的数量。值得注意的是，$SizeHHI$ 指标在传统的赫芬达尔指数基础上，引入了与金融机构数量 N 的乘积，修正了金融机构数量变化所引致的偏误（Giglio 等，2016）。

三 市场流动性

大量文献指出，市场流动性既是系统性金融风险的重要诱发因素，也是金融风险爆发的直接体现。市场流动性不足将导致投资者对金融产品错误定价，资产价格超乎预期地降低，进而诱发市场风险以及系统性金融风险（Allen & Carletti，2013）。相关文献指出，市场流动性不足诱发系统性金融风险主要来自三种影响机制，分别是资产价格泡沫破灭机制、信息不对称机制以及投资者预期机制。其中，资产价格泡沫破灭机制指的是，资产价格远超资产基本价值时泡沫破裂，导致市场流动性迅速枯竭，资产价格快速下跌，从而诱发金融危机（如 Allen & Gale，2000；Allen & Carletti，2013 等）。信息不对称机制指的是，投资者之间信息不对称程度较大时，资产价格波动呈现高度不一致性，引发投资者恐慌性抛售，市场流动性与资产价格均迅速降低，从而诱发金融危机（如 Glosten，1989；Bhattacharya & Spiegel，1991 等）。投资者预期机制指的是，市场流动性来自不同类型投资者对于流动性需求的差异，当市场上投资者类型单一时，投资者对于流动性的需求趋于一致，这将导致市场交易难以实现，市场流动性枯竭，金融市场崩溃（如 Fernando & Herring，2001 等）。

市场流动性紧缺往往是系统性金融风险爆发的直接体现，并进一步加速金融风险的恶化与积聚。历次金融危机中，危机爆发初期直观的市场表现就是市场流动性紧缺状况突然恶化，市场恐慌情绪蔓延，从而加剧信用风险与市场风险，金融机构的平稳运作与金融市场的稳定运行均受到重大冲击。金融市场出现动荡时，金融机构加强自身风险管控，限制证券持有头寸，市场流动性迅速降低，从而形成资产错误定价，金融风险冲击程度进一步扩大（如 Garleanu & Pedersen，2007 等）。在重大风险冲击下，金融机构微观审慎风险管理的这种负外部性还将引发市场恐慌情绪以及风险传染，系统性金融风险进一步恶化（如 Jobst，2014 等）。隋聪等（2020）也发现类似结论，当金融机构处于流动性需求地位时，其潜在风险传染破坏力明显更高，这表明金融危机爆发时金融机构对于流动性的需求将具有较大程度的负外部性，市场流动性的迅速降低将引致系统性金融风险快速扩散传染。

在危机爆发期间，市场流动性紧缺所引致的恐慌情绪等因素会进一步恶化市场流动性状况，削弱救市政策的干预效果。2007 年美国次贷危机以来，金融风险的传染机制愈发呈现结构性特征，即着重针对某一市场或某类资产产生冲击，形成市场流动性的结构性紧缺，进而使风险传染至整个金融系统。在此环境下，普适性救市政策工具的有效性渐渐降低。大量文献发现，传统货币政策工具以及普适性的量化宽松政策并未能有效扭转国际金融危机与欧洲主权债务危机的态势（如 Hristov 等，2014；Lothian，2014；Angeloni 等，2015；Von Borstel 等，2016；Mishkin，2017 等）。Hanisch（2017）和 Michau（2019）

研究发现，在实际利率近乎零时（量化宽松时期），传统货币政策推动危机后经济恢复的能力与持续性有所减弱，还会对商品与股票价格产生广泛且强烈的影响。这一结论与凯恩斯主义学派关于流动性陷阱下货币政策失效的观点一致，表明货币政策效果受制于市场流动性状况。正因如此，能够针对性处置源头风险的结构性政策工具受到更多关注（如 Jäger 和 Grigoriadis，2017；Kurtzman 等，2018 等）。

由此可见，市场流动性状况是系统性金融风险变动的重要原因，也受到系统性金融风险爆发的直接影响，并且是加速风险积聚、限制政策干预效果的重要因素。何奕等（2019）发现，流动性缺口引致的金融系统与金融市场参与者无法实现完全结算诱发了系统性风险，而系统性风险的传染也表现为流动性缺口的不断扩散。因此，大量文献基于市场流动性状况来度量与预警系统性金融风险（如 Deuskar & Johnson，2011；Rösch & Kaserer，2014 等）。其中，Amihud（2002）提出的非流动性 AIM 指标得到广泛认可。具体而言，非流动性 AIM 指标的计算方式为：

$$AIM_t^i = \frac{1}{D_t^i} \sum_{d=1}^{D_t^i} \frac{|r_d^i|}{VOL_d^i} \qquad (3-22)$$

其中，D_t^i 为金融机构 i 在 t 年内交易日数量，VOL_d^i 为交易量（股份数量）。通过式（3-22）计算得到每家金融机构每年的非流动性指标后，逐年平均得到金融市场每年的非流动性水平。

第四节　本章小结

本章系统梳理了现有文献度量系统性金融风险的相关指标及其计算方式。根据风险主体进行区分，系统性金融风险的度量指标可区分为微观层面的金融机构系统性风险指标与宏观层面的金融市场系统性风险指标。其中，微观层面的金融机构系统性风险指标可进一步分为系统性风险贡献（单个金融机构发生极端风险时金融系统可能面临的风险水平）与系统性风险敞口（金融系统发生极端风险时单个金融机构可能面临的风险水平）。

宏观层面的金融市场系统性风险指标则主要分为三个类别，分别为风险共振与溢出传染、市场波动性与不稳定性以及市场流动性。其中，伴随着"太关联而不能倒"理论的提出与深化，风险共振与溢出传染近几年在系统性风险的研究中受到广泛关注，金融机构之间、金融机构与金融系统之间的相互关联是相关风险测度指标的重要关注点及理论基础。与此同时，市场波动性以及市场流动性与系统性金融风险的爆发密切相关，相关风险测度指标便于运算且便于观测，社会各界能够更为直观地对金融体系风险水平形成直观感受，因而长久以来被广泛运用于风险预警与风险度量。

总的来说，本章共梳理了15个系统性金融风险的主流度量指标，覆盖了微观与宏观层面的多个维度，从全局视角深入考察了系统性金融风险的不同方面。

第四章 系统性金融风险相关指标计算结果

第一节 引言

随着经济全球化进程加快和金融业务复杂程度加深,金融机构与金融市场之间的联系愈加紧密。金融体系的高度系统关联性一方面使得金融风险高度分散,另一方面也增加了单个金融机构的损失扩散到整个金融体系的可能性,危及金融体系的整体稳定性。在中国经济转型升级进程中,伴随着频发的国内外经济金融冲击,金融体系的高度系统关联性所内涵的系统性金融风险存在什么样的动态特征,成为研究中国系统性金融风险的重要基础。

系统性金融风险内涵随着理论发展与经济实践而不断深化,度量指标也不断发展,不同度量指标关注并刻画了系统性金融风险的不同方面。现有相关文献主要从金融机构与金融市场两个角度,针对系统性金融风险加以界定与衡量。金融机构系统性金融风险主要包括四个指标,分别为同时考虑系统性风险贡献与风险敞口两个方向的条件风险价值 $CoVaR$、着重考虑系统性风险贡献方向的增量条件风险价值 $\Delta CoVaR$、着重考虑系统性风险敞口方向的边际预期损失 MES 以及刻画极端市场风险下单个金融机构面临的金融资本短缺状况的系统性风险指数 $SRISK$(Adrian & Brunnermeier,2016;Acharya 等,2017;Brownlees & Engle,2017)。与此同时,金融市场系统性金融风险则主要包含风险共振与传染、市场波动性与不稳定性以及市场流动性三个方面，主要包含 10 个相关指标（Amihud，2002；Diebold & Yilmaz，2009；Kritzman & Li，2010；Kritzman 等，2011；Allen 等，2012；Billio 等，2012；Diebold & Yilmaz，2012；Diebold & Yılmaz，2014；Giglio 等，2016）。不同系统性金融风险指标着重突出的是系统性金融风险的不同内涵与不同表现，其动态特征所存在的差异恰恰反映了在经济实践中系统性金融风险的不同方面的动态变化，体现了系统性金融风险的积累与消解过程，同时也刻画了国内外风险冲击对中国系统性金融风险的实际影响。

2005—2019 年，国内外冲击频发，中国金融体系的稳定运行面临巨大压力。2007 年美国次贷危机迅速席卷全球，给世界各国的金融市场造成了重大负面影响。2008 年中国自然灾害频发、雨雪冰冻与特大地震造成重大损失。2010 年希腊主权债务危机引发欧元区国家的恐慌心理，导致欧元遭到大肆抛售，欧洲股市暴跌。2017 年，P2P 等民间借贷行业爆雷初现端倪，部分城市出现房地产价格泡沫化，债券市场信用违约事件明显增加。

为了应对国内外各类冲击，中国金融监管部门推出了多项干预措施，维持金融系统稳定运行，保障经济结构转型升级稳步推进。2008 年，为了应对国际金融危机与国内自然灾害冲击造成的影响，监管部门一方面稳步推进《巴塞尔协议》指导下金融机构风险微观审慎监管，另一方面加强金融机构对灾后重建、"三农"工作以及中小企业融资需求的信贷支持，维持金融稳定的同时强化对实体经济的支持力度。2009 年，政府部门在进一步加强金融机构风险监管的同时，适时推出创业板，完善多层次资本市场体系。2010 年，中国全面深入参与《巴塞尔协议Ⅲ》等国际新监管标准的讨论和制定，同时开展银行业压力测试，全面深化金融监管工作。2011—2015 年，监管部门在应对房地产市场潜在风险的同时，相继推出常备借贷便利、中期借贷便利等中短期流动性调节工具，保障各类冲击下金融市场流动性状况。2016 年起，监管部门重视互联网金融领域整治与监管工作，把支付宝、财付通、京东支付等第三方支付机构的网络支付业务纳入集中统一清算管理，不断规范互联网企业的金融相关业务。

2005—2019 年，国内外冲击以及中国干预措施均对金融系统稳定运行造成了重要影响，经济发展与金融稳定在这一过程中均发生剧烈波动。因此，我们采用多个系统性金融风险相关指标研究 2005—2019 年系统性金融风险的动态特征，展现这一期间内系统性金融风险在各个方面的表现，分析系统性金融风险在外部冲击频发、监管政策频繁干预的环境中风险积聚与消解的动态过程。一方面，这有助于社会各界深化对于系统性金融风险内涵与机理的认识，加强对系统性金融风险各个方面的认知与研判；另一方面，系统性地回顾系统性金融风险的形成表征与消解过程，为监管当局总结风险管控实践经验、切实推进下一阶段"六保六稳"工作提供有益参考。

本章将按照上一章节介绍的系统性金融风险相关指标的框架结构，逐一进行测度与分析。首先，我们着重分析金融机构层面的系统性金融风险指标，重点考察上市金融机构以及房地产企业的系统性金融风险状况，在微观机构层面捕捉系统性金融风险的动态变化。其次，我们着重研究金融市场系统性金融风险指标，深入剖析系统性金融风险在金融市场中不同维度的体现及其演化特征。本章采用中国 2005—2019 年上市金融机构以及房地产企业作为样本，相关的股票交易数据以及财务数据均来自 Wind 数据库。

第二节　金融机构系统性金融风险的测度

一　条件风险价值 CoVaR

条件风险价值 CoVaR 是指，在一家金融机构发生重大风险事件的条件下，金融系统整体可能面临的最大损失。该指标同时考虑了单个金融机构对系统性金融风险的贡献程度与金融机构面临金融系统极端冲击时的系统性金融风险敞口两个方向，测度了当特定金融机构发生

极端损失风险事件时，整体金融系统将可能面临多大的极端损失。具体而言，$CoVaR^i(q)$ 为金融机构 i 在条件事件 $X^i = Var^i$ 下金融系统的 VaR，即 $Pr\left(X^{syst} \leq CoVaR^i(q) | X^i = VaR^i\right) = q$，其中，$X^i$ 和 X^{syst} 分别为金融机构和金融系统的收益率。

我们首先关注金融机构所构成的金融体系的风险状况，采用两种不同的显著性水平 $q = \{1\%, 5\%\}$ 作为输入参数，研究上市金融机构在 2005—2019 年条件风险价值 $CoVaR$ 指标的动态特征。平均而言，$q = 1\%$ 参数设定下条件风险价值 $CoVaR$ 指标为 0.070，这表示当单个金融机构发生极端风险时，整体金融系统有 99% 的可能面临 7.0% 的损失；$q = 5\%$ 参数设定下条件风险价值 $CoVaR$ 指标为 0.038，当单个金融机构发生极端风险时，整体金融系统有 95% 的可能面临 3.8% 的损失。图 4-1 展示了中国上市金融机构 2005 年 1 月至 2019 年 12 月在两种显著性水平参数设定下的条件风险价值 $CoVaR$ 指标测度结果。从不同参数设定的结果比较来看，采用更严格的极端事件参数设定（$q = 1\%$）下，金融机构的条件风险价值 $CoVaR$ 指标明显更大，其波动也更为剧烈。相对而言，采用 $q = 5\%$ 的参数设定下，条件风险价值 $CoVaR$ 指标在较低水平平滑变化。

两种参数设定下条件风险价值 $CoVaR$ 指标的波动趋势存在一定差异，但是整体趋势保持一致。2006 年下半年，条件风险价值呈现下降趋势，在此期间开展的城市信用社大面积整改与风险处置工作初有成效，有效消解系统性金融风险。2008 年国际金融危机对中国金融系统产生重大冲击，监管部门的一系列应对措施也使得系统性金融风险在快速积聚后得到稳步消解。2010 年条件风险价值发生剧烈波动，则主要由于银行业信贷集中度过高、期限错配情况恶化以及证券行业融资融券业务等新业务新产品的潜在风险积聚（《2011 年中国金融稳定报告》）。2012 年金融机构系统性金融风险的积聚，则主要由于银行理财产品与表外业务相关风险集中显现，具有融资功能的非金融机构和民间借贷风险初见端倪（《2013 年中国金融稳定报告》）。2014 年年末至 2016 年年末，金融机构系统性金融风险迅速攀升并持续在较高水平波动，这主要是由于经济结构转型调整过程初期的风险隐患逐渐显性化，商业银行不良贷款风险与影子银行潜在风险持续积聚（《2015 年中国金融稳定报告》）。2018—2019 年，金融机构系统性金融风险剧烈波动，体现了在经济结构转型与多边贸易关系变化的环境下，金融机构的系统性风险也将发生明显波动与恶化。

与此同时，在采用更严格的极端事件参数设定下，金融机构的条件风险价值 $CoVaR$ 指标对于国内外冲击的短期影响更为敏感，能够更充分地反映系统性金融风险的积聚过程。2008 年 1 月末开始的美联储几轮降息救灾措施，尤其是 1 月末至 3 月连续的大幅度降息行为，对中国居民对金融系统稳定的预期产生巨大影响，这导致这一期间内金融机构系统性金融风险迅速积聚，这一过程在更严格的极端风险参数设定下得到有效体现。2009 年中旬多个知名企业巨额亏损甚至破产清算所引起的市场恐慌，也在 $CoVaR$ 指标突然上升中得到反映。2009 年年末至 2010 年年初地方政府融资平台乱象频发，违约造假等风险事件开始发生，金融机构风险状况迅速恶化，这一过程在更严格的极端风险参数设定下也得到充分体现。

在金融机构系统性金融风险积聚的动态过程中，2008 年国际金融危机以及 2014 年年末至 2016 年年末商业银行不良贷款风险与影子银行潜在风险，是中国金融机构系统性金融风险快速积聚的重要原因。而在风险消解的过程中，监管当局对于国际金融危机的一系列应对措施迅速降低金融机构系统性金融风险，而对于不良贷款风险与影子银行风险的治理与处置则是一项长期工作，在此过程中监管部门需要兼顾多边经济关系等一系列国内外冲击。

金融机构系统性金融风险存在"太大而不能倒"的特征，因此，我们参考 Giglio 等（2016）进一步考察大型金融机构的系统性金融风险状况。具体而言，我们分别考察前 10 大与前 20 大金融机构的平均条件风险价值，图 4-2 展示了相关结果。结果显示，前 10 大、前 20

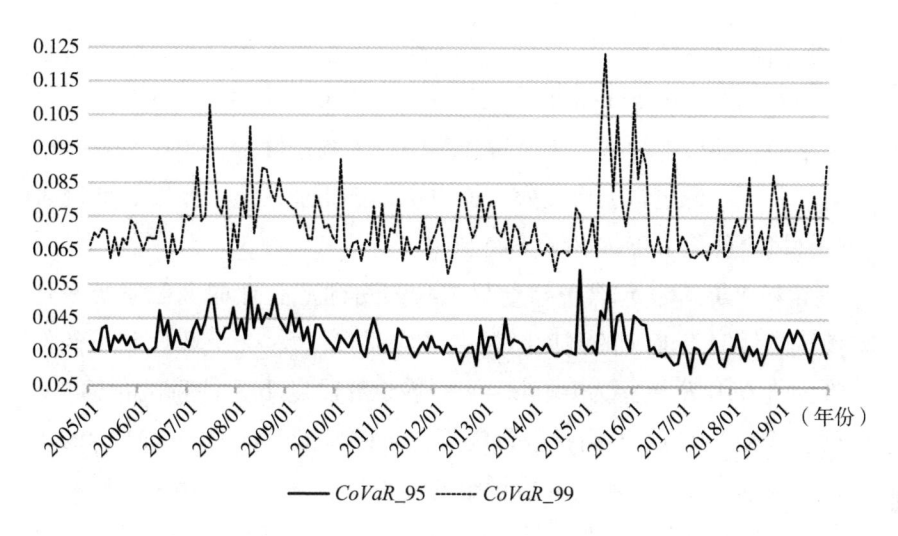

图 4-1 金融机构平均条件风险价值 CoVaR 动态特征

大以及所有金融机构的平均条件风险价值的动态特征不存在明显差异。在更严格的极端事件参数设定（$q=1\%$）下，金融机构的条件风险价值 CoVaR 指标均明显更大。

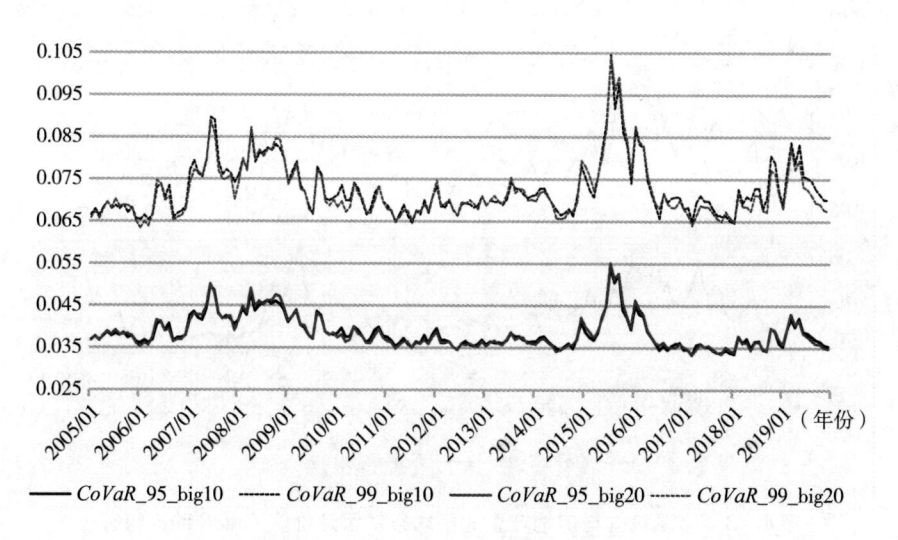

图 4-2 前 10 大及前 20 大金融机构平均条件风险价值 CoVaR 动态特征

我们把上市房地产企业与上市金融机构视为整体金融系统，考察平均条件风险价值 CoVaR 的动态特征。大量文献指出，房地产部门具有类金融属性，应被纳入大金融体系中（如杨子晖等，2018）。因此，我们进一步考虑包含上市金融机构与房地产企业的金融系统，研究平均条件风险价值 CoVaR 的动态特征。

图 4-3 展示了包含上市金融机构与房地产企业的金融系统平均条件风险价值 CoVaR 的测度结果。平均而言，$q=1\%$ 参数设定下条件风险价值 CoVaR 指标为 0.069；$q=5\%$ 参数设定下条件风险价值 CoVaR 指标为 0.038。不同参数设定下，条件风险价值 CoVaR 指标的动态特征基本一致。从不同参数设定的结果比较来看，采用更严格的极端事件参数设定（$q=1\%$）下，条件风险价值 CoVaR 指标明显更大。与此同时，包含上市金融机构与房地产企业的金融系统平均条件风险价值 CoVaR 测度结果及动态特征，与仅包含上市金融机构的金融系统性金融风险测度结果及动态趋势基本一致。

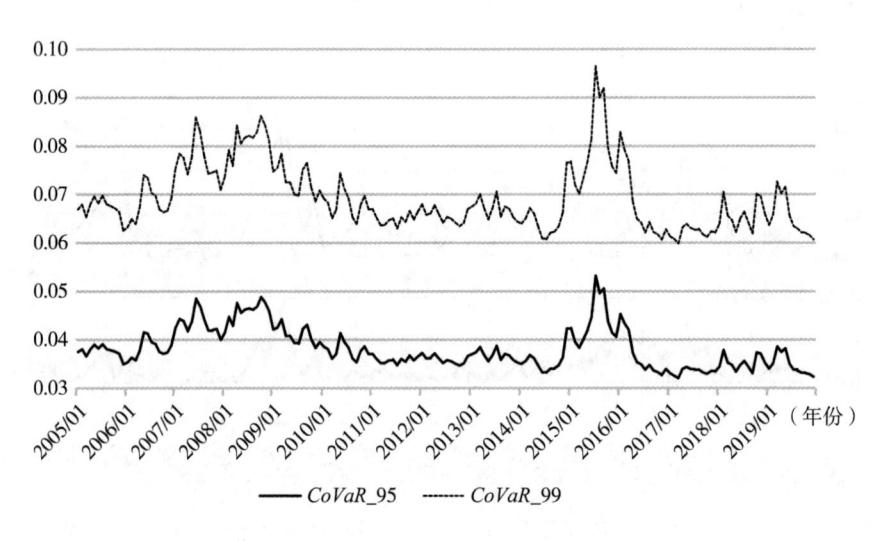

图 4-3　金融机构与房地产企业平均条件风险价值 CoVaR 动态特征

二 增量条件风险价值 $\Delta CoVaR$

增量条件风险价值 $\Delta CoVaR$ 测度的是单个金融机构风险状况突然恶化对金融系统整体风险状况的影响，着重考虑每个金融机构的系统性风险贡献。具体而言，增量条件风险价值 $\Delta CoVaR$ 的定义为特定金融机构从正常风险状态转为极端风险状态时 $CoVaR$ 的变化，即 $\Delta CoVaR^i(q) = CoVaR^i(q) - CoVaR^i(0.5)$，刻画了单个金融机构对系统性金融风险的贡献程度。

我们首先关注金融机构所构成的金融体系的风险状况，采用两种不同的显著性水平 $q=\{1\%,5\%\}$ 作为输入参数，研究上市金融机构在2005—2019年这一时期增量条件风险价值 $\Delta CoVaR$ 指标的动态特征。平均而言，$q=1\%$ 参数设定下增量条件风险价值 $\Delta CoVaR$ 指标为0.027，这表示当单个金融机构从正常风险状态转为极端风险状态时，整体金融系统有99%的可能面临2.7%的损失；$q=5\%$ 参数设定下增量条件风险价值 $\Delta CoVaR$ 指标为0.015，当单个金融机构从正常风险状态转为极端风险状态时，整体金融系统有95%的可能面临1.5%的损失。图4-4展示了中国上市金融机构2005年1月至2019年12月在两种显著性水平参数设定下的增量条件风险价值 $\Delta CoVaR$ 指标测度结果。两种参数设定下金融机构的增量条件风险价值 $\Delta CoVaR$ 指标的波动趋势均一致。从不同参数设定的结果比较来看，采用更严格的极端事件参数设定（$q=1\%$）下，金融机构的增量条件风险价值 $\Delta CoVaR$ 指标处于更高水平。

动态趋势方面，两种参数设定下增量条件风险价值 $\Delta CoVaR$ 指标的波动趋势保持一致。整体而言，受到国际金融危机以及政府相应干预措施的持续影响，$\Delta CoVaR$ 指标在2007年中激增并迅速降低后，呈现震荡上升趋势。自2008年年末开始，国际金融危机对国内金融稳定影响逐渐减弱，经济复苏稳步推进，$\Delta CoVaR$ 指标震荡下降。从2014年年末开始，经济结构转型过程中商业银行不良贷款风险与影子

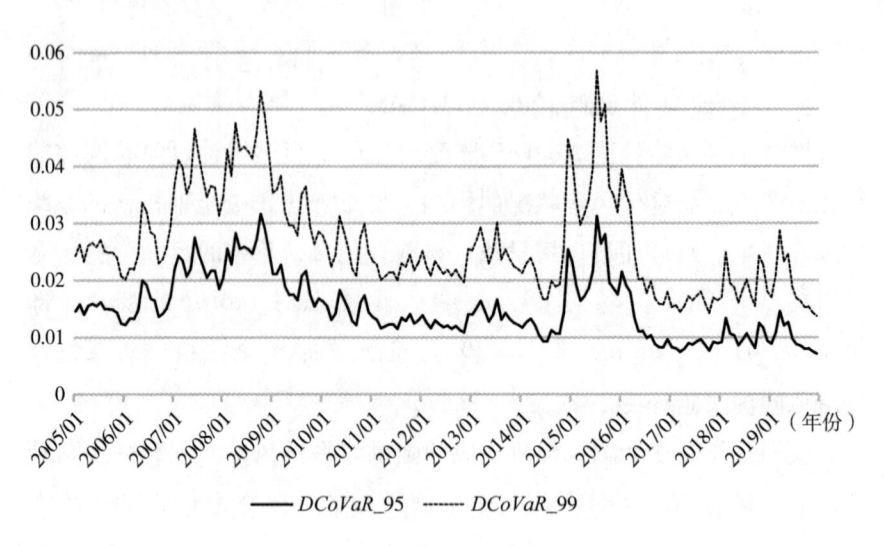

图 4-4　金融机构平均增量条件风险价值 $\Delta CoVaR$ 动态特征

银行潜在风险等风险隐患逐渐显性化，金融机构系统性金融风险迅速积聚，在针对互联网金融发展与风险处置的专项工作落实后，商业银行的不良贷款风险与影子银行风险均明显消解，金融机构系统性金融风险随之降低。2017 年至今，金融监管加强导致一些周期性的风险事件逐渐暴露，全球贸易保护主义也对金融机构风险管理能力提出更高要求，金融机构系统性金融风险呈现剧烈波动特征。

金融机构系统性金融风险存在"太大而不能倒"的特征，因此，我们进一步考察大型金融机构的系统性金融风险状况。同样地，我们分别考察前 10 大与前 20 大金融机构的平均增量条件风险价值，图 4-5 展示了相关结果。结果显示，前 10 大、前 20 大以及所有金融机构的平均增量条件风险价值的动态特征不存在明显差异。在更严格的极端事件参数设定（$q=1\%$）下，金融机构的增量条件风险价值 $\Delta CoVaR$ 指标均明显更大。

我们把上市房地产企业与上市金融机构视为整体金融系统，考察平均增量条件风险价值 $\Delta CoVaR$ 的动态特征。图 4-6 展示了包含上市金融机构与房地产企业的金融系统增量条件风险价值 $\Delta CoVaR$ 的测度

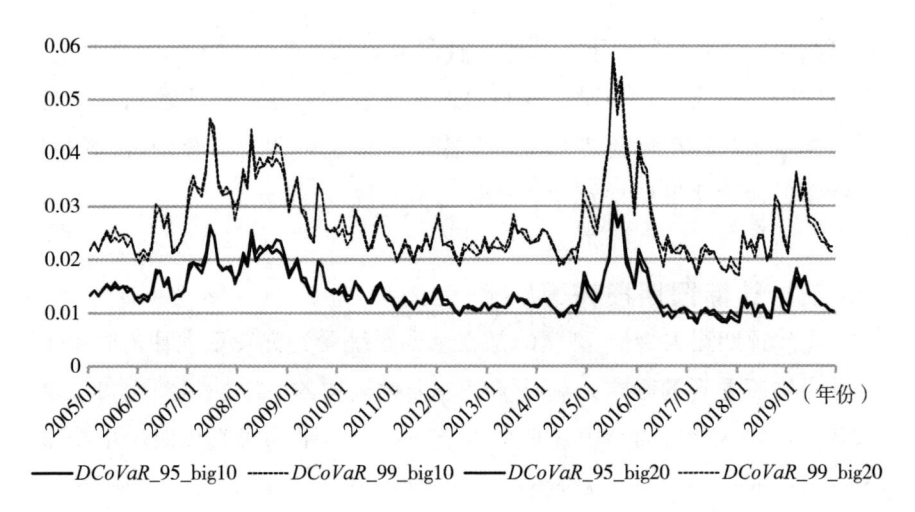

图4-5　前10大及前20大金融机构平均增量条件风险价值 $\Delta CoVaR$ 动态特征

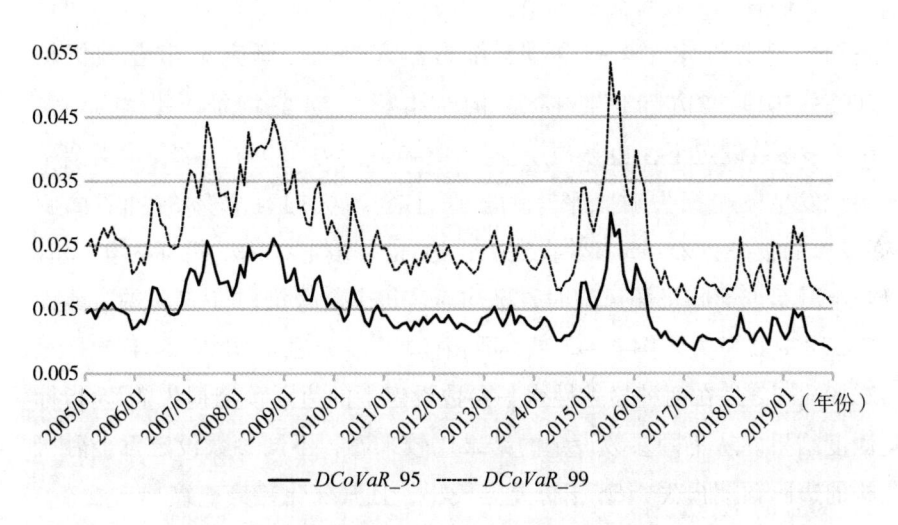

图4-6　金融机构与房地产企业平均增量条件风险价值 $\Delta CoVaR$ 动态特征

结果。平均而言，$q=1\%$ 参数设定下，增量条件风险价值 $\Delta CoVaR$ 指标为 0.026；$q=5\%$ 参数设定下，增量条件风险价值 $\Delta CoVaR$ 指标为 0.015。不同参数设定下，增量条件风险价值 $\Delta CoVaR$ 指标的动态特征基本一致。从不同参数设定的结果比较来看，采用更严格的极端事件参数设定（$q=1\%$）下，增量条件风险价值 $\Delta CoVaR$ 指标明显更大。与此同时，包含上市金融机构与房地产企业的金融系统平均增量条件风险价值 $\Delta CoVaR$ 测度结果及动态特征，与仅包含上市金融机构的系统性金融风险测度结果及动态趋势基本一致。

三 边际预期损失 MES

边际预期损失 MES 测度的是在金融系统受到突发重大冲击时单个金融机构所受到的影响，刻画了每个金融机构的系统性风险敞口。具体而言，MES 为在金融系统收益率低于一定水平的极端值时，单个金融机构的期望收益，即 $MES^i(q)=E\left[R^i\mid R^m<q\right]$。其中，$q$ 为一定损失概率水平 α 下金融系统收益率的极端值。

我们首先关注金融机构所构成的金融体系的风险状况，采用两种不同的显著性水平 $\alpha=\{1\%,5\%\}$ 作为输入参数，研究上市金融机构 2005—2019 年边际预期损失 MES 指标的动态特征。平均而言，$\alpha=1\%$ 参数设定下，边际预期损失 MES 指标为 0.052，这表示当金融系统发生极端损失时，平均而言每个金融机构有 99% 的可能面临 5.2% 的损失；$\alpha=5\%$ 参数设定下，边际预期损失 MES 指标为 0.038，当金融系统面临极端风险时，平均而言每个金融机构有 95% 的可能面临 3.8% 的损失。图 4-7 展示了中国上市金融机构 2005 年 1 月至 2019 年 12 月在两种显著性水平参数设定下的边际预期损失 MES 指标测度结果。从不同参数设定的结果比较来看，不同参数设定下金融机构的边际预期损失 MES 指标差异较小，且其变化趋势一致。

考虑金融机构"太大而不能倒"的特征，我们进一步考察大型金融机构的系统性金融风险状况。同样地，我们分别考察前 10 大与前 20 大金融机构的平均边际预期损失（见图 4-8）。结果显示，前 10 大、前 20 大以及所有金融机构的平均边际预期损失的动态特征不存在明显差异。

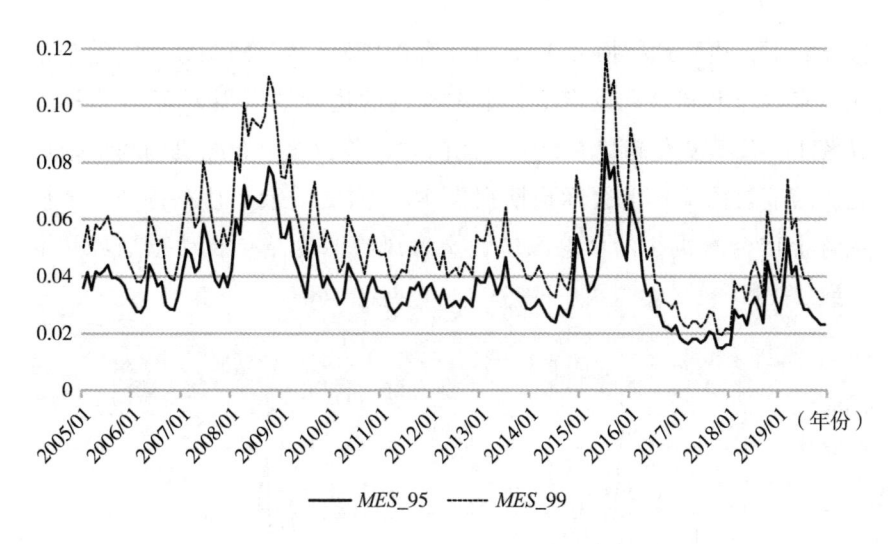

图4-7 金融机构平均边际预期损失 MES 动态特征

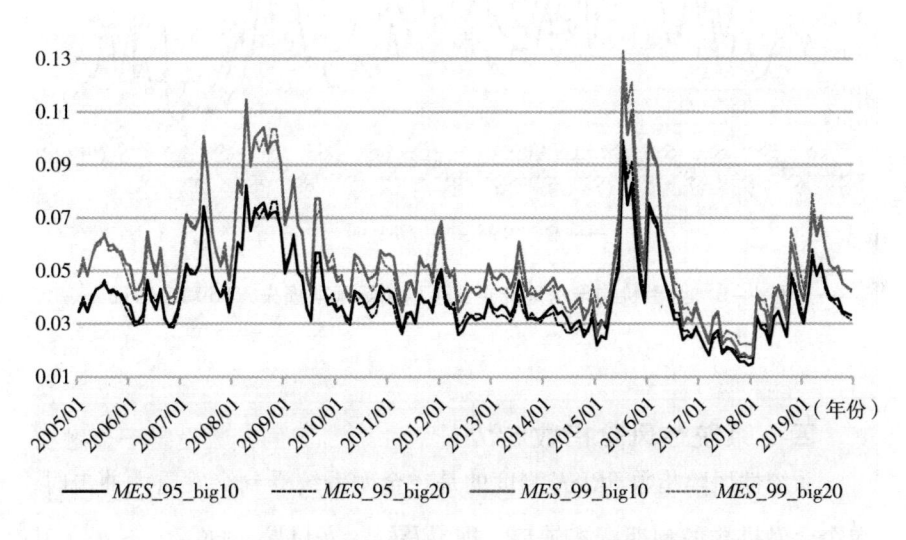

图4-8 前10大及前20大金融机构平均边际预期损失 MES 动态特征

我们把上市房地产企业与上市金融机构视为整体金融系统，考察平均边际预期损失 MES 的动态特征。图4-9展示了包含上市金融机构与房地产企业的金融系统边际预期损失 MES 的测度结果。平均而言，$\alpha=1\%$参数设定下，边际预期损失 MES 指标为0.054；$\alpha=5\%$参数设定下,边际预期损失 MES 指标为0.038。从不同参数设定的结果比较来看,不同参数设定下,金融机构的边际预期损失 MES 指标差异较小,且其变化趋势一致。与此同时,包含上市金融机构与房地产企业的金融系统平均边际预期损失 MES 测度结果及动态特征,与仅包含上市金融机构的金融系统性金融风险测度结果及动态趋势基本一致。

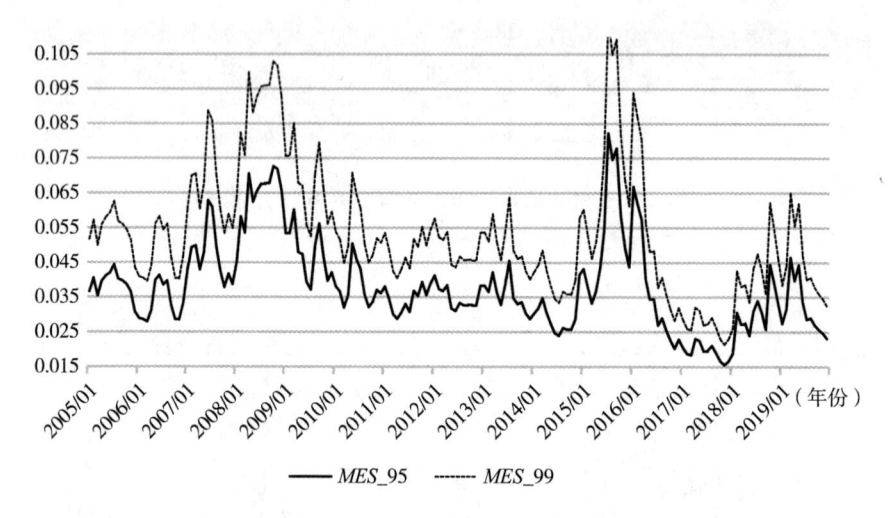

图4-9 金融机构与房地产企业平均边际预期损失 MES 动态特征

四 系统性风险指数 SRISK

系统性风险指数 SRISK 测度的是在金融系统受到突发重大冲击时,单个金融机构的预期资本缺口,即 $SRISK_{i,t}=E_t\left[CS_{i,t+h}\mid R_{m,t+1:t+h}<q\right]$。其中,$CS_i=k(D_i+W_i)-W_i$ 为资本缺口,k 为资本监管审慎系数,W 为金融机构市值,D 为金融机构账面负债。基于一段时间 $h=252$ 天内的日度收益率数据,滚动计算得到资本缺口 CS。系统性风险指数 SRISK 是关于金融机构规模、杠杆率与长期系统性风险敞口的函数。

我们首先关注金融机构所构成的金融体系的风险状况,采用资本

第四章　系统性金融风险相关指标计算结果

监管审慎系数 $k=8\%$ 为输入参数，研究上市金融机构在2005—2019年系统性风险指数 SRISK 指标的动态特征。平均而言，系统性风险指数 SRISK 指标为298亿元，这表示当金融系统受到突发重大冲击时，平均而言每个金融机构面临298亿元的资本缺口。图4-10展示了中国上市金融机构2005年1月至2019年12月系统性风险指数 SRISK 指标测度结果。自2014年至今，中国上市金融机构在极端市场风险下面临巨大的资本缺口，针对金融机构的资本充足情况监管仍然是风险监管工作中的重要环节。

在金融机构系统性金融风险的动态趋势方面，经济结构转型调整过程中风险隐患逐渐显性化，成为金融机构预期资本缺口的重要原因。在中国及时的救市措施下，国际金融危机对金融机构资本短缺状况的影响被限制在较低水平。而经济结构转型调整过程中各类风险的积聚与显现，长期而言导致金融机构在资本充足上的压力持续加大。在此过程中，国际经济金融环境的动荡，以及国内互联网金融等新兴业态的竞争效应及其潜在风险，均加剧了中国金融机构的资本压力。

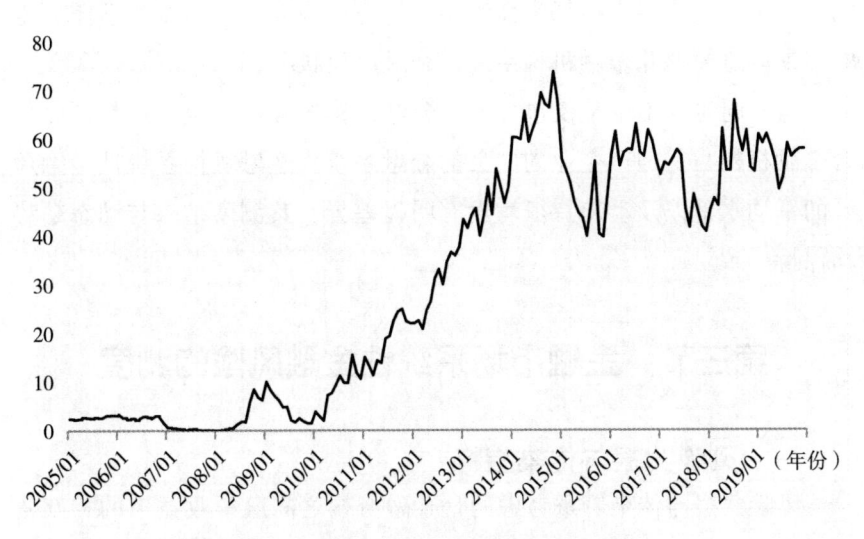

图4-10　金融机构平均系统性风险指数 SRISK 动态特征（单位：十亿元）

五 金融机构系统性金融风险测度结果小结

在金融机构系统性金融风险的动态变化过程中，2008年国际金融危机与2014—2016年经济结构转型调整过程中的潜在风险，是金融机构系统性金融风险快速积聚的重要原因。其中，经济结构转型调整过程中的潜在风险是金融机构资本缺口迅速扩大的主要原因。在危机应对方面，监管部门应对2008年国际金融危机的一系列干预措施有效防止金融机构资本缺口快速增大，及时消解了系统性金融风险。而针对商业银行不良贷款风险与影子银行风险的整治工作则是一项长期挑战，国内经济结构转型过程所伴随的潜在风险需要多层次的宏观微观审慎管理体系进行长期追踪与及时管控。

不同极端风险参数设定下，金融机构系统性金融风险的测算结果存在一定差异，但其波动趋势基本一致。采用更严格的极端风险参数设定下，金融机构系统性金融风险明显更高，且对于国内外冲击的短期影响更为敏感，能够更充分地反映系统性金融风险的短期变动特征。国际金融危机期间，美国连续几轮降息以及知名企业的破产清算均在短期内加剧国内市场恐慌情绪。地方政府融资平台乱象显露，也在短期内迅速恶化金融机构系统性金融风险状况。

与此同时，不论是仅包含上市金融机构的金融系统，还是同时包含金融机构与房地产企业的广义的金融系统，金融机构系统性金融风险的平均水平以及动态特征均没有明显差异，其测度结果与动态趋势均保持一致。

第三节 金融市场系统性金融风险的测度

一 风险共振与传染指标

风险共振与传染着重考虑的是金融机构之间股票收益率的相互依赖程度。目前，相关文献主要从三个角度对此进行刻画：第一个角度是各金融机构对于外部风险冲击的协同程度，相关的指标主要为吸收比率 Absorption 指标与 $\Delta Absorption$ 指标；第二个角度是各金融机构之间股票收益率的相互预测关系，相关的指标主要为动态因果指数 DCI 指标；第三个角度是基于网络拓扑视角，在方差分解技术的基础上考察金融机构之间的相互关联性，相关指标为溢出指数 SI 指标。

吸收比率 Absorption 指标与 $\Delta Absorption$ 指标测度的是金融体系收益率整体的方差中，被金融机构收益波动的主要部分所解释的程度。吸收比率 Absorption 指标表示为 $Absorption(K) = \sum_{i=1}^{K} Var(PC_i) / \sum_{i=1}^{N} Var(A_i)$，其中 K 为人为设定的提取主成分个数，指标基于长期估计窗口进行估计与计算。$\Delta Absorption$ 指标则为，在同样的主成分个数设定 K 下，采用长期估计窗口的估计结果与采用短期估计窗口的估计结果之差，即表示为 $\Delta Absorption = Absorption_{short}(K) - Absorption_{long}(K)$。参考 Kritzman 等（2011）和 Giglio 等（2016），我们采用 $K = 20\% N$、短期估计窗口 22 天与长期估计窗口 252 天作为输入参数。

图 4-11 展示了金融市场吸收比率 Absorption 指标与 $\Delta Absorption$ 指标的测度结果，左、右坐标轴分别对应 Absorption 指标与 $\Delta Absorption$ 指标。平均而言，Absorption 指标为 0.858，当金融体系受到外部风险冲击时，金融体系整体波动中将有 85.8% 被传递到各个金融机构，形成大范围风险共振。$\Delta Absorption$ 指标均值为 0.62%，这表明短期风险共振与长期风险共振程度差异较小，样本期内中国金融市场并没有爆发系统性金融风险的现象。

在动态特征方面，2008 年国际金融危机、2010 年欧洲债务危机与 2014 年年末至 2016 年年末的影子银行风险是风险共振程度提升的重要原因。在这期间，外部重大冲击以及内部经济结构转型升级初期的风险隐患，均导致风险共振程度迅速提升。与此同时，$\Delta Absorption$ 指标维持在较低水平波动，这表明整体而言中国金融系统稳定状况没有发生异变。2010 年年末至 2011 年年初，一系列针对逆周期调控以及银行监管方式等金融机构风险监管方面的创新，有效降低了风险共振程度，$\Delta Absorption$ 指标处于极低水平。类似地，2012 年一系列短期流动性调节工具的推出，以及 2016 年年末一系列针对互联网金融的整治措施，均有效降低了风险共振，消解了金融市场系统性金融风险。

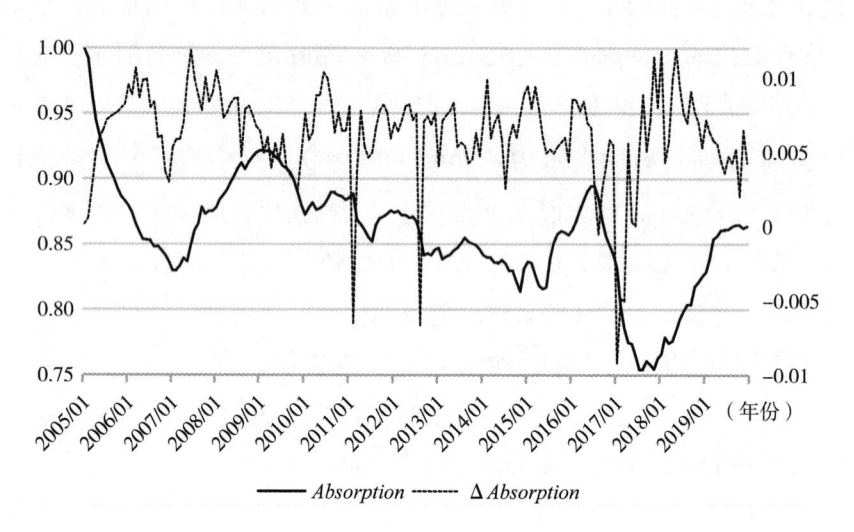

图 4-11　金融市场吸收比率 Absorption 与 $\Delta Absorption$ 动态特征

动态因果指数 DCI 指标测度的是金融机构之间股票收益率的相互预测关系，代表着当单个金融机构发生极端风险事件时，风险扩散的范围与程度。具体而言，DCI 指标为金融机构之间存在格兰杰因果关系的占比，即为 $DCI_t = \frac{\# significant\ GC\ relations}{\# relations}$。我们采用显著性水平 10% 作为输入参数。平均而言，金融市场动态因果指数 DCI 指标为 0.32%，这表明金融机构之间股票收益率的相互预测关系较弱，单个金融机构发生极端风险事件时风险扩散范围可控。

图 4-12 展示了金融市场动态因果指数 DCI 指标的测度结果。2006 年开始，中国大型商业银行陆续上市，城市信用社风险处置过程中大量金融机构合并重组，这些因素使得金融机构之间相互关联逐渐提升。2007 年至 2008 年年末，受到国际金融危机影响，金融机构之

间关联性迅速提升,而监管当局的一系列救市措施有效消解风险,关联性随之降低。2009 年上半年至 2010 年,地方政府融资平台乱象频发,违约造假等风险事件开始发生,相关金融机构由于所持地方政府债务以及影子银行业务产生极高的关联性,金融机构之间关联性达到峰值。2012 年年末至 2013 年年初,银行理财产品与表外业务相关风险集中显现,金融机构之间的关联性由于理财产品与表外业务的粗放发展而迅速提升。2014 年至 2016 年年末,商业银行不良贷款风险与影子银行潜在风险持续积聚,金融机构同业业务粗放式发展,关联性快速提高,人民银行等监管部门的一系列规范监管制度的实施及时遏制了风险过度积累。

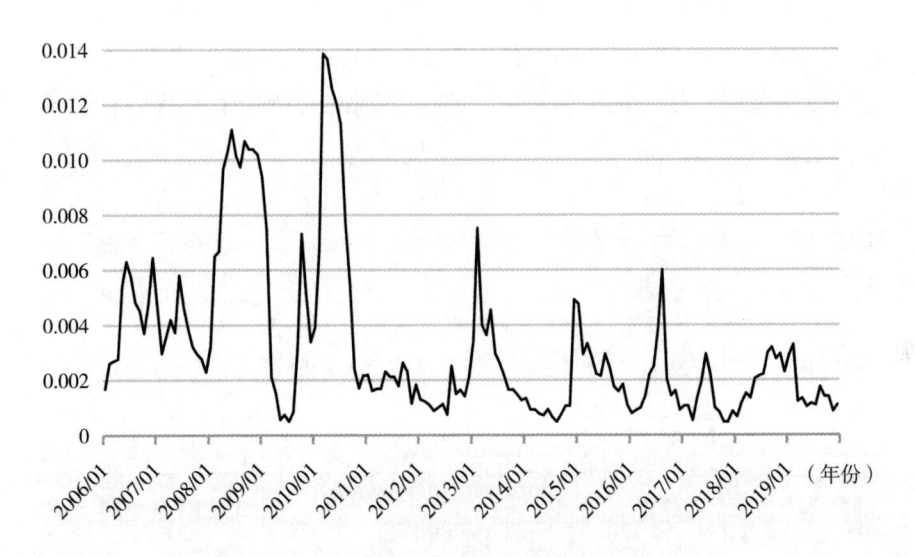

图 4-12 金融市场动态因果指数 DCI 动态特征

溢出指数 SI 指标测度的是金融体系中每个金融机构对其他金融机构风险溢出的整体水平,定义为每家金融机构对其他金融机构所产生的风险溢出程度(To Others)之和,即 $SI = \sum_{i=1}^{N} TO\ OTHERS^i = \sum_{i,j=1}^{N} d_{ij}, i \neq j$。图 4-13 展示了金融市场溢出指数 SI 指标的测度结果。平均而言,溢出

指数 SI 指标为 89.09，在 2005—2019 年金融机构之间的风险溢出程度较高。

　　溢出指数 SI 指标的动态趋势方面，2008 年国际金融危机、2015 年"股灾"所引发的市场恐慌以及自 2018 年全球股市动荡所引致的恐慌情绪，均导致金融市场溢出指数迅速提高。2008 年国际金融危机导致金融机构之间的风险溢出程度长期处于高水平波动。2014—2015 年上半年，尽管经济结构转型过程中潜藏风险开始显露，但是资本市场仍然呈现向上势头，金融市场溢出指数持续下降。而 2015 年下半年的"股灾"，高涨的投资热情迅速转为市场恐慌情绪，金融市场溢出指数快速升高。2018 年，美国股市 VIX 恐慌指数大幅飙升，引发美国股市乃至国际股市的抛售潮，恐慌情绪蔓延至中国金融市场，引发中国股市动荡与风险溢出程度激增。由此可见，溢出指数 SI 指标主要受到金融市场恐慌情绪影响，着重体现的是市场恐慌情绪对于系统性金融风险的影响。

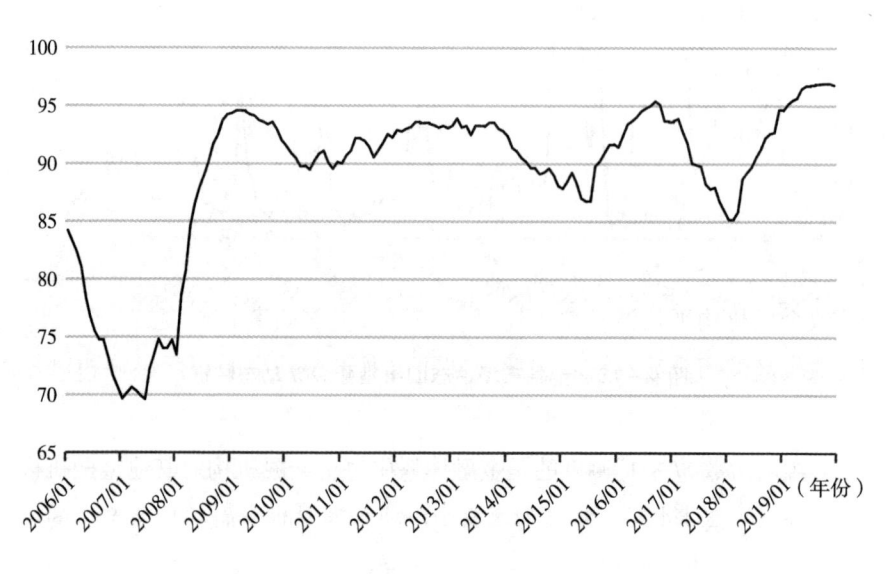

图 4-13　金融市场溢出指数 SI 动态特征

二 市场波动性与不稳定性指标

市场波动性与不稳定性也是系统性金融风险的重要体现,因此,大量文献通过刻画这一特征以度量系统性金融风险。这类文献主要关注四类风险指标:第一类指标为金融系统动荡程度,以传统的 AvgVola 指标与 Kritzman 和 Li (2010) 提出的 Turbulence 指标为代表;第二类指标为金融体系巨灾风险指标,以 Allen 等 (2012) 提出的指标 CatFin 为代表;第三类指标为平均杠杆率,刻画了金融市场整体杠杆水平;第四类指标为市值规模集中度,刻画了金融体系中潜在的不稳定性。

金融系统动荡程度主要包含两个指标。其中,AvgVola 指标测度的是金融机构股票收益率波动性,为金融机构月内股票收益的波动率的平均值。Turbulence 指标测度的是股票收益当前的协方差相对于长期协方差的差额,即为 $Turbulence_t = (r_t - \mu)'\Sigma^{-1}(r_t - \mu)$。其中,$r_t$ 为金融机构股票收益率向量,μ 与 $\sum$ 分别为股票收益率历史均值与方差—协方差矩阵。

图 4-14 展示了金融系统动荡程度 AvgVola 指标与 Turbulence 指标的测度结果,左、右坐标轴分别对应 Turbulence 指标与 AvgVola 指标。2006 年年初展开的会计制度改革工作,导致大量企业与金融机构的潜藏风险得以显露,金融体系动荡程度随之提高。2008 年国际金融危机导致金融机构平均波动率迅速增大;而由于前期潜藏风险的显露已经引致较高的历史波动率,因此外部冲击对于波动率的边际影响相对较小,Turbulence 指标所反映的实际波动率与历史波动率之差并未随着外部危机的爆发而增高。2010 年,应对国际金融危机的经济恢复工作初有成效,然而欧洲国家主权债务危机再次引起市场恐慌,同时国内金融市场面临银行业信贷集中度过高、期限错配情况恶化以及证券行业融资融券业务等新业务新产品的潜在风险,国内外多重因素导致金融系统动荡程度有所提高。2014 年年末,经济结构转型调整过程初期

的风险隐患逐渐显性化，对系统性金融风险造成了重大影响，金融系统动荡程度的激增特征反映了这一现象。自 2017 年年末开始，国际环境多变与经济结构进一步转型升级的潜在风险，成为金融系统动荡程度剧烈波动的重要原因。

金融系统动荡程度指标主要反映了国内外冲击对于金融市场系统性金融风险的短期效应与直接影响。金融系统动荡指标基于股票收益波动率进行计算，主要反映了资本市场投资者对于金融市场的投资信心与恐慌心理。因此，国内外冲击发生后，金融系统动荡程度能够及时体现投资者对金融系统受影响程度的短期预期，但往往容易由于其对政府及时干预的信赖等各类因素而调整预期。因此，金融系统动荡指数在动荡趋势上呈现出风险快速积聚并且能够快速降低的特征。

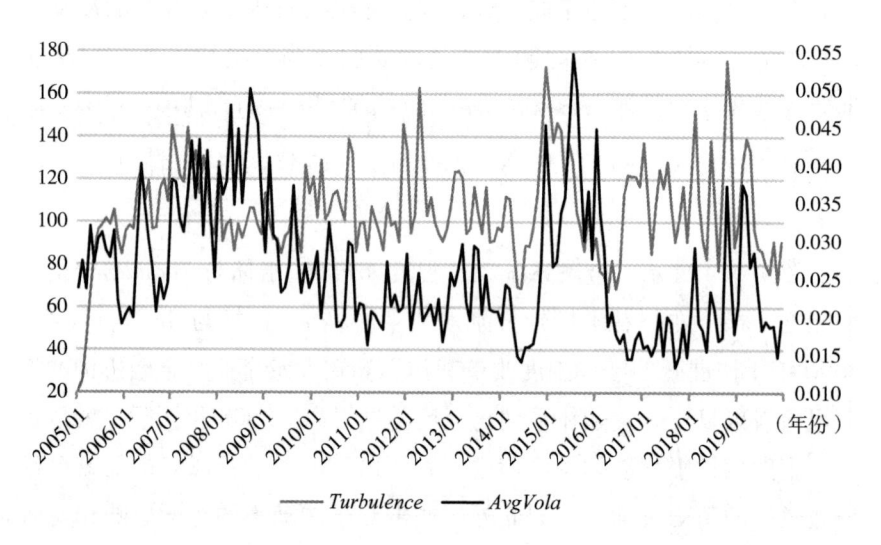

图 4-14　金融系统动荡程度 *AvgVola* 与 *Turbulence* 动态特征

金融体系巨灾风险 *CatFin* 测度的是金融行业的极端尾部风险，由三种分布设定下极端风险测算结果平均得到。我们采用显著性水平 $\alpha=1\%$ 作为极端风险参数设定。图 4-15 展示了金融体系巨灾风险 *CatFin* 指标的动态特征。2014 年年末至 2016 年年末，经济结构转型调整过程初期的风险隐患日渐显露，金融体系巨灾风险快速升高并长期维持在较高水平。自 2018 年年初开始，经济结构转型升级过程中的潜在风险进一步暴露，叠加多边贸易关系的动荡变化，金融体系巨灾风险迅速积聚。此外，2008 年国际金融危机与 2013 年年初银行理财产品与表外业务相关风险的集中显现，均在一定程度上加剧了金融体系巨灾风险。

因此，中国金融系统的极端尾部风险，不论是被影响程度还是持续时间方面，受国内经济结构转型调整的潜在风险影响更大。与此同时，整体金融系统的极端尾部风险对于国内外重大冲击较为敏感，而难以反映冲击程度较低、范围较小的个别风险事件所引起的风险积聚。这意味着，金融系统极端尾部风险可以有效判别风险事件的严重程度，如果金融系统极端尾部风险并未随着风险事件的爆发而迅速提高，那么该风险事件波及范围可能较小，冲击程度倾向于较低。

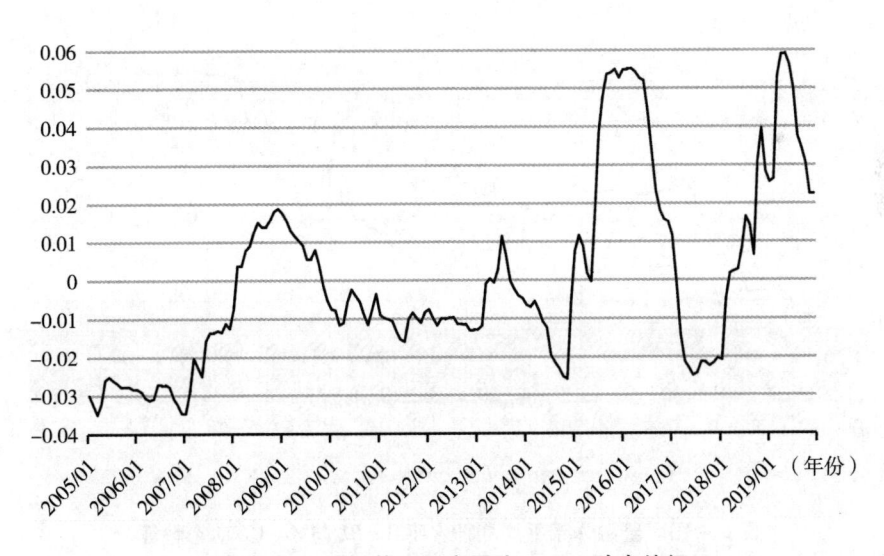

图 4-15　金融体系巨灾风险 *CatFin* 动态特征

平均杠杆水平包含两个指标，分别为平均账面杠杆率 *AvgBL* 与平均市场杠杆率 *AvgML*。金融机构的平均杠杆水平是用于测度系统性金融风险的传统指标,反映了金融体系的不稳定性,过高的杠杆水平将导致金融体系面临较高的市场风险以及债务压力。杠杆水平可以通过两个指标进行刻画,分别是账面杠杆率 BL 与市场杠杆率 ML(Fama & French,1992)。其中,账面杠杆率为金融机构负债与账面价值之比(Debt/Assets),市场杠杆率为金融机构负债与市场价值之比(Debt/Market Equity)。

图 4-16 展示了金融体系平均杠杆水平 AvgBL 指标与 AvgML 指标的测度结果,左、右坐标轴分别对应平均账面杠杆率与平均市场杠杆率。平均而言,金融体系平均账面杠杆率为 64.69%,金融体系平均市场杠杆率为 392.36%。在动态趋势方面,2008 年国际金融危机提升了金融体系平均杠杆水平,但监管当局及时的救市措施有效防止了杠杆水平进一步增高。

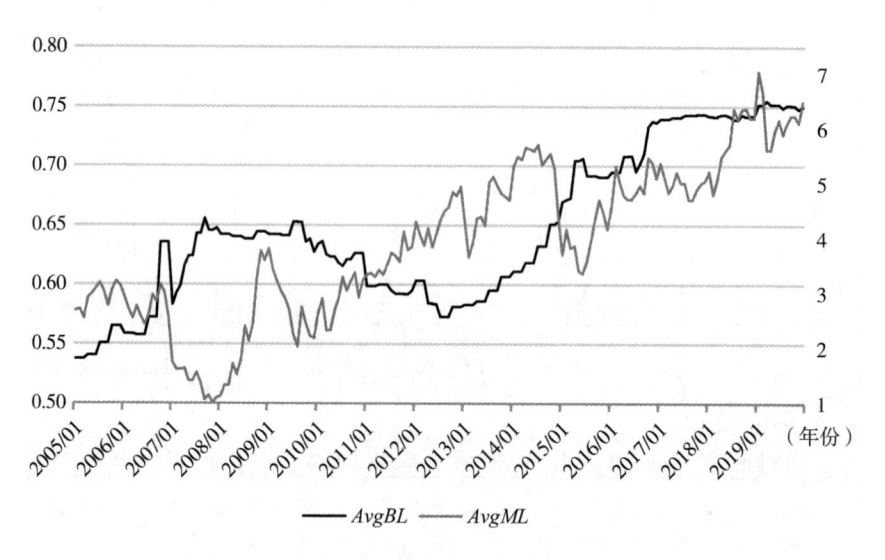

图 4-16　金融体系平均杠杆水平 AvgBL 与 AvgML 动态特征

经济结构转型调整过程中的各类潜在风险,仍然是金融体系平均杠杆水平激增的重要原因。2012 年年末开始积聚的银行表外业务风险波及金融市场各个领域,金融体系平均杠杆水平持续增大,至 2014

年年末平均市场杠杆率达到前期峰值，平均账面杠杆率也达到国际金融危机期间水平。2014年年末至2015年上半年，尽管短暂的牛市降低了平均市场杠杆率，但是平均账面杠杆率持续攀升，在此期间影子银行潜在风险以及互联网金融的竞争效应与潜藏风险均不断积聚。此后，随着2015年下半年"股灾"爆发，平均杠杆水平迅速提升并在此后维持在较高水平波动。

市值规模集中度刻画了大型金融机构发生违约时，金融体系所面临的风险及其潜在的不稳定性。市值规模集中度 $SizeHHI$ 指标在传统的赫芬达尔指数基础上，引入了与金融机构数量 N 的乘积，修正了金融机构数量变化所引致的偏误（Giglio等，2016）。具体而言，市值规模集中度 $SizeHHI$ 指标为 $SizeHHI_t = N_t \sum_{i=1}^{N} ME_i^2 / (\sum_{i=1}^{N} ME_i)^2$，其中，$N_t$ 为 t 期时金融机构的数量。

图4-17展示了所有金融机构、前10大以及前20大金融机构的市值规模集中度 $SizeHHI$ 指标的测算结果，左坐标轴对应所有金融机构的市值规模集中度，右坐标轴对应前10大以及前20大金融机构的市值规模集中度。2006年，中国工商银行与中国银行等大型商业银行正式上市，所有金融机构的市值规模集中度立刻提高至极高水平。此后，所有金融机构的市值规模集中度长期处于下降趋势。这表明，所有金融机构的市值规模集中度对于国内外冲击不敏感，主要反映了金融体系长期稳定的特征，体现了中国金融系统未爆发系统性金融风险的长期支撑。

相对而言，前10大与前20大金融机构的市值规模集中度则对于国内外冲击更为敏感，有效体现了金融体系不稳定性的变化特征。2008年国际金融危机导致大型金融机构的市值规模集中度维持在较高水平，金融系统稳定性面临持续性的压力。这同时也表明，应对国际金融危机的一系列救市措施有效维持了市场对于少部分金融机构的信心，该部分金融机构的市值保持在较高水平。2014年年末至2016年年末，影子银行潜在风险以及互联网金融的竞争效应与潜藏风险持续积聚并不断显露,其中,2014年年末发生了一系列的网贷平台"爆雷"事件,2016年上半年影子银行潜在风险受到社会各界广泛关注,这些事件均导致大型金融机构的市值规模集中度迅速提高。2018年以来的多边贸易关系变化,也使得大型金融机构的市值规模集中度持续增大,金融系统稳定性面临较大压力。

与此同时,大型金融机构的市值规模集中度主要反映的是国内外冲击对于金融系统稳定性的短期效应。这表明,面临国内外重大冲击时,市场往往对于少部分大型金融机构的短期稳定抱有信心,相对较小的金融机构的市值则首当其冲受到冲击影响。这同时表明,在面临冲击时,市场对于金融体系整体的短期稳定信心不足,市场对于金融稳定的信赖仅集中于个别头部金融机构(比如中国五个大型国有银行等)。因此,当国内外重大冲击来临时,大型金融机构的市值规模集中度更倾向于在短期内反映冲击影响的程度与范围,而难以反映冲击的长期效应。

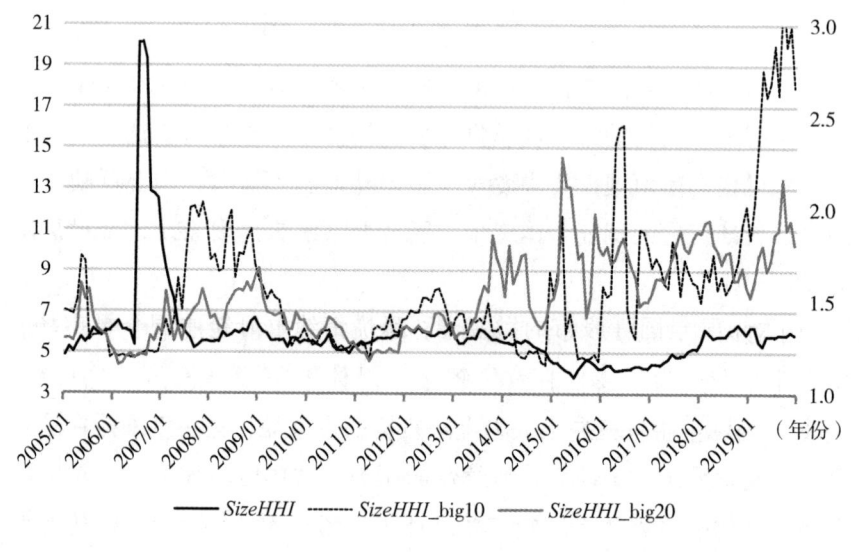

图4-17 金融体系市值规模集中度 *SizeHHI* 动态特征

三 市场流动性（非流动性 AIM 指标）

金融机构流动性枯竭所引致的市场流动性紧缺往往是系统性金融风险爆发的前兆，非流动性 AIM 指标测度的即为金融市场的非流动性水平。具体而言，非流动性 AIM 指标为 $AIM_t^i = \frac{1}{D_t^i}\sum_{d=1}^{D_t^i}\frac{|r_d^i|}{VOL_d^i}$（Amihud，2002），其中，$D_t^i$ 为金融机构 i 在 t 年内交易日数量，VOL_d^i 为交易量（股份数量）。

图 4-18 展示了金融体系非流动性 AIM 指标的测度结果。长期而言，中国金融体系非流动性呈现震荡下降趋势，这表明中国金融体系并未出现严重的市场流动性枯竭状况。2005 年，由于金融机构重组改革上市等一系列工作尚未完成，金融体系非流动性维持在较高水平。2006 年开始，金融机构陆续完成改革，重组上市，非流动性随之降低。2007—2008 年国际金融危机引发国内金融市场恐慌情绪积累，金融市场非流动性迅速提高。2011—2012 年，国际社会骚乱不断，国际金融市场持续动荡，利比亚撒侨事件、"占领华尔街"事件等均反映了这一特征。在此环境下，中国金融市场恐慌情绪有所加剧，市场非流动性在较高水平波动。2015 年上半年的股市牛市，导致市场投资热情高涨，金融体系非流动性迅速下降并在 2015 年 6 月达到最低水平。然而，此后"股灾"的来临导致投资热情迅速转化为市场恐慌，市场非流动性随之提高。2018 年，美国股市 VIX 恐慌指数大幅飙升，引发美国股市乃至国际股市的抛售潮，恐慌情绪蔓延至中国金融市场，引发中国股市动荡，中国金融体系非流动性随之提升。

金融体系非流动性主要反映了国内外冲击下市场恐慌情绪的变化，该指标对于国内外冲击所引发的恐慌与动荡尤为敏感。金融体系非流动性难以反映国内外冲击所引致的经济金融结构异化，无法体现经济运行与金融实践中潜在金融风险的积聚和消解过程，但是该指标能够有效反映市场对于国内外冲击的恐慌程度，因而体现了市场对于冲击将产生多大影响的一种预期。

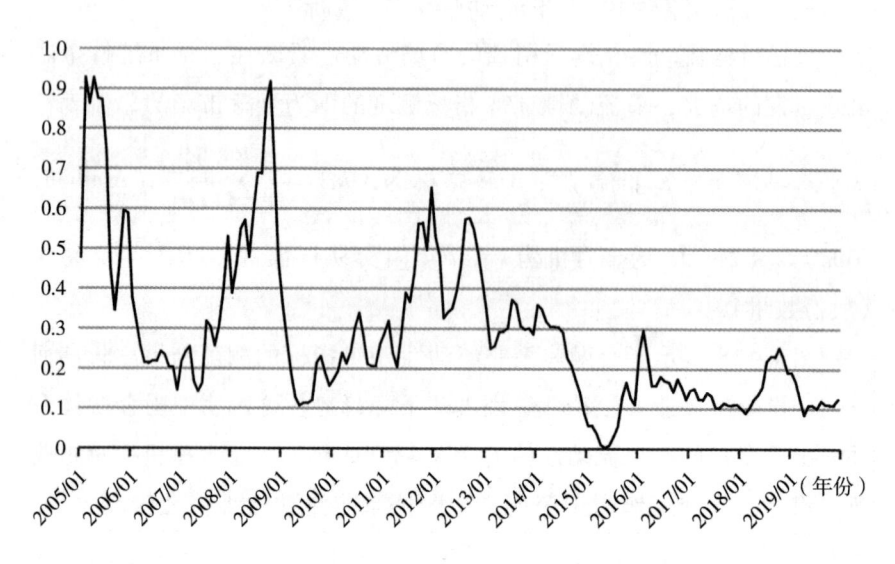

图4-18 金融体系非流动性 AIM 动态特征

四 金融市场系统性金融风险测度结果小结

金融市场系统性金融风险主要包含三个方面，分别为风险共振与传染、市场波动性与不稳定性以及市场流动性（非流动性）。三个方面的测算结果均表明，2005—2019年，中国金融市场并未爆发系统性金融风险，中国金融体系长期而言维持稳定。

风险共振与传染相关指标，能够有效反映中国金融市场系统性金融风险积聚与消解的过程，2008年国际金融危机、2010年欧洲债务危机与地方债务平台潜在风险以及2014年年末至2016年年末的影子银行风险是风险共振程度提升的重要原因。然而，值得注意的是，金融市场溢出指数指标主要反映的是市场恐慌情绪对于系统性金融风险的影响，难以体现经济结构转型调整过程中潜在风险对于系统性金融风险的影响。

市场波动性与不稳定性方面，不同指标具有不同的侧重点。其中，金融系统动荡程度指标主要反映了国内外冲击对于金融市场系统性金融风险的短期效应与直接影响。金融体系巨灾风险则对国内外重大冲击较为敏感，难以反映冲击程度较低、范围较小的个别风险事件所引起的风险积聚，并且主要反映的是国内经济结构调整的潜在风险对于系统性金融风险的影响。平均杠杆水平主要反映的同样是经济结构转型调整过程中的各类潜在风险。大型金融机构的市值规模集中度主要反映的则是国内外冲击对于金融系统稳定性的短期效应。

市场流动性（非流动性）刻画了市场流动性枯竭状况，主要反映了国内外冲击下市场恐慌情绪的变化，对于国内外冲击所引发的恐慌与动荡尤为敏感。市场流动性（非流动性）难以反映国内外冲击所引致的经济金融结构异化，着重体现的是市场对于冲击将产生多大影响的一种预期。

第四节　本章小结

现有文献主要从金融机构与金融市场两个层面来认识并测度系统性金融风险，本章采用第三章中介绍到的主要测度方法，多角度系统性地计算度量我国2005—2019年系统性金融风险水平。测度结果显示：（1）2005—2019年，中国金融市场并未爆发系统性金融风险，中国金融体系长期而言维持稳定；（2）2008年国际金融危机与2014—2016年经济结构转型调整过程中的潜在风险，是中国金融机构层面以及金融市场层面的系统性金融风险快速积聚的重要原因；（3）金融机构层面与金融市场层面的系统性金融风险反映的是系统性风险的不同方面，其风险积聚与消散过程受到不同因素的异质性影响。

2005—2019年，中国金融市场并未爆发系统性金融风险，中国金融体系长期而言维持稳定。中国长期而言金融稳定工作与金融风险预防及处置工作较好完成，监管当局能够比较及时地针对系统性金融风险的短期积聚做出反应并采取有效措施消解风险。尤其是对于冲击程度较低、范围较小的个别风险事件的预防及处置方面，监管当局能够及时遏止风险大范围扩散，有效维持金融体系稳定运行。

然而，值得注意的是，现阶段对于长期性的结构性风险事件的预防及处置，监管当局仍面临一定困难，在国内外结构性的风险冲击下，金融系统稳定面临严峻挑战。其中，2008年国际金融危机与2014—2016年经济结构转型调整过程中的潜在风险，是中国金融机构层面以及金融市场层面的系统性金融风险快速积聚的重要原因，导致中国金融稳定状况长期受到重大压力。2014—2016年经济结构转型调整过程中的潜在风险，也造成了金融机构层面的系统性金融风险长期处于较高水平。除了这两项重要的结构性风险事件外，2010年欧洲债务危机与中国地方政府债务平台潜在风险也对中国系统性金融风险产生了长远影响。这些结果表明，监管当局在预防及处置长期结构性风险冲击时，仍需加强风险识别，拓宽应对手段，提高风险处置效率。

与此同时，金融机构层面与金融市场层面的系统性金融风险反映的是系统性风险的不同方面，每个层面下不同的测度指标均体现了系统性金融风险中不同的侧重点。金融机构层面上，相关测度指标主要从系统性风险贡献方向、系统性风险敞口方向以及预期资本缺口方面进行度量，其对应指标的测度结果均具有类似的变动趋势。金融市场层面上，相关测度指标的出发点则主要涵盖风险共振与传染、市场波动性与不稳定性以及市场流动性方面。并且，每个层面的不同测度指标着重反映的是该方面的某一种特征与体现形式，因而在国内外不同形式的冲击下呈现不同的动态特征。

第五章 股市行业间系统性金融风险测度

第一节 研究背景及思路

一 国内外宏观背景

自20世纪70年代以来，国际金融市场之间的联系越来越紧密，金融危机也越来越频发。随着全球金融自由化程度的加深和信息技术的不断提高，国际贸易和国际投资的规模增长迅速，资本在全球范围内快速流动，各种金融创新层出不穷。随着金融开放程度的不断提高，具有不同风险特征的各类资本不断流入和流出国际金融市场，在加速金融市场化程度、提高金融市场效率的同时，也加剧了金融市场的波动。这些金融市场的波动往往会对实体经济产生巨大的影响。例如，1987年美国黑色星期一，道琼斯工业平均指数暴跌，欧洲和亚太股市也随之大幅下跌，最终引发了全球股市衰退和金融市场恐慌，以及20世纪80年代后期的经济衰退。1997年，亚洲金融风暴来袭，亚洲各大经济体相继遭遇危机，亚洲经济的发展格局被打破。2007年，美国次贷危机爆发，最终发展成为全球性的金融危机并引发经济危机，这被称为1929年美国经济大萧条之后最严重的一次经济危机。

目前，中国正在开放的道路上大踏步地前进，各项开放政策不断推出，一方面有助于经济更自由、快速地发展；另一方面，系统性金融风险的暴露程度也越来越高。例如，2007—2009年发生的国际金融危机，美国诸多银行遭到挤兑，一些大型金融机构、公司不得不宣布破产或被政府接管。但由于中国当时的开放程度有限，因而受到的影响相对比较小，没有影响到中国经济的快速发展。而在当前，中国对外开放的程度越来越深，尤其是博鳌亚洲论坛 2018 年年会以来，中国提出扩大开放的全新举措，对外开放按下快进键，各种开放政策不断出台。在股票市场方面，沪港通、深港通稳步运行，沪伦通也已开通。在债券市场方面也开通了内地与香港市场之间的债券通。衍生品方面，上海期货交易所（以下简称"上期所"）原油期货也开始引进外国投资者。资本市场的对外开放意味着资本更加自由流动，并且暴露于系统性风险事件的可能性也在增加，国外的冲击将更加快速、更大程度地影响到中国的经济。

二 政策背景

2015 年，中国在资本市场上实施了去杠杆的政策，引发了一段时间的阵痛。2016 年第四季度，宏观政策也开始转向抑制实体经济的泡沫和去杠杆。房地产市场方面，按揭贷款首付比例提高、减少贷款利率优惠、加强对房产中介监管以及收紧对房地产开发商的融资供给，行政性限购政策不断出台。货币政策方面，央行逐步收紧流动性，加大了金融去杠杆的力度。同时，金融监管加强，加大了对证券业机构和证券市场违规行为的监管和处罚力度。保监会强化对万能险、投连险产品以及保险机构的资产投向和偿付能力监管。2018 年 4 月，中央财经委员会提出了"结构性去杠杆"的方针政策，为"打好防范化解金融风险攻坚战"划定基本思路。其分部门、分债务类型提出了不同要求，努力实现宏观杠杆率稳定和逐步下降。从政策方面可以看出，中国目前已经将系统性风险的防范放在非常重要的位置，不仅是对金融系统去杠杆、防风险，而且将对系统性风险的管理和控制贯穿各个行业、细分领域，并且力度极大。2018 年提出的"结构性去杠杆"政策，已经精确到行业，对不同行业提出了不同的要求。因此，传统的只关注整个市场的系统性风险研究思路已经不能满足要求，需要将研究范围更精细化，研究行业之间风险的相互传染，以及行业风险的边际影响显得越发重要。

三 研究思路和研究方法

在计量经济学领域，研究多变量相互作用的模型有很多种。一种为向量自回归（VAR）模型，通过研究一个变量对另一个变量的冲击响应来估计变量间的相互作用，并允许进行因果检验等更深入的研究。但在金融市场上，如何评估冲击还是一个很大的问题，同时，频繁的冲击往往同时存在，在这种情况下需要应用高频数据进行研究，给研究目标的实现带来了较大困难。另一种更为直观的方式是在险价值（VaR，Value at Risk）系列模型，这类模型研究的是一定置信水平下，一个金融指标可能出现的最差情况。VaR模型最初只能衡量一个指数、组合自身的风险属性，随着后续研究的不断发展，CoVaR的提出使我们可以对行业间的风险传染进行探讨。因此，本章采用CoVaR模型作为度量系统性风险的方法。CoVaR方法，是在险价值（VaR）模型演变过来的基于条件分位数的VaR研究方法，其中Co表示条件，传染性和连锁的含义，表示的是当某个研究对象在其他对象处于某种状态的情况下，给定置信水平下的最大损失值。CoVaR方法可用于分析系统性风险的来源以及个体金融机构对系统性风险的贡献。估算CoVaR的方法常用的有Copula和分位数回归，本章选取了分位数回归方法来对CoVaR模型进行估计。

第二节 研究设计

一 CoVaR方法介绍

（一）基于分位数回归的CoVaR模型

在金融风险管理中广泛运用VaR方法来度量风险大小，VaR是指一项资产或资产组合在给定置信水平 q 下的最大损失，即

$$P_r(X_i \leq VaR_q^i) = q \tag{5-1}$$

CoVaR 在此基础上进行拓展，计算的是第 j 家行业机构在第 i 家行业机构处于某种状态 $C(X_i)$ 的情况下，给定置信水平 q 下的最大损失，即

$$P_r(X_j \leq CoVaR_q^{j|C(X_i)} \mid C(X_i)) = q \tag{5-2}$$

为了刻画行业间的风险溢出，通常使用 $\Delta CoVaR$ 来计算行业 i 对行业 j 的风险贡献：

$$\Delta CoVaR_q^{j|i} = CoVaR_q^{j|X_i=VaR_q^i} - CoVaR_q^{j|X_i=Median_i} \tag{5-3}$$

本章使用分位数回归来估计以上模型。分位数回归使用回归模型来估计解释变量的条件分位数。本章将建立行业机构的分位数回归模型如下：

$$R_t^i = \alpha^i + \beta^i X_{t-1} + \varepsilon_t^i \tag{5-4}$$

考虑到 VaR 也是分位点的概念，因此我们可以将 VaR 的估计值写为：

$$\widehat{VaR}_{q,t}^i = \widehat{\alpha}^i + \widehat{\beta}^i X_{t-1} \tag{5-5}$$

类似地，当第 i 家行业机构在给定的自变量 X_i 下，系统的 CoVaR 可以写为：

$$\widehat{CoVaR}_{q,t}^{system|X_i=VaR_q^i} = VaR_{q,t}^{system} \mid VaR_{q,t}^i = \widehat{\alpha}^{system|i} + \widehat{\beta}^{system|i} VaR_{q,t}^i \tag{5-6}$$

最后，得到行业 i 对系统的风险贡献表达为：

$$\begin{aligned}\Delta CoVaR_{q,t}^{system|i} &= CoVaR_{q,t}^{system|X_i=VaR_q^i} - CoVaR_{q,t}^{system|X_i=VaR_{0.5}^i} \\ &= \widehat{\alpha}^{system|i} + \widehat{\beta}^{system|i} VaR_{q,t}^i - \widehat{\alpha}^{system|i} + \widehat{\beta}^{system|i} VaR_{0.5,t}^i \\ &= \widehat{\beta}^{system|i}(VaR_{q,t}^i - VaR_{50\%,t}^i) \end{aligned} \tag{5-7}$$

即

$$\Delta CoVaR_{q,t}^{system|i} = \widehat{\beta}_q^{system|i}(VaR_{q,t}^i - VaR_{50\%,t}^i) \tag{5-8}$$

为了更深入地研究风险溢出的特性，本章分横向 CoVaR 和纵向

CoVaR对风险溢出进行刻画。滚动CoVaR模型是对风险溢出的纵向研究，研究的是风险溢出的时间动态。而边际CoVaR模型衡量的是同一个时间窗口内，不同风险水平下的风险溢出。二者互为补充，可以为我们提供一个较为翔实的风险概貌。

（二）CoVaR的估计方法

在实践中，金融数据通常呈现出"尖峰厚尾"特征，而非正态分布，并不符合传统线性回归的古典假定，因此传统方法用于估计金融计量模型时会存在一定问题。同时，OLS等方法是基于总体均值进行估计，不能准确反映总体分布中各个不同部分之间的关系。而分位数回归方法的提出则较好地解决了这些问题，分位数回归只在给定的分位数下进行研究，将基于均值相关性的模型扩展至尾部相关性。而金融风险一般恰恰是由尾部事件引起的，因此，分位数回归的方法广泛应用于金融风险的测度。

同时，Copula也是CoVaR的常用估计方法。Copula函数是一种将联合分布函数与其自己的边缘分布相关联的函数，因此也称为链接函数。Copula函数在估计相关性上的优势在于它可以对非线性的相关关系进行很好的拟合，而非线性相关关系在金融领域广泛存在，例如U形、倒U形关系。因此，对于出现了非线性关系的CoVaR模型，例如引入了基本面数据的模型，收益率很可能与某业绩指标呈现出非线性关系，此时使用分位数回归方法是不够恰当的，应当使用Copula链接函数进行估计。

在本章中研究所使用的变量为各行业指数和主要股指，这些数据之间存在强烈的线性关系。因为假如存在非线性关系，就意味着存在套利机会。在不存在非线性相关关系时，使用Copula函数也是可以的，但这种方法的准确估计需要Copula函数形式的正确设定。为了避免错误函数形式设定可能带来的问题，出于稳健性考虑，本章选取了分位数回归方法来对CoVaR模型进行估计。

（三）滚动CoVaR模型

为了研究行业风险溢出的时变特征，本章引入了滚动CoVaR模

型。滚动CoVaR为模型设定一个窗宽h，研究从时间t期到$t+h$期内的风险溢出水平$\Delta CoVaR_{q,t}^{j|i}$。之后，再向后推进一期，估计时间$t+1$期到$t+h+1$期内的风险溢出水平$\Delta CoVaR_{q,t+1}^{j|i}$。通过$\Delta CoVaR_{q,t}^{j|i}$的序列，即可研究风险溢出水平随时间的变化趋势。

（四）边际CoVaR模型

在现有研究结果的基础之上，除了研究固定置信水平下的VaR和CoVaR以外，还应研究随着一个行业的状况不断恶化时，对另一个行业或系统的风险溢出的变化动态。通过这样的研究，可以判断当一个行业预期将受到冲击，或将持续走弱时，是否需要对被关注的行业或系统进行风险隔断、对冲等应急处理。

为了研究这一问题，本章提出了边际风险溢出的概念：

$$\Delta CoVaR_{q;p_1,p_2}^{j|i} = \Delta CoVaR_{q;p_1}^{j|i} - \Delta CoVaR_{q;p_2}^{j|i} \qquad (5-9)$$

以及连续形式：

$$\Delta CoVaR_{q;\Delta p}^{j|i} = \frac{\partial(\Delta CoVaR_{q;p}^{j|i})}{\partial p} \qquad (5-10)$$

其中，$\Delta CoVaR_{q;p_1,p_2}^{j|i}$表示的是，当$i$行业所在的风险水平从$p_1$上升到$p_2$时，给$j$行业或系统的$\Delta CoVaR_q$在边际上带来的变化。例如，$\Delta CoVaR_{8\%;10\%,5\%}^{j|i}$则表示，当$i$行业的处境从10%置信水平下的最差情况恶化到5%置信水平下的最差情况时，对j行业或系统8%置信水平的风险溢出的增量。而$\Delta CoVaR_{q;\Delta p}^{j|i}$是边际风险溢出在连续空间上的表达形式，即$\Delta CoVaR_{q;p,p-\varepsilon}^{j|i}$，$\varepsilon$趋近于0，类似于导数的概念。

二 分位数回归

（一）分位数回归的思想和优势

分位数回归是一种特殊的回归方法。传统的OLS回归研究解释变量的条件期望值，而条件分位数回归则研究自变量的独立分位数与因变量之间的关系。获得的结果是因变量的估计的独立分位数。传统的回归分析只能得到因变量的中心趋势，而分位数回归可以进一步推断因变量的条件概率分布。

分位数回归的概念已经提出30多年了。分位数回归在理论和方法上越来越成熟，在许多学科中得到了广泛的应用。它提供了对实际问题更全面的分析。分位数回归是基于经典条件均值模型的最小二乘法的扩展。分位数回归方法的特例是中值回归（最小二乘回归），它使用对称权重来解决残差最小化的问题。分位数回归的其他标准需要使用不对称权重来解决残差最小化问题。

分位数回归使用加权残差的绝对值之和来估计参数。第一，模型中不需要对随机扰动项做任何分布假设，因此整个回归模型具有很强的稳健性；第二，分位数回归本身并不使用连接函数来描述因变量的均值和方差之间的相互关系，因此分位数回归具有更好的弹性特性；第三，分位数回归因为是所有分位数的回归，因此可抵抗数据中的异常；第四，与普通最小二乘回归不同，分位数回归对于因变量具有单调性；第五，在大样本理论下，通过分位数回归估计的参数具有渐近良好的性质。

（二）分位数回归与VaR模型

在险价值（VaR）方法衡量一项资产或资产组合在给定时间段和一定置信水平下的最大损失或损失率的值。结合分位数回归的思想，我们可以看到这两者有着很强的内在联系。如果将在险价值放入回归模型中，那么给定条件下的条件分位数就是VaR，因此我们可以用分位数回归的方法来对VaR进行估计。同时，分位数回归模型有助于避免"尖峰厚尾"分布对传统回归模型造成的偏差。

根据Koenker等于1978年提出的模型，本章将线性条件q分位数定义为：

$$F_Y^{-1}(q|x) = x^T \beta(\tau) \tag{5-11}$$

通过求解以下最小化问题

$$\min_{\beta \in R^0} \sum_{i=1}^{n} \rho_q (y_i - x_i^T \beta) \tag{5-12}$$

我们可以得到 $\beta(q)$ 的估计量 $\hat{\beta}(q)$。而机构 i 的在险价值 VaR_q^i 可以写成：

$$VaR_q^i = x^T \hat{\beta}(q) \qquad (5-13)$$

使用分位数回归进行多次估计，我们就可以得到前面公式所需要的参数，进而实现风险溢出的计算。

第三节　实证研究结果

一　数据选取

本章的目标是研究系统性风险在不同行业之间的传递，以及风险对一些主要股票指数的影响。为此本章选取了行业指数和股票指数作为本章的研究数据。

（一）行业指数数据

本章使用的数据为中证指数有限公司和中国证券投资基金业协会共同推出的中基协基金估值行业分类指数。该指数基于中国证监会"上市公司行业分类指引"中的行业分类标准和方法，其中除制造业外，包括16个门类指数和27个大类指数类别，总共有43个行业分类指数被用来反映不同行业股票价格的整体变化。本章主要关注主要行业间的风险溢出效应，因此只选择行业分类指标。而因为教育行业的上市公司只有2家，样本股较少，因此本章剔除了教育门类的行业指数，筛选后共15个门类的AMAC行业指数。数据的来源为同花顺金融终端，截止日期为2018年5月17日。指数的名称、对应证监会行业门类和起始日期如表5-1所示。

表5-1　　　　　　　　行业指数数据基本信息

指数名称	代码	对应门类	起始日期
AMAC农林	H11030	农林牧渔业	2009年1月6日
AMAC采矿	H11031	采矿业	2009年1月6日

续表

指数名称	代码	对应门类	起始日期
AMAC 公用	H11041	电热燃水	2009年1月6日
AMAC 建筑	H11042	建筑业	2011年8月26日
AMAC 交运	H11043	交运仓储邮政	2011年8月26日
AMAC 信息	H11044	信息传输、技术	2011年8月26日
AMAC 批零	H11045	批发零售	2011年8月26日
AMAC 金融	H11046	金融业	2011年8月26日
AMAC 房地产	H11047	房地产业	2009年1月6日
AMAC 文体	H11049	文化体育娱乐	2009年1月6日
AMAC 综企	H11050	综合	2011年8月26日
AMAC 餐饮	H30036	住宿和餐饮业	2013年1月21日
AMAC 商务	H30037	租赁和商务	2013年1月21日
AMAC 科技	H30038	科学研究、技术服务	2013年1月21日
AMAC 公共	H30039	水利、环境、公共设施	2013年1月21日

资料来源：笔者根据中证指数有限公司、同花顺金融终端整理。

从表5-1中可以看出，在本章选取的15个门类中，有6个门类在2011年8月26日之后有数据，而4个行业门类2013年1月21日之后才有数据。因此，本章选取在2011年8月26日之后有数据的6个门类纳入主模型，并将主模型研究的时间范围设定为2011年8月26日至2018年5月17日，一共1632个交易日。对于数据从2013年1月21日开始的另外4个行业门类，本章将其用于稳健性检验，在稳健性检验中纳入模型。

（二）股票指数数据

本章选取了以下市场指数作为研究样本。

1. 上海证券综合指数。上海证券综合指数简称"上证指数"或"上证综指"，其样本股是上海证券交易所全部上市股票，包括A股和B股，反映了上海证券交易所上市股票价格的变动情况。上证指数的样本股多为国企、大市值企业。

2. 深圳证券交易所成分指数，简称"深证成指"，是深圳证券交易所的主要股指。以一定标准选取 500 家具有代表性的上市公司作为样本股，以样本股的流通股数量为权数，采用派氏加权法编制股票价格指数。以 1994 年 7 月 20 日为基期，基点为 1000 点。

3. 沪深 300 指数。沪深 300 指数由中证指数有限公司编制，样本股为沪深两市市值最大的 300 只股票，反映了上海和深圳两个市场的整体走势，是市场的晴雨表。

4. 中证 500 指数。中证 500 指数由中证指数有限公司编制，其样本的组成为：首先，剔除沪深 300 指数成分股和全部 A 股中总市值排名前 300 名的股票；其次，选取总市值排名靠前的 500 只股票，由此 500 只股票组成。综合反映中国 A 股市场中一批中小市值公司的股票价格表现。

（三）数据处理

本章使用各个指数不同周期的对数收益率进行研究。对数收益率 r_t^i 的计算公式如下：

$$r_t^i = \ln\left(\frac{Id\,x_t^i}{Id\,x_{t-1}^i}\right) = \ln(Id\,x_t^i) - \ln(Id\,x_{t-1}^i) \qquad (5-14)$$

其中，Idx_t^i 表示第 i 个门类指数在第 t 期的指数值，r_t^i 表示第 i 个门类指数在第 t 期的日收益率。在稳健性检验中，引入了周收益率数据进行估计。周收益率的计算公式如下：

$$r_t^i = \ln\left(\frac{Id\,x_t^i}{Id\,x_{t-5}^i}\right) = \ln(Id\,x_t^i) - \ln(Id\,x_{t-5}^i) \qquad (5-15)$$

对数收益率是股票市场研究中常见的做法，好处是具有可加性，且数据更加平稳，可以减轻金融数据尖峰厚尾分布对回归带来的不利影响。

由于本章选取的行业较多，对所有行业进行交叉分析虽然完全可行，但为了节省篇幅，在文中仅列举对部分行业进行研究的结果，其他行业的分析可以类似进行，所用到的方法和模型均相同，因此不再重复展开。

二 描述性统计

(一) 数据的统计特征

对主模型所用到的数据进行描述性统计,结果如表 5-2 所示。各行业和市场指数收益率均值接近于 0,符合方差协方差 VaR 模型的假设。所有样本的偏度都小于 0,说明样本收益率序列呈现左偏分布,即有一个较长的左尾。除了信息和综企指数外,其他样本的峰度均大于 3,说明收益率序列与正态分布相比较为陡峭。此外,所有收益率序列的 Jarque-Bera 检验的 P 值均接近 0,拒绝了正态分布假设。因此,该样本数据不适用于用正态分布假设下计算的 VaR 来估算风险水平,选择分位数回归方法较为合适。

表 5-2　　　　　行业和市场指数收益率描述性统计

指数名称	均值	标准差	偏度	峰度	JB 检验的 P 值
AMAC 采矿	-0.0003	0.0184	-0.7133	4.6491	0.00
AMAC 房地产	0.0003	0.0197	-0.6659	3.6968	0.00
AMAC 公用	0.0002	0.0172	-0.9869	8.8241	0.00
AMAC 建筑	0.0002	0.0195	-0.6284	5.1638	0.00
AMAC 交运	0.0002	0.018	-0.8508	6.6397	0.00
AMAC 金融	0.0004	0.017	-0.1639	5.663	0.00
AMAC 农林	0.0000	0.0208	-0.8452	4.0931	0.00
AMAC 批零	0.0000	0.0193	-1.0251	5.5538	0.00
AMAC 文体	0.0001	0.023	-0.6382	2.8993	0.00
AMAC 信息	0.0003	0.023	-0.6316	2.9925	0.00
AMAC 综企	0.0000	0.0204	-0.986	4.6983	0.00
沪深 300 指数	0.0002	0.0149	-0.8061	5.9755	0.00
上证指数	-0.0001	0.0166	-0.7878	4.2323	0.00
深证成指	0.0001	0.014	-1.0816	7.1913	0.00
中证 500 指数	0.0002	0.0175	-1.0138	4.2292	0.00

资料来源:笔者根据同花顺金融终端整理。

在对数据进行实证研究之前,我们还需要用 ADF 方法检验数据是否符合模型的平稳性要求,如果检验序列存在单位根,则为非平稳时间序列,若对两组非平稳数据进行回归,则会使回归分析中存在伪回归。使用 Matlab 的 ADFTest 函数可以简单计算各行业指数收益率序列的 ADF 检验值,计算可得,所有样本数据收益率序列都拒绝单位根假设,即收益率序列是平稳的,可以用分位数回归方式进行计算。

(二)收益率的分布特征

来自资本市场的数据往往存在尖峰厚尾的分布特征。为了研究行业指数的收益率分布和市场指数收益率的分布特征,本部分绘制了行业指数收益率的分布图(以金融行业为例)和市场指数收益率分布图(以上证指数和中证 500 指数为例)。

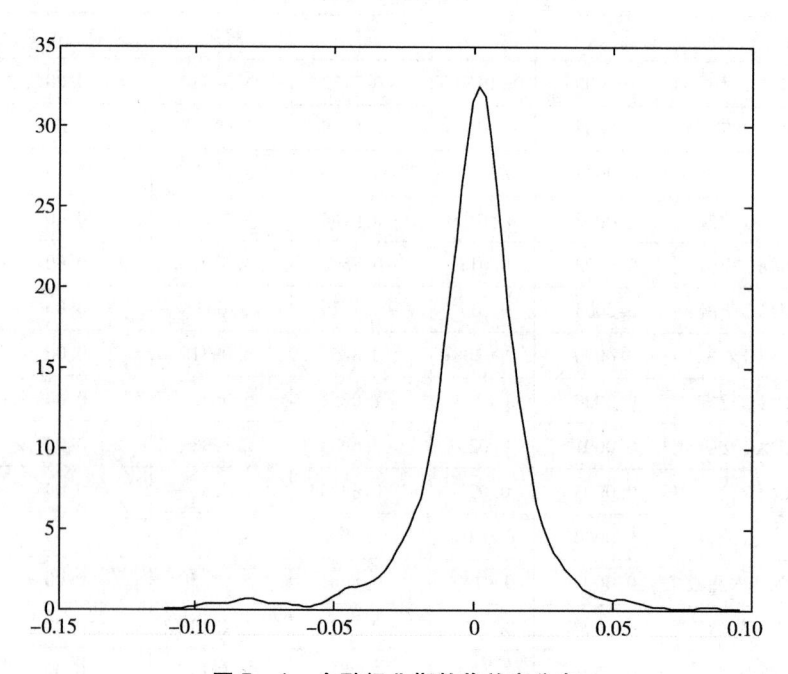

图 5-1 金融行业指数收益率分布

从图 5-1 中可以看出，金融行业的收益率存在明显的尖峰厚尾分布特征，同时在左侧尾部聚集了较多的极端值。这说明，金融行业指数收益率在市场出现系统性风险事件时，很容易发生大规模的下跌，而股市普涨时整个系统集体上涨的可能性较小。从直观来看，系统性风险在金融行业内部将呈现明显的集聚效应，而金融行业市值很大，在系统性风险发生时，预计将有较大风险传递到市场指数。金融业是各行业发展的血液，具有润滑剂和促进剂的作用。

本章进一步绘制了上证指数的收益率分布，如图 5-2 所示。为了对比不同指数的特征，本章也绘制了中证 500 指数的收益率分布，如图 5-3 所示。

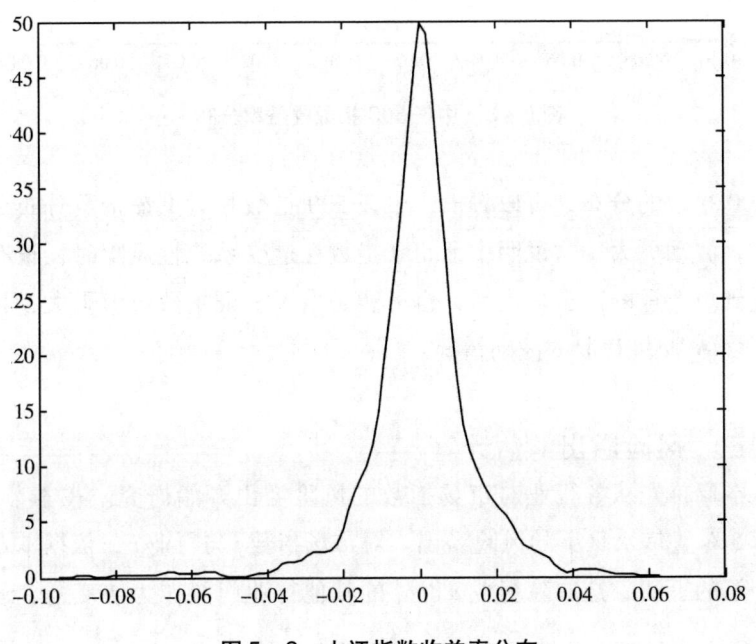

图 5-2 上证指数收益率分布

从图 5-2 和图 5-3 中可以看出，市场指数收益率也具有尖峰厚尾的特征，但其分布较行业指数更为集中。这是因为市场指数纳入了更多的样本股，且样本股的质地也相对更好。通过比较上证指数和中

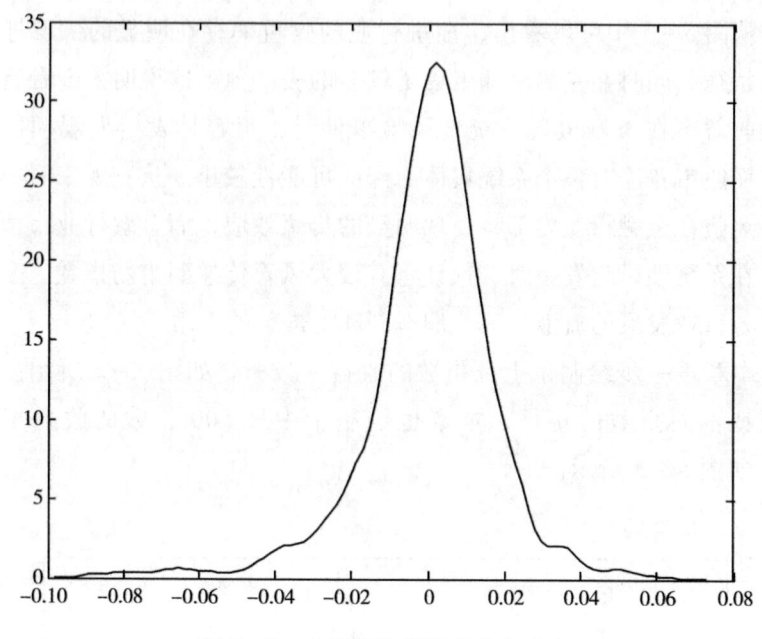

图 5-3 中证 500 指数收益率分布

证 500 指数的分布，可以看出，中证 500 指数相对上证指数分布更加分散，波动更大。这说明中证 500 指数在遭受系统性风险时，很有可能受到更严重的冲击。当然，也可能是由于上证指数市值更大，且同时包含 A 股和 B 股的波动情况。

三 风险溢出的估计

本章首先从各行业对市场指数的风险溢出开始研究。在本节中，计算 5% 置信水平下的风险溢出。对市场指数 j 与行业 i，依据本章前文介绍的算法，选取除行业 i 以外的其他行业门类作为协变量，运用 5% 分位数回归，计算在 5% 置信水平下的行业 i 的 $\widehat{VaR}_{5\%}^{i}$。

$$\widehat{VaR}_{5\%}^{i} = \widehat{\alpha}^{i} + \widehat{\beta}^{i} X^{i}$$

其中，X^i 为行业 i 以外的其他行业门类的收益率序列构成的矩阵。$\widehat{VaR}_{5\%}^{i}$ 为行业 i 的 5% 置信水平下的 VaR 序列，$\widehat{\alpha}^{i}$ 表示的是 $\widehat{VaR}_{5\%}^{i}$ 的截

距项，$\hat{\beta}^i$ 为行业 i 的 VaR 对其解释变量的风险暴露程度。

接下来是计算正常状态下的收益率，用以计算这个行业从正常状态变动到风险状态时会出现的损失情况。此处运用分位数回归，计算 50% 置信水平下的 $\widehat{VaR}^i_{50\%}$。

为了计算行业 i 对市场指数 j 的风险溢出，我们仍需要计算市场指数 j 面临的风险对行业 i 的敏感系数，也就是市场指数 j 的回归系数 $\hat{\beta}^{j|i}_{5\%}$。此处使用以下模型进行估计：

$$\widehat{VaR}^j_{5\%} = \hat{\alpha}^i + \hat{\beta}^{j|i}_{5\%} X^i + \hat{\gamma} A R^j_n$$

其中，X^i 选取第 i 个行业的收益率序列，以确保系数 $\hat{\beta}^{j|i}_{5\%}$ 可以被正确地估计。$A R^j_n$ 为由市场指数 j 收益率序列的 1~n 阶滞后项构成的矩阵，$\hat{\gamma} A R^j_n$ 衡量的是市场指数 j 对自身滞后项的相关程度。由于金融市场上日收益率之间几乎不存在显著的相关性，因此，在主模型中，本章没有引入自相关项。

在得到回归结果后，即可评估市场指数 j 的 CoVaR 和 ΔCoVaR。

$$\Delta CoVaR = \hat{\beta}^{j|i}_{5\%} (\widehat{VaR}^i_{5\%} - \widehat{VaR}^i_{50\%})$$

市场指数 j 的 CoVaR 的绝对水平可以表示为：

$$CoVaR = \widehat{VaR}^j_{5\%} + \Delta CoVaR$$

正如前文所述，本章使用 2011 年 8 月 26 日至 2018 年 5 月 17 日的数据，此处采用采矿、房地产、公用、建筑和交运行业作为协变量进行分位数回归，得到在这个时间区间内，各个行业对各大市场指数的风险溢出水平（见表 5-3），以及对所有指数的平均风险溢出（见表 5-4）。

表 5-3   各行业对市场指数的风险溢出

风险行业	上证指数	深证成指	沪深 300 指数	中证 500 指数
AMAC 金融	-0.0118	-0.0099	-0.0123	-0.0098

续表

风险行业	上证指数	深证成指	沪深300指数	中证500指数
AMAC 采矿	-0.0100	-0.0113	-0.0097	-0.0105
AMAC 信息	-0.0141	-0.0156	-0.0135	-0.0187
AMAC 交运	-0.0070	-0.0084	-0.0062	-0.0082
AMAC 房地产	-0.0091	-0.0105	-0.0092	-0.0110
AMAC 公用	-0.0075	-0.0079	-0.0074	-0.0100
AMAC 批零	-0.0086	-0.0102	-0.0092	-0.0118
AMAC 建筑	-0.0072	-0.0071	-0.0075	-0.0081
AMAC 文体	-0.0116	-0.0152	-0.0123	-0.0174
AMAC 农林	-0.0106	-0.0123	-0.0104	-0.0131
AMAC 综企	-0.0111	-0.0123	-0.0103	-0.0138

资料来源：笔者根据同花顺金融终端整理。

表 5-4　　行业指数市值排名情况（2018 年 5 月 17 日）

行业名称	指数平均风险溢出	市值（亿元）
AMAC 金融	-0.0110	147,749.44
AMAC 采矿	-0.0104	39,954.66
AMAC 信息	-0.0155	28,587.79
AMAC 交运	-0.0074	22,431.88
AMAC 房地产	-0.0099	21,032.12
AMAC 公用	-0.0082	17,527.20
AMAC 批零	-0.0100	15,324.32
AMAC 建筑	-0.0075	15,256.65
AMAC 文体	-0.0141	5,579.89
AMAC 农林	-0.0116	4,296.62
AMAC 综企	-0.0119	3,184.63

资料来源：笔者根据同花顺金融终端整理。

通过表 5-3 可以看出，同一行业对不同市场指数的风险溢出大致相似，但从数值上来看，中证 500 指数受到的风险溢出更大，承担了更多的系统性风险，在系统性风险事件发生时，更容易受到冲击。沪深300指数和上证指数受到的冲击都相对较小。同时也可以发现，大部分市值更大的行业对市场的风险溢出小于市值较小的行业。例如，金融行业指数对市场指数的平均风险溢出为 -1.10%，而文体行业对市场指数的平均风险溢出达到了 -1.41%。这说明大盘蓝筹股在系统性风险事件发生时，不会造成过于严重的影响，相对来看还是可以起到稳定市场的作用。而小市值股票则对市场冲击较大。一个比较合理的原因可能是小市值股票在系统性风险事件发生时，下跌幅度更大，因而会对指数产生更大的影响。而大盘蓝筹股业绩稳定，即便发生系统性风险事件，股价也能相对稳定，不至于出现"踩踏事故"。

随后，本章进一步对行业间的风险溢出进行了测算，结果如表5-5所示。

表5-5 行业间风险溢出

指数名称	金融	采矿	信息	交运	房地产
AMAC 金融	—	-0.0112	-0.0083	-0.0110	-0.0121
AMAC 采矿	-0.0089	—	-0.0127	-0.0103	-0.0114
AMAC 信息	-0.0101	-0.0156	—	-0.0173	-0.0165
AMAC 交运	-0.0057	-0.0083	-0.0087	—	-0.0074
AMAC 房地产	-0.0089	-0.0123	-0.0116	-0.0113	—
AMAC 公用	-0.0060	-0.0106	-0.0098	-0.0102	-0.0084
AMAC 批零	-0.0072	-0.0118	-0.0145	-0.0122	-0.0113
AMAC 建筑	-0.0065	-0.0089	-0.0095	-0.0087	-0.0092
AMAC 文体	-0.0104	-0.0137	-0.0214	-0.0151	-0.0159
AMAC 农林	-0.0090	-0.0126	-0.0156	-0.0135	-0.0129
AMAC 综企	-0.0088	-0.0142	-0.0175	-0.0132	-0.0135

指数名称	公用	批零	建筑	文体	农林	综企
AMAC 金融	-0.0102	-0.0094	-0.0120	-0.0080	-0.0085	-0.0094

续表

指数名称	公用	批零	建筑	文体	农林	综企
AMAC 采矿	-0.0120	-0.0129	-0.0123	-0.0125	-0.0131	-0.0133
AMAC 信息	-0.0161	-0.0197	-0.0179	-0.0230	-0.0203	-0.0202
AMAC 交运	-0.0097	-0.0091	-0.0095	-0.0085	-0.0087	-0.0092
AMAC 房地产	-0.0102	-0.0120	-0.0120	-0.0118	-0.0118	-0.0123
AMAC 公用	—	-0.0102	-0.0092	-0.0092	-0.0098	-0.0102
AMAC 批零	-0.0119	—	-0.0112	-0.0137	-0.0134	-0.0139
AMAC 建筑	-0.0079	-0.0094	—	-0.0089	-0.0092	-0.0096
AMAC 文体	-0.0148	-0.0177	-0.0160	—	-0.0182	-0.0187
AMAC 农林	-0.0130	-0.0157	-0.0137	-0.0162	—	-0.0160
AMAC 综企	-0.0138	-0.0162	-0.0146	-0.0175	-0.0165	—

通过表5-5可以明显看出，行业间的风险溢出相较于行业对指数的风险溢出要更大。类似地，可以看出小市值的行业在发生系统性风险事件时，风险溢出更大。同时，在其他行业处于风险状态时，受到的冲击也往往更大。

四 风险溢出的纵向研究

本部分使用滚动 CoVaR 方法，对风险溢出的时间序列动态特征进行研究。首先，对股票市场指数的时序特征进行了研究。限于篇幅，此处图表以上证指数为例。图5-4展现了上证指数的收益率时间序列。

从图5-4中可以看出，2015—2016年，股市出现了较大波动，收益率波动的幅度明显大于其他时段。股灾之后，市场的波动性保持在了较低水平，而在2018年，收益率的波动幅度又出现了变大的趋势。这进一步说明了对行业间、行业对市场风险溢出的研究的重要性。

在窗宽的选择上，为了保障数据充足，本章选取了100个交易日作为一个研究窗口。在本节中，以采矿业对房地产业以及金融业对市场指数的风险溢出为例进行研究。得到采矿业对房地产业每日的风险溢出，如图5-5所示。

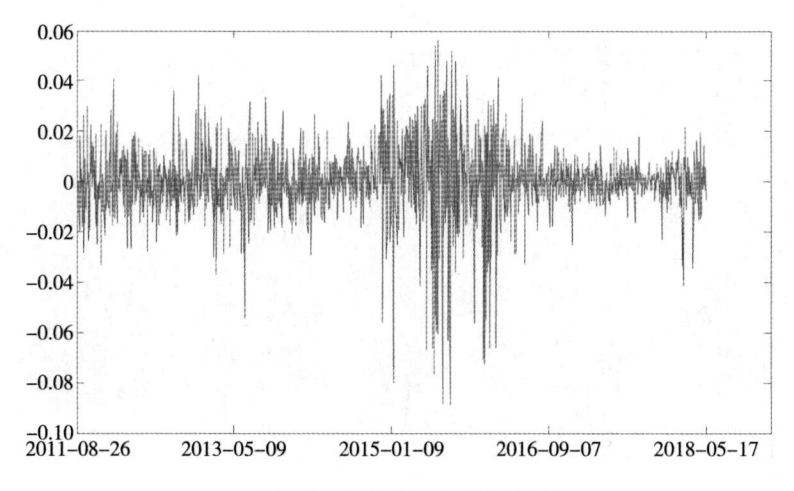

图5-4 上证指数收益率序列

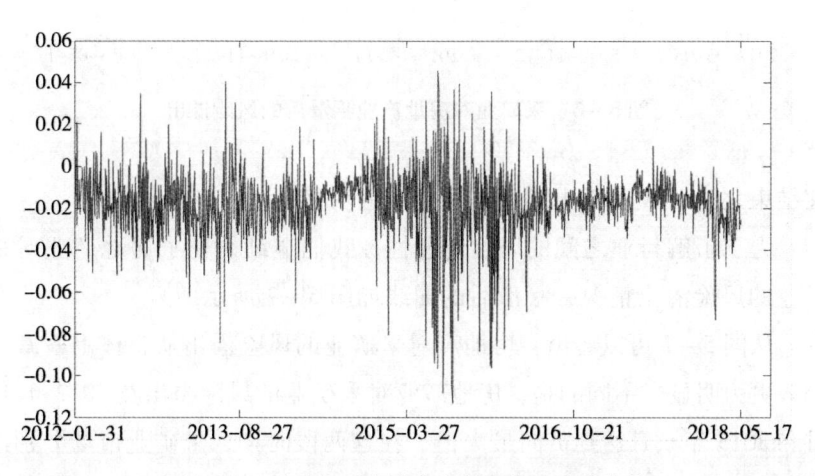

图5-5 采矿业对房地产业每日的风险溢出值

从图5-5可以看出,数据虽然波动较大,且存在明显的极端值,但具有较为明确的趋势。为了更好地进行分析,本章对数据使用了移动平均方法进行了平滑,得到图5-6。

从图5-6可以看出,采矿业对房地产业的风险溢出从整体上看有下降的趋势。2015年9月,风险溢出程度达到了负向最大值,与股灾期间的特征较为符合。在股灾期间,所有行业都在迅速下跌。而股

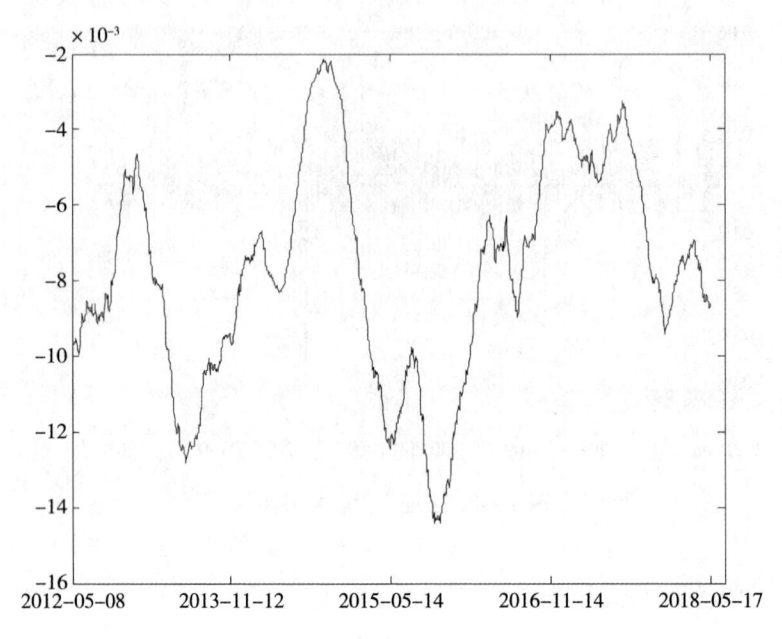

图 5-6 采矿业对房地产业平滑后的风险溢出

灾结束之后，风险溢出则回到了之前的水平。

为了了解行业之间的风险传递性，我们继续研究了房地产业对采矿业的风险溢出情况，平滑后的曲线如图 5-7 所示。

从图 5-7 可以看出，房地产对采矿业的风险溢出从整体上看减小趋势更为明显，不同的是，房地产业对采矿业的风险溢出在 2012 年 11 月和 2015 年 6 月达到负向最大值，在这两段时期，采矿业市场分别经历了持续下跌和持续上涨行情，2012 年 11 月到 2014 年 6 月，当采矿业不景气时，房地产对采矿业的风险溢出变小，2014 年 6 月到 2015 年 6 月，当采矿业行情上涨时，房地产对采矿业风险溢出变大。这说明，若采矿业市场低迷，当房地产行业发生系统性风险时，则对其影响较小；若采矿业市场繁荣，则会加速该市场下跌趋势。股灾结束后，风险溢出回到原来水平，但在 2018 年风险溢出又出现了扩大的趋势。

最后，我们研究了金融行业对上证指数、沪深 300 指数、中证 500 指数的风险溢出情况，如图 5-8、图 5-9、图 5-10 所示。

第五章 股市行业间系统性金融风险测度

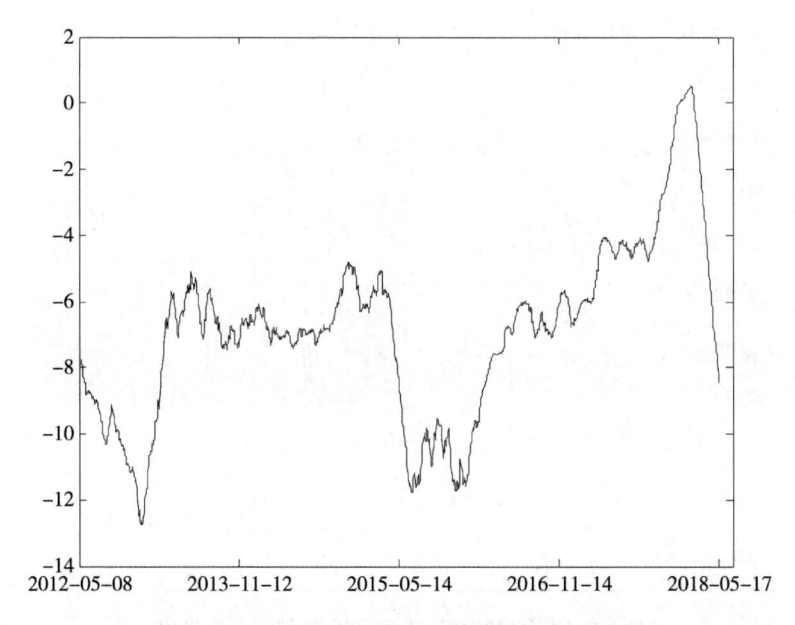

图 5-7 房地产业对采矿业平滑后的风险溢出

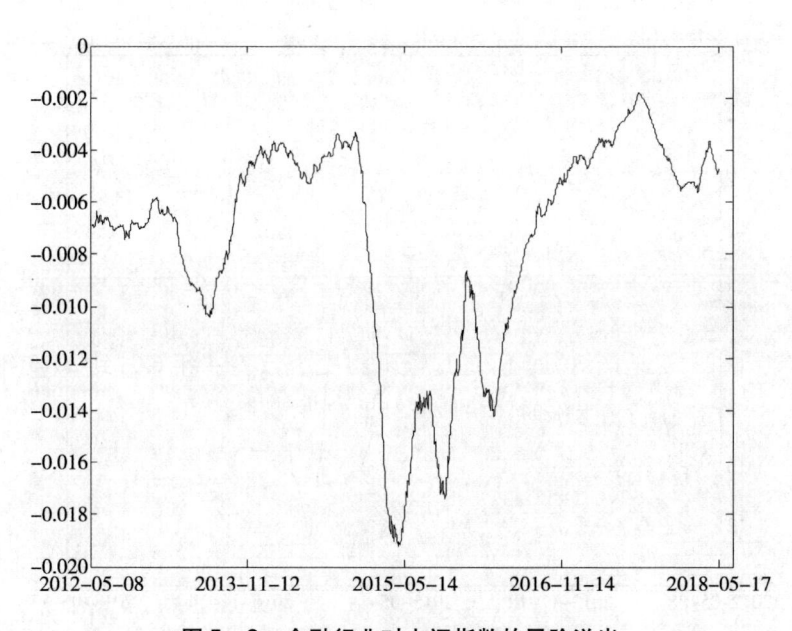

图 5-8 金融行业对上证指数的风险溢出

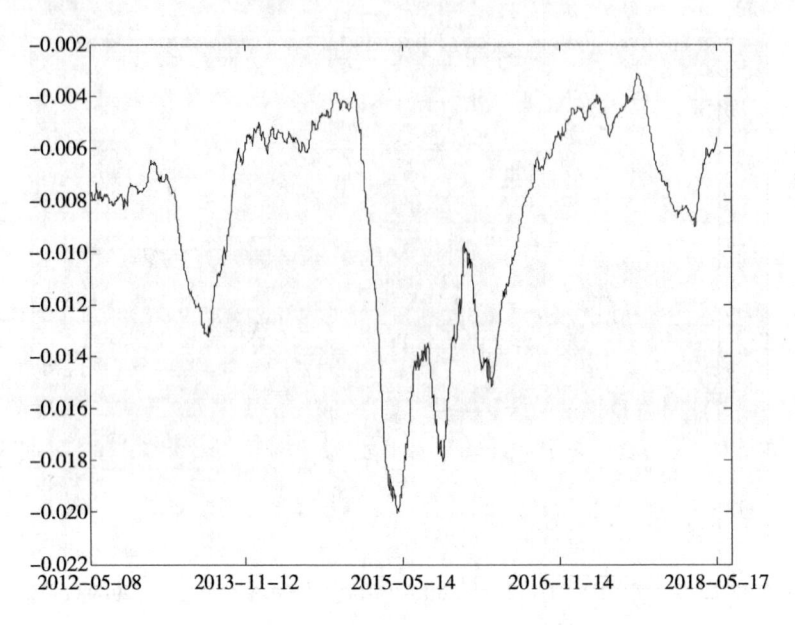

图 5-9　金融行业对沪深 300 指数的风险溢出

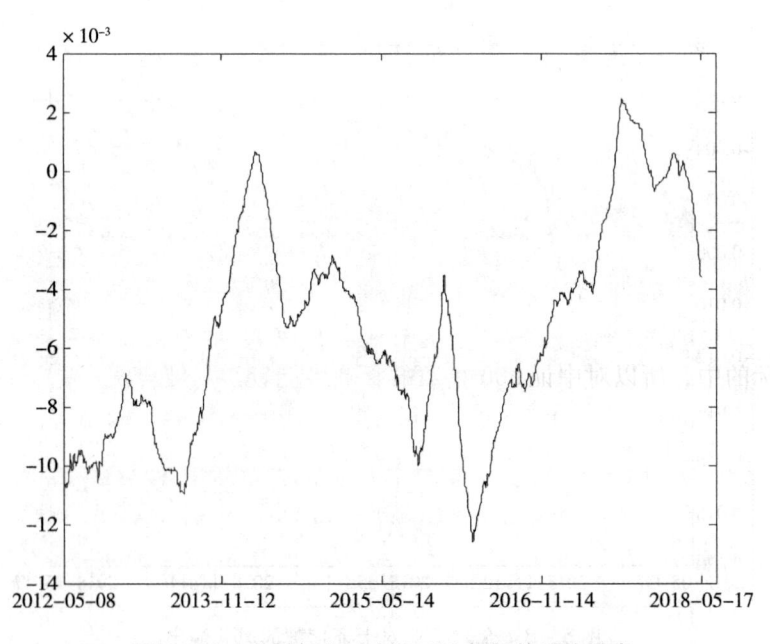

图 5-10　金融行业对中证 500 指数的风险溢出

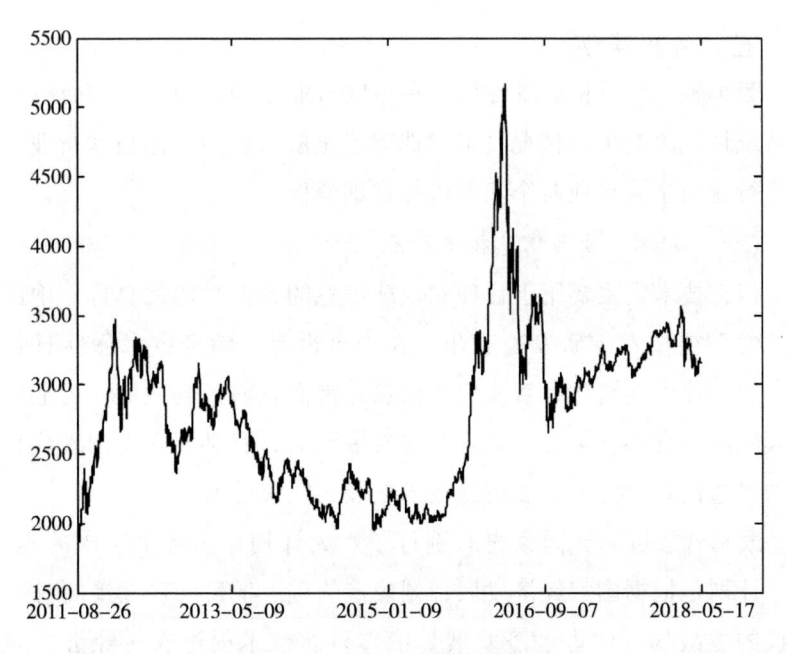

图 5-11　上证指数行情曲线

从图 5-11 中可以看出，金融行业对上证指数和沪深 300 指数的风险溢出图较为相似，在 2015 年 5 月前后，风险溢出达到最大值，随后呈现震荡，然后不断降低，恢复到股灾前的水平。金融行业对中证 500 指数的风险溢出则呈现整体下降的趋势，在 2016 年 1 月达到最大值，随后降低。由于金融行业在沪深 300 指数和上证指数的标的中，所以对两个指数的影响较为相似，而金融行业不在中证 500 指数的标的中，所以对中证 500 指数的影响可能较小。结合图 5-11 上证指数行情曲线可以发现一个规律，当市场指数上涨时，金融行业对市场指数的风险溢出增大；当市场指数下跌时，金融行业对市场指数的风险溢出减小。说明当市场行情繁荣、投资者信心较足时，如果金融行业发生系统性风险，会对市场造成下跌压力；当市场低迷时，金融行业则起到稳定市场的作用。

五 分析实例

为了进一步分析系统性风险在不同行业之间的传递，探究行业之间系统性风险的关联情况，本章选取了金融行业与信息技术行业、房地产行业与金融行业两个实例进行详细分析。

（一）金融行业与信息技术行业

信息技术是主要用于管理和处理信息的各种技术的总称。中国始终非常重视技术的研发与进步。在当今世界，信息技术创新日新月异，数字化、网络化、智能化的信息化浪潮正在蓬勃发展。为适应和引领经济发展的新常态，加强新的发展动力，有必要在中国现代化进程中渗透信息，加速释放信息技术发展的巨大潜力。

改革开放以来，国家先后制订了六大计划作为各个层次的支撑。这些计划是根据国家经济发展计划确定的重点项目。它直接面对经济建设的主战场，促进经济发展。依靠科学技术促进农村经济发展的科技发展计划被称为星火计划。之后，为了跟踪世界高科技的发展，中国努力在国内具有优势的领域取得突破，同时，为了改造现有传统产业，建立新兴产业，国家制订了高新技术研究发展计划（"863计划"）和火炬计划，主要集中在信息技术、航空航天技术等七个行业发展方面。围绕20世纪末21世纪初中国经济、生态环境和国防科技需求，提出了基础研究计划。该计划是为确保经济和技术发展的后劲、揭示人类尚未认识的客观规律而制订的重要科研发展计划。

在信息技术方面，随着1998年信息产业部的成立，信息产业进入了一个新的发展时期。面对全球信息产业的动荡和持续低迷，中国一直保持着快速健康的发展。2010年出台的《国务院关于加快培育和发展战略性新兴产业的决定》列出了七大国家战略性新兴产业，其中包括新一代信息技术。

中国对信息技术产业的重视程度非常高，信息技术产业需要大量的投资才能迅速发展，一个强大的金融系统不可或缺。因此，本章对金融行业对信息技术行业的风险溢出进行了研究。图5-12呈现的是金融行业对信息技术行业的风险溢出水平经过平滑后的曲线。

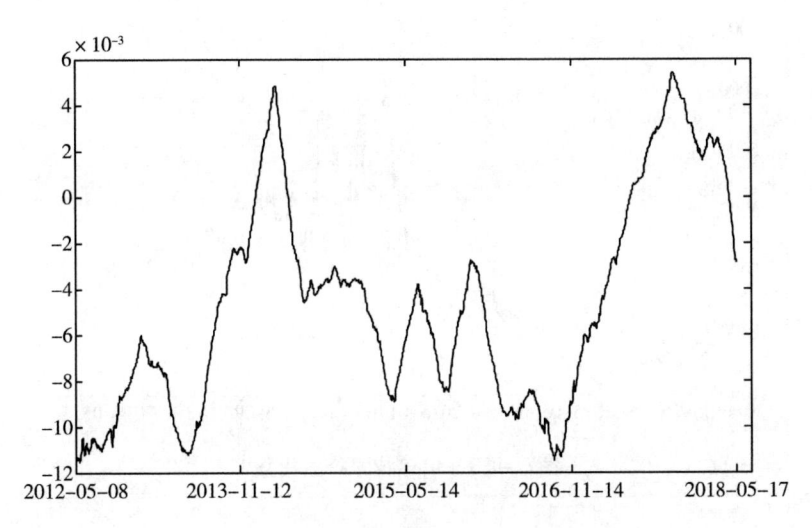

图5-12 金融行业对信息技术行业的风险溢出

与前文的分析结果不同，金融行业对信息技术行业的负向风险溢出，从2014年起就开始不断扩大，直到2016年11月才开始快速降低。绘制信息技术行业的指数曲线，如图5-13所示。

结合图5-12与图5-13，可以看出，二者在绝对水平上相关关系有限，并不能支持金融行业风险对信息技术行业股票价格的提振作用。但是根据2016年及以前的数据来看，在金融行业系统性风险对信息技术行业的溢出水平较高时，股票价格往往不容易走高。投资者对股票认可度的下降，反映了整个行业的不景气。因此我们认为，要发展信息技术产业，必须要厘清金融行业对信息技术行业的风险传导路径，进而在强化金融行业与信息技术行业之间联系的同时，防范系统性风险对信息技术行业发展带来的威胁，促进信息技术上市公司创造更高价值，研发更高端的技术。

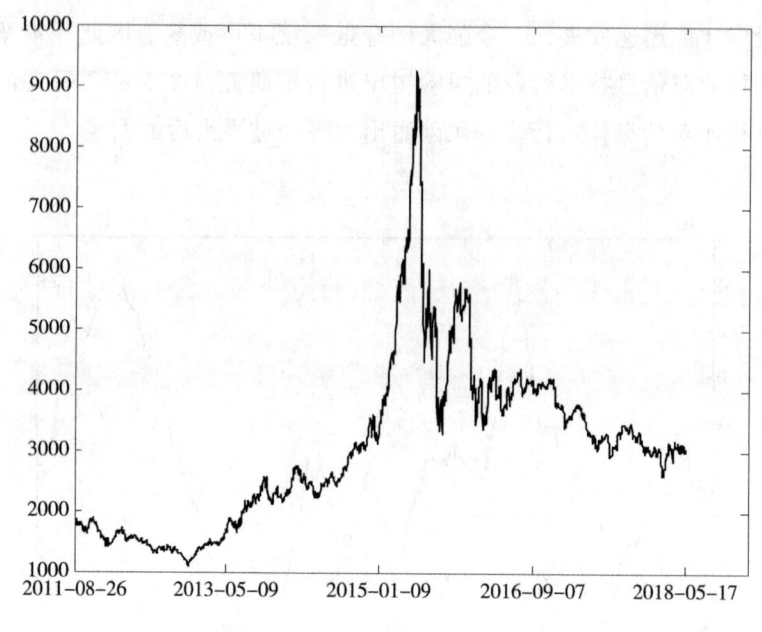

图 5-13　信息技术行业指数

(二) 房地产行业与金融行业

金融行业包含了银行、证券、保险、多元金融等四个领域,房地产的发展与金融业的兴衰息息相关,特别是房地产与银行、保险的关系更是密不可分。首先,房地产开发企业多数都需要向商业银行贷款以解决自身资金的不充裕,贷款是房地产建筑重要的融资来源,并且,随着金融创新的发展,房地产行业的融资渠道更加多元,保险、信托等都是融资来源。其次,房地产销售中大多数购买者需要向银行进行购房贷款,贷款利息是银行收入的重要来源。再次,一些购房者出于投资的目的购买房产,以上特征导致房地产业具有很强的金融属性。最后,银行与证券、证券与保险的关系又紧密相连,进而也与房地产形成错综复杂的关系,所以一旦房地产行业发生系统性风险,必将传染至金融行业,对金融行业产生重大打击。为了认识两者之间的风险传染机制,本章对房地产业与金融行业的风险溢出进行了研究。图 5-14 呈现的是房地产业对金融行业的风险溢出水平经过平滑后的曲线。

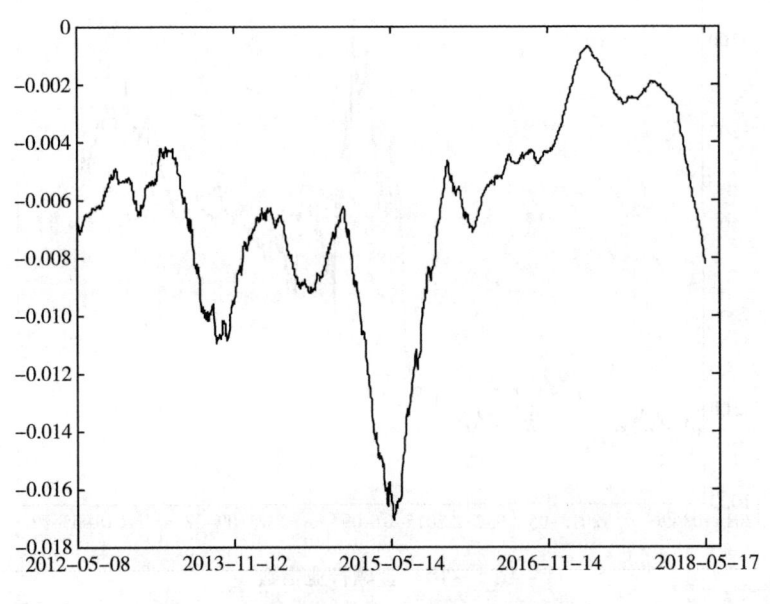

图 5-14 房地产业对金融行业风险溢出

根据图 5-14 可以发现，2015 年 1 月至 5 月，房地产业对金融行业的风险溢出不断增大，而 2015 年 5 月至 10 月，风险溢出水平快速降低，随后趋于稳定。绘制金融行业指数曲线，如图 5-15 所示。

观察图 5-15 金融行业指数发现，2015 年 1 月至 5 月，行业指数快速上涨，2015 年 5 月至 7 月，行业指数快速下跌，随后保持较稳定水平。结合图 5-14 和图 5-15，发现两者的走势具有联动性，即当金融行业处于上涨行情时，房地产业对金融行业的风险溢出变大，当金融行业处于下跌行情时，房地产业对金融行业的风险溢出减小，说明当金融行业行情较好时，一旦房地产行业发生系统性风险，则会加速金融行业的衰退。所以要维持金融行业的稳定发展，一定要防范房地产行业引发的系统性风险，预防房价泡沫，加强对房地产市场的监督。

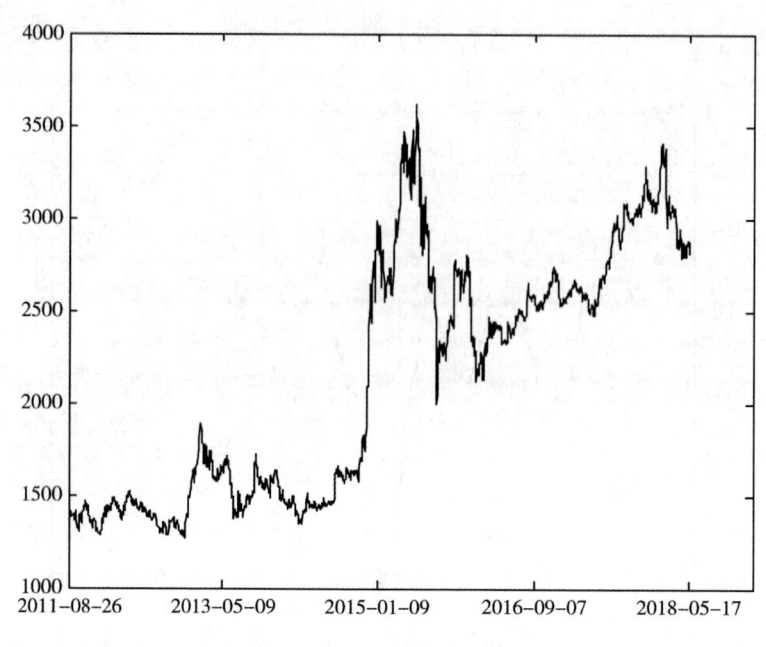

图 5-15 金融行业指数

六 边际风险溢出的估计

（一）边际风险溢出的实证结果

本节将研究随着风险中的行业所处状况的不断恶化，对被关注行业的风险溢出如何变化或者风险行业如何影响我们感兴趣的行业的边际风险。此处选取了采矿业对房地产业、金融业对房地产业、房地产业对建筑业的风险溢出为例，介绍边际风险溢出。

根据前文介绍的算法，本章绘制了当行业 i 的置信水平 p 从 1% 逐渐增加到 49% 时对行业 j 的风险溢出水平 $\Delta CoVaR_{q;p}^{j|i}$ 的变化图，如图 5-16 所示。

对不同置信水平下的风险溢出水平进行差分，即可得到边际风险溢出 $\Delta CoVaR_{q;\Delta p}^{j|i}$。此处也将 $\Delta CoVaR_{q;p}^{j|i}$ 的图绘制了出来，如图 5-17 所示。

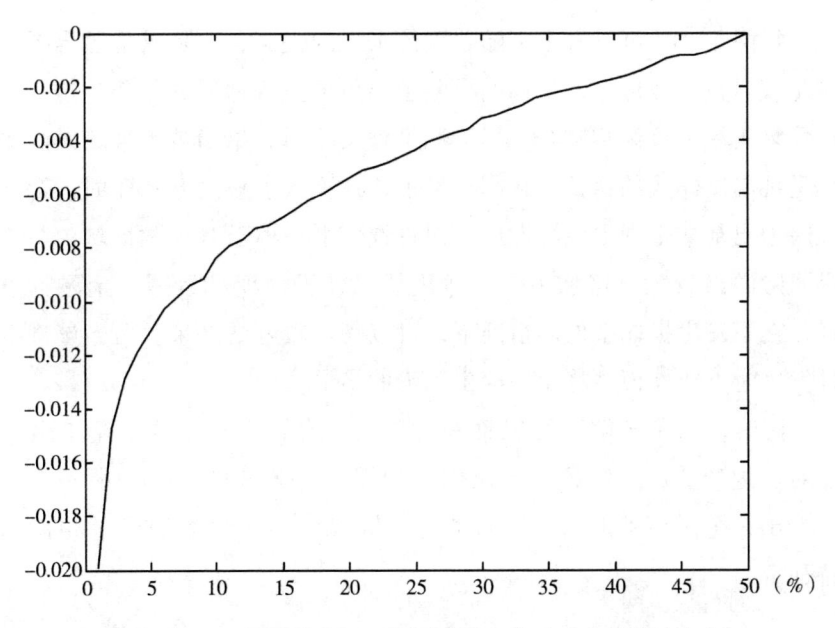

图5-16 不同置信水平下的风险溢出（采矿业对房地产业）

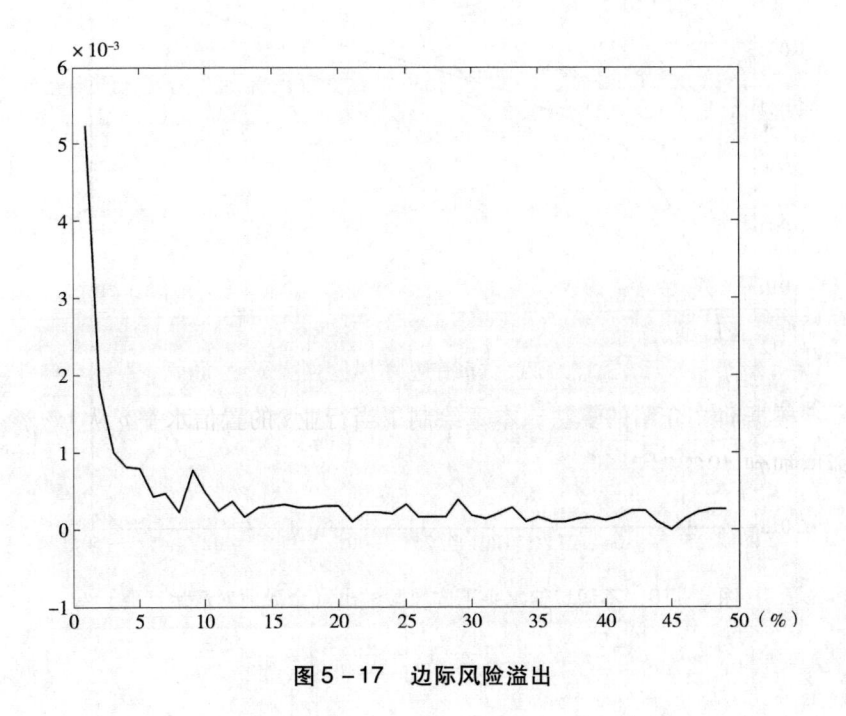

图5-17 边际风险溢出

从图 5-17 可以看出，随着置信水平的提高，边际风险溢出图基本呈现对数函数形态，负向的风险溢出效应呈现递减的趋势。这与尾部风险集聚的理论相吻合，黑天鹅事件发生时，给指数带来的风险溢出呈现出爆炸式的增长。从图中发现，在置信水平大于10%时，边际风险溢出基本呈现出线性性质，而在置信水平小于10%的区域内，边际风险溢出较大。这从另一个角度说明，线性模型运用于金融计量时，在不发生极端事件的情况下，可以得出较好的结果。但当尾部事件发生时，线性模型将无法给出正确的结果。

同时，为了了解这种现象是否普遍存在，本章继续绘制了金融业对房地产业的边际风险溢出图，如图 5-18 和图 5-19 所示。可以看出，金融行业对房地产行业的边际风险溢出也呈现出了相似的特征。

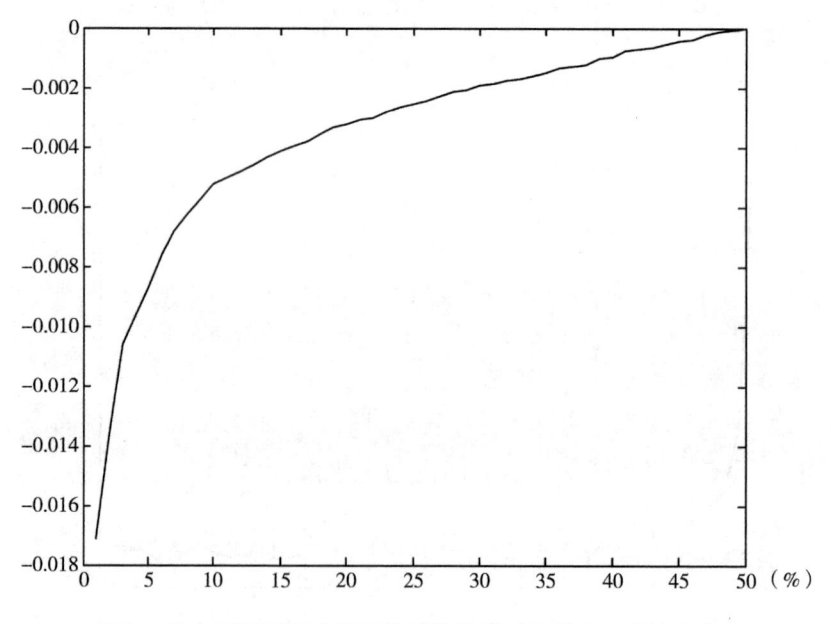

图 5-18 不同置信水平下的风险溢出（金融业对房地产业）

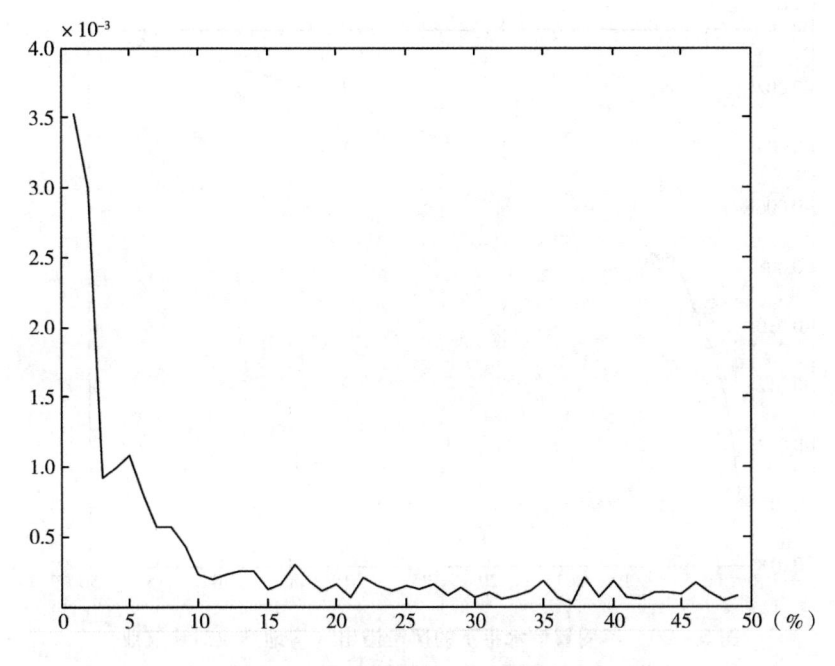

图 5-19 边际风险溢出（金融业对房地产业）

此外，我们还绘制了房地产业对建筑业的边际风险溢出，如图 5-20 和图 5-21 所示。同样，图像与之前分析的行业较为类似，因此可以认为风险在尾部积聚的理论得到了验证。

（二）结果分析

通过以上分析可以看出，风险溢出随着置信水平的提高而不断变大。这种变化的过程并非均匀变化，而是先呈现出一种线性关系，然后在尾部迅速放大。同时，这种动态影响关系不是某几个行业间的个例，而是广泛存在于各个行业间的普遍现象。本章使用实证的方法，证实了金融市场存在巨大的尾部风险的观点，从风险传染程度和速度方面，说明了系统性风险务必早发现早控制，在极端风险事件发生时，风险事件的控制将越来越难以进行，同时造成的损失也会迅速扩大。

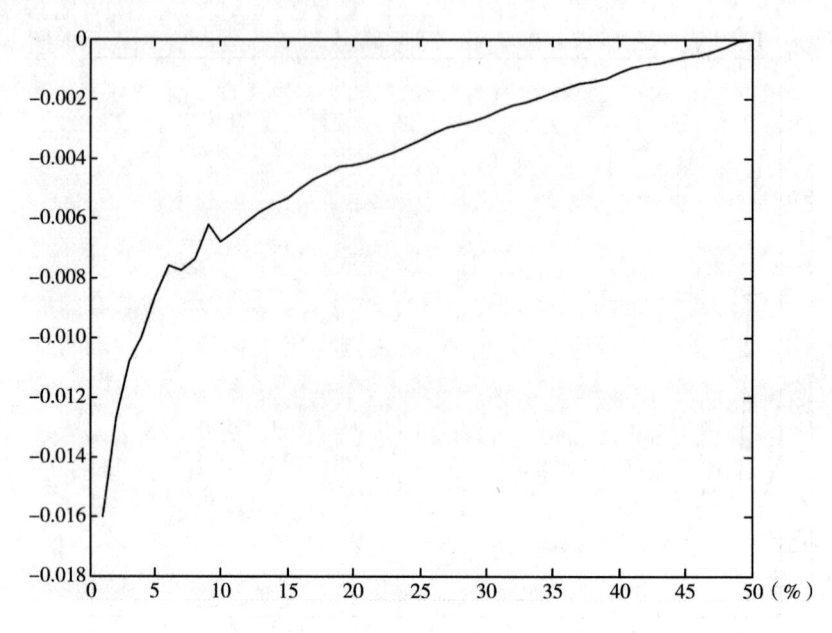

图5-20 不同置信水平下的风险溢出（房地产业对建筑业）

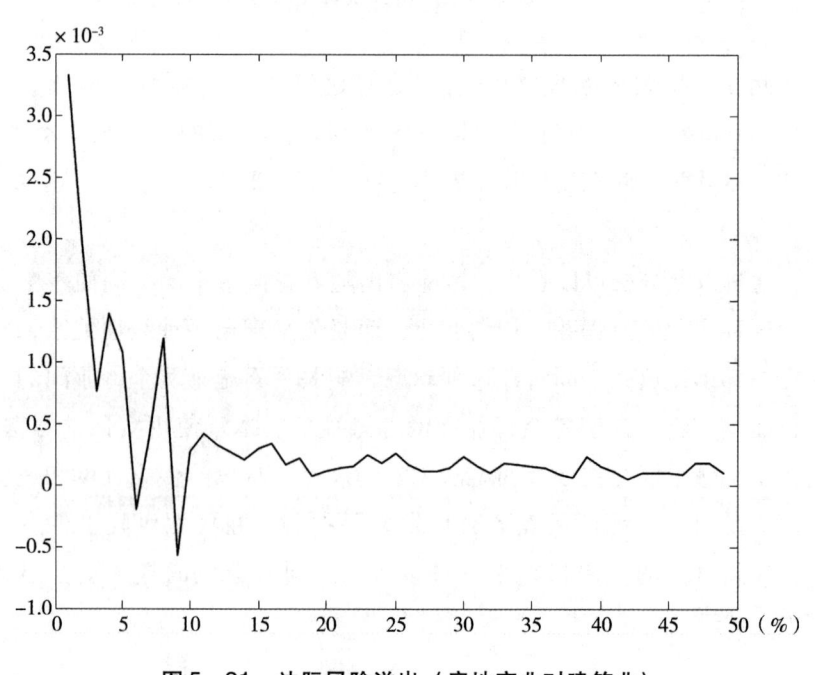

图5-21 边际风险溢出（房地产业对建筑业）

第四节　稳健性检验

本章从以下两个方面对模型的稳健性进行检验。一是遗漏变量问题，二是数据周期选择的问题。

一　遗漏变量检验

遗漏重要变量会产生很多问题，导致回归结果的偏误、预测不准等。在遗漏解释变量时，如果使用传统计量模型，就会产生遗漏变量偏误。还有一种常见的情况是，模型遗漏了被解释变量对自身或解释变量滞后项，这种变量的遗漏问题被称为动态设定偏误。

正如在前文中所介绍的，后一种变量遗漏问题，由于金融日数据相关关系不高，因而可以认为不存在模型动态设定偏误问题。当本章引入周数据时，数据间的自身相关关系开始出现，在这种情况下，务必引入滞后项来解决动态设定偏误。为了确认模型是否存在严重的遗漏变量问题，本章引入了新的四个变量，即 AMAC 餐饮指数、AMAC 公共指数、AMAC 科技指数和 AMAC 商务指数。引入这些变量后，再次按照前文的方法对风险溢出进行估计，数据从 2013 年 1 月 21 日开始，到 2018 年 5 月 17 日结束，得到结果如表 5-6 所示。

表 5-6　　　　　各行业对市场指数的风险溢出

风险行业	上证指数	深证成指	沪深 300 指数	中证 500 指数
AMAC 金融	-0.011	-0.010	-0.012	-0.011
AMAC 采矿	-0.011	-0.011	-0.010	-0.010
AMAC 信息	-0.016	-0.017	-0.014	-0.020
AMAC 交运	-0.008	-0.009	-0.007	-0.008
AMAC 房地产	-0.009	-0.011	-0.010	-0.011
AMAC 公用	-0.008	-0.008	-0.007	-0.010
AMAC 批零	-0.009	-0.011	-0.010	-0.012

续表

风险行业	上证指数	深证成指	沪深300指数	中证500指数
AMAC 建筑	-0.008	-0.008	-0.008	-0.009
AMAC 文体	-0.013	-0.015	-0.013	-0.018
AMAC 农林	-0.012	-0.013	-0.011	-0.014
AMAC 综企	-0.012	-0.014	-0.012	-0.016
AMAC 餐饮	-0.012	-0.014	-0.012	-0.016
AMAC 公共	-0.008	-0.013	-0.011	-0.014
AMAC 科技	-0.014	-0.017	-0.014	-0.018
AMAC 商务	-0.012	-0.015	-0.013	-0.017

资料来源：笔者根据同花顺金融终端整理。

可以看出，在表5-6中，与表5-3相比，风险溢出的绝对水平基本都有所提高。这可能是因为数据长度变短导致的波动增加。但表5-3中一些主要的特征仍然存在，例如，上证指数的风险溢出小于深证成指，而沪深300指数受到的风险溢出小于中证500指数。除此之外，变量风险溢出水平的相对大小也保持了稳定。因此可以认为，模型成功通过了遗漏变量稳健性检验，即认为模型不存在严重的遗漏变量偏误。

二 数据周期选取

市场收益率与个股收益率的窗宽选取会在很大程度上影响实证结果。通常，学者会依据需求选取不同的窗宽。以天为单位，好处在于可以获取充足的数据，样本量足够大，能满足计量经济学中的大样本性质。但同样存在一定缺陷，就是中国证券市场短期价格波动可能较为频繁，用天为单位进行收益率计算很可能出现过多偶然信息，导致波动过大。

本章的主模型采用了日收益率，即以一天为单位衡量收益率。为了检验模型是否对收益率的计算周期敏感，本章进一步选用了周收益率进行估计。但在这个过程中，周收益率之间的相关性是比较强的，如果不对这种数据自身与自身滞后项的相关性进行处理，就会出现前文中所描述的模型动态设定偏误。为此，本章引入了一阶滞后项，共同检验结果的稳健性。为了使结果更加直观，在这里运用动态 CoVaR 方法来比较周收益率计算得到的风险溢出和日收益率计算得到的风险溢出。与第四章相同，本章此处依然是研究采矿业对房地产业的风险溢出。使用周数据计算得到的风险溢出动态如图 5-22 所示。

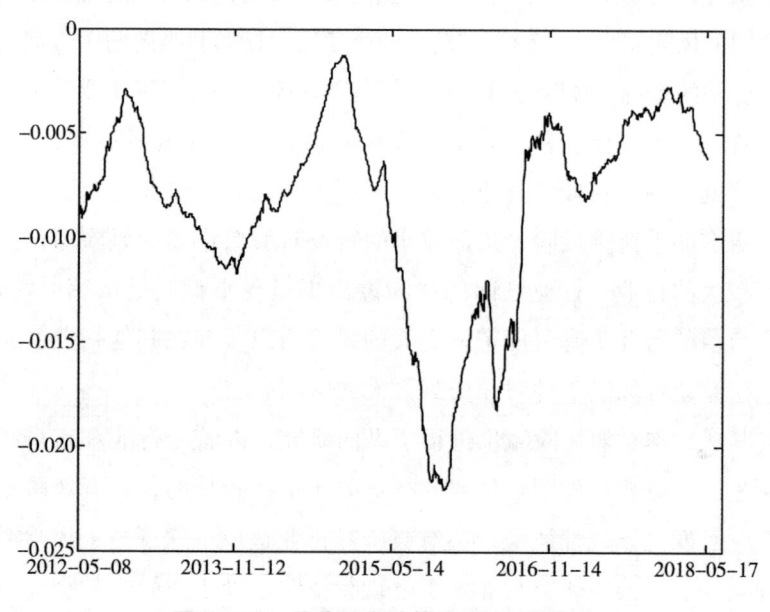

图 5-22　周收益率计算得到的风险溢出

与图 5-6 进行比较，不难发现图 5-22 的波动显得稍大一些，这是由于周数据计算得到的风险溢出也是一周可能实现的波动，因此不难理解绝对值水平较高。同时，也可以明显看出，虽然细节走势略有不一致，但从整体上来看，走势非常相似，均为先在一个值附近波动，在股灾时，风险溢出急剧增大，股灾结束后风险溢出趋于平稳，而到 2018 年，风险溢出水平又开始变大。因此可以认为，本章的主模型通过了周期选取的稳健性检验，结果对变量周期的选取并不敏感,是稳健的。

第五节 结论与启示

一 研究结论

本章通过选取11个行业指数和4个市场指数,运用CoVaR方法测度系统性风险溢出效应,计算了行业指数对市场指数的风险溢出以及行业之间的风险溢出,从静态和动态两个角度、横向和纵向两个方面对股市行业间的系统性风险进行了较为详细的研究,得到以下主要结论:

首先,不同行业和不同指数在风险溢出中表现出不一样的特征。实证研究发现,相较于其他指数,中证500受到的风险溢出更大,承担了更多的系统性风险;市值较小的行业对股票市场的风险溢出大于市值较大的行业;行业之间的风险溢出也呈现小盘股更敏感的特性,中小市值的行业更有可能带来更大的风险溢出,并在其他行业受到冲击发生系统性风险事件时,受到更大的影响。

其次,本章对风险溢出进行了纵向研究,以若干行业和市场指数为例进行了分析,发现当被研究行业处于上涨行情时,处于风险中的行业一旦发生系统性风险,会对被研究行业造成下跌压力,风险溢出逐渐增大;而当被研究行业处于下跌行情时,处于风险中的行业一旦发生系统性风险,对被研究行业影响则较小。说明当市场行情好时,应该更加注重系统性风险的发生,因为一旦发生则会造成严重后果,例如股灾、金融风暴等。

再次,本章对边际风险溢出进行了研究,对边际CoVaR研究发现整个风险溢出图与对数函数较为类似,当置信水平大于10%时,金融数据呈现出较为明显的线性特征,而在10%以内,则呈现出了非线性特征,说明金融市场存在较高的尾部风险,系统性风险务必早发现早控制,在极端风险事件发生时,风险事件的控制将越来越难以进行,同时造成的损失也会迅速扩大。

最后，金融行业与其他行业风险溢出关系密切。研究结果发现，金融行业对高新技术产业的风险输出会抑制股价的走势上涨。另外，当金融行业行情较好时，一旦房地产行业发生系统性风险，则会加速金融行业的衰退。

二 政策启示

根据本章研究得到的结论，提出以下政策启示。

第一，强化行业内控监督，降低风险溢出。本章的实证结果表明，行业间的风险传递具有联动性，如果能够避免行业内部风险的累积，就能减少这个行业对其他行业的风险溢出，进而形成良性循环。而如果一个行业没能把控风险，带来了系统性风险事件，那么很容易引发连锁效应，导致其他行业也受到损失。所以要加强行业内控监督，及早降低行业内部风险导致系统性风险发生的可能性。

第二，提升行业本身发展能力与市场竞争力。本章研究发现，大市值行业相对小市值行业的风险溢出更小，说明在其他行业受到冲击时，小市值行业发生系统性风险的可能性更大，因此应该增强行业本身的发展能力，提高市场竞争力，这样能够有效抵御外部冲击带来的风险传染。

第三，系统性风险的防控需要及时发现苗头，早发现早防范。由于当前金融工具往往是线性金融工具，因此风险的化解最好可以在边际风险的线性阶段进行解决。在没有发生极端风险事件时，及早发现风险，并且采取有效手段化解风险，防止风险通过行业之间的传染而形成系统性风险，是当前各行各业都应有所准备的应对方案。

第四，需重点防范金融行业引发系统性风险的可能性。目前，中国正面临信息技术产业发展的瓶颈期，信息技术的发展不能离开金融行业的支持。同时，要发展信息技术产业，必须要厘清金融行业对信息技术产业的风险传导路径，进而在强化金融行业与信息技术行业之间联系的同时，防范系统性风险对信息技术行业发展带来的威胁，为信息技术产业的健康快速发展保驾护航。

第六章　股票市场系统性金融风险传染机制

第一节　引言

　　2020年年初开始的史无前例的全球性公共卫生危机——新冠疫情大流行波及全球范围，对世界经济造成重大冲击。世界银行预测局局长阿伊汉·高斯在2020年6月发表声明，认为新冠疫情带来的经济衰退将是发达经济国家第二次世界大战以来最严重的衰退，也是发展中国家及新兴市场国家在过去60年来第一次面临产出收缩。尽管全球经济体在恢复经济的过程中做出了巨大努力，但据世界银行预测，全球经济增长在2021年仅能回升到4.2%的水平，其中发展中国家及新兴市场国家可望回升至4.6%，发达经济体预计增长3.9%。疫情带来的风险将在较长时间内带来金融动荡、供应链收缩以及世界范围内的贸易锐减。资本市场与实体市场之间风险的交互感染，加剧了系统性风险的产生和持续，其中，由实体经济的供给端和需求端带来股市系统性风险的发生历历可见。股市系统性风险是各个金融机构在从事金融活动或交易时，由于内部因素牵连或者外部因素冲击而产生的波动、危机或者瘫痪，这将使每个金融机构均无法从危机中幸免，具体表现为一家上市公司的股价若受到外部冲击而产生波动，则其他上市公司的股票价格将相继产生波动，从而使股市遭受系统性的经济损失。

　　系统性金融风险在金融机构间的快速传染，对金融系统的稳定带来巨大冲击,对金融系统的可持续发展带来不确定性。中国一直高度重视系统性金融风险的防范,中国人民银行多次强调要打好防范化解重大金融风险攻坚战,守住不发生系统性金融风险的底线。疫情对全球经济产生重大冲击为研究系统性风险传染的内在机制提供了现实依据,从而使防范系统性金融风险传染的应对策略有据可循,因此对金融风险传染特别是股票市场系统性风险的传染机制进行研究,具有广泛的现实意义。

国内外研究金融风险传染机制的现有文献主要关注不同国家以及宏观市场之间的风险溢出效应,而本书以不同行业之间的风险传染机制为切入点,以股票市场为着眼点,深入研究金融风险传染在微观层面的体现。股票市场作为实体经济的"晴雨表",是研究行业间风险传染机制的微观载体,将使系统性金融风险传染机制的研究更深入。本章将使用 Diebold 和 Yilmaz (2012) 的波动溢出效应方法,在疫情冲击的背景下对中国股票市场的行业间风险传染机制进行深入研究。

第二节 研究方法与模型设定

一 模型构建

我们基于 Sims (1980) 提出的"向量自回归"(VAR) 方法,构成 VAR(p) 系统:

$$y_t = \sum_{i=1}^{p} \Phi_i y_{t-i} + \varepsilon_t \qquad (6-1)$$

其中,y_t 为各行业波动率列向量,Φ_i 为 $N \times N$ 阶系数矩阵,$\varepsilon_t \sim (0, \Sigma)$,为独立同分布的扰动列向量。这个模型的移动平均形式为 $y_t = \sum_{i=0}^{\infty} A_i \varepsilon_{t-i}$,$A_i$ 为服从递归式 $A_i = \Phi_1 A_{i-1} + \Phi_2 A_{i-2} + \cdots + \varphi_p A_{i-p}$ 的 $N \times N$ 阶系数矩阵,其中,A_0 为单位矩阵。

Diebold 和 Yilmaz (2009,2012) 分别测度了多个序列溢出指数。在两次测度指数时,其计算思路大致相同,不过 2009 年的文献主要使用传统 Cholesky 分解的方法进行测度,这会受到变量排序的影响;而 2012 年的文献为该方法进行了改进,采用对于排序不敏感的"广义"预测误差分解,从而规避了受变量排序影响的问题。本研究将使用方差分解方法,将各个变量的预测误差的方差分解为不同来源的冲击,以考察变量 y_j 所受到的冲击对于另一个变量 y_i 的 H 步预测误差的方差的贡献占比。

1. 方差贡献

Diebold 和 Yilmaz(2012)定义方差贡献 $\theta_{ij}^g(H)$ 为变量 y_j 受到冲击时,变量 y_i 的 H 步预测误差方差中由变量 y_j 所解释部分的比例,如式 (6-2)。当 $i = j$ 时,$\theta_{ij}^g(H)$ 表示自身方差贡献(Own Variance Shares);当 $i \neq j$ 时,$\theta_{ij}^g(H)$ 表示 j 对于 i 的交叉方差贡献(Cross Variance Shares),即风险溢出效应(spillovers)。

$$\theta_{ij}^g(H) = \frac{\sigma_{jj}^{-1} \sum_{h=0}^{H-1} (e_i' A_h \Sigma e_j)^2}{\sum_{h=0}^{H-1} (e_i' A_h \Sigma A_h' e_i)} \quad (6-2)$$

其中,Σ 是误差向量 ε 的方差矩阵,σ_{jj} 是第 j 个等式的误差项的标准差,e_i 是选择向量,它的第 i 个元素为 1,其余元素为 0。由于对于各变量的冲击没有被正交化,一个变量的方差贡献之和并不为 1,即 $\sum_{j=1}^{N} \theta_{ij}^g(H) \neq 1$。

为了便于计算风险溢出指数(Spillover Index),我们对方差分解矩阵进行标准化:

$$\tilde{\theta}_{ij}^g(H) = \frac{\theta_{ij}^g(H)}{\sum_{j=1}^{N} \theta_{ij}^g(H)} \quad (6-3)$$

使得 $\sum_{j=1}^{N} \tilde{\theta}_{ij}^g(H) = 1$,且 $\sum_{i,j=1}^{N} \tilde{\theta}_{ij}^g(H) = N$。

2. 总溢出指数

现构造总溢出指数(Total Spillover Index)如下:

$$S^g(H) = \frac{\sum_{\substack{i,j=1 \\ i \neq j}}^{N} \tilde{\theta}_{ij}^g(H)}{\sum_{i,j=1}^{N} \tilde{\theta}_{ij}^g(H)} \cdot 100 = \frac{\sum_{\substack{i,j=1 \\ i \neq j}}^{N} \tilde{\theta}_{ij}^g(H)}{N} \cdot 100 \quad (6-4)$$

总溢出指数度量了行业间的波动冲击溢出效应对于市场整体预测误差方差的贡献比例。

3. 有向溢出指数

广义 VAR 方法的另一个优势在于，它可使我们得知行业间风险溢出的方向。"溢入指数"表示行业 i 从所有其他行业 j 接受的有向风险溢出指数（Directional Spillovers），如下：

$$S_{?\leftarrow j}^g(H) = \frac{\sum_{\substack{j=1 \\ j \neq i}}^{N} \tilde{\theta}_{?j}^g(H)}{\sum_{i,j=1}^{N} \tilde{\theta}_{ij}^g(H)} \cdot 100 = \frac{\sum_{\substack{j=1 \\ j \neq i}}^{N} \tilde{\theta}_{?j}^g(H)}{N} \cdot 100 \quad (6-5)$$

相似地，"溢出指数"表示行业 i 对所有其他行业 j 传递的有向风险溢出指数，如下：

$$S_{?\rightarrow j}^g(H) = \frac{\sum_{\substack{j=1 \\ j \neq i}}^{N} \tilde{\theta}_{ji}^g(H)}{\sum_{i,j=1}^{N} \tilde{\theta}_{ji}^g(H)} \cdot 100 = \frac{\sum_{\substack{j=1 \\ j \neq i}}^{N} \tilde{\theta}_{ji}^g(H)}{N} \cdot 100 \quad (6-6)$$

我们可以把有向溢出指数的集合，视作根据来源（去向）对于总溢出指数的一个分解。

4. 净溢出指数

将行业 i 对其他行业 j 施加的溢出指数减去行业 i 从其他行业 j 接受的溢入指数，可以得到行业 i 对其他行业 j 施加的净溢出指数（Net spillovers）：

$$S_i^g(H) = S_{?\rightarrow j}^g(H) - S_{?\leftarrow j}^g(H) \quad (6-7)$$

5. 净成对溢出指数

由式（6-7）的单个行业 i 的净溢出指数，可以进一步研究行业两两之间的风险溢出关系。定义净成对溢出指数（Net pairwise spillovers），如下：

$$S_{ij}^{g}(H) = \left(\frac{\tilde{\theta}_{ji}^{g}(H)}{\sum_{i,k=1}^{N} \tilde{\theta}_{ik}^{g}(H)} - \frac{\tilde{\theta}_{ij}^{g}(H)}{\sum_{j,k=1}^{N} \tilde{\theta}_{jk}^{g}(H)} \right) \cdot 100$$

$$= \left(\frac{\tilde{\theta}_{ji}^{g}(H) - \tilde{\theta}_{ij}^{g}(H)}{N} \right) \cdot 100 \qquad (6-8)$$

由此可见，行业 i 和行业 j 之间的净成对溢出指数为从行业 i 到行业 j 的溢出效应与从行业 j 到行业 i 的溢入效应之差。

二 数据说明

为了较为全面地考察行业内上市公司所面临的风险，选取10个一级行业的中证全指行业指数回报率来构建A股市场各行业的波动溢出指数（见表6-1）。

表6-1　　　　　　　　　股票指数选取

编号	指数名称	指数代码	样本股数[①]	简称
1	中证全指能源指数	000986	51	Energy
2	中证全指原材料指数	000987	423	Materials
3	中证全指工业指数	000988	774	Industrials
4	中证全指可选消费指数	000989	447	CD
5	中证全指必选消费指数	000990	136	CS
6	中证全指医药卫生指数	000991	253	HC
7	中证全指金融地产指数	000992	164	Financials
8	中证全指信息技术指数	000993	455	IT
9	中证全指电信业务指数	000994	65	TS
10	中证全指公用事业指数	000995	79	Utilities

资料来源：国泰安数据库（CSMAR）。

为了更聚焦于2020年新冠疫情期间A股市场风险溢出状态的变

---

① 资料来源：中证指数官网，2021年3月25日。

化，本章选取样本时间窗口为 2017 年 3 月 25 日至 2021 年 3 月 25 日，包括 1044 个日度观测值，规避了 2015—2016 年 A 股股灾对本研究的干扰。

中证全指行业指数的样本股由各个行业内流动性和市场代表性较好的证券组成，选样方法如下：

1. 如果行业内证券数量少于或等于 50 只，则将全部证券作为相应全指行业指数的样本；

2. 如果行业内证券数量多于 50 只，则分别按照行业内待选样本过去一年的日均成交金额、日均总市值由高到低排名，剔除成交金额排名后 10% 以及累计总市值占比达到 98% 以后的证券，并保持剔除后证券数量不少于 50 只，行业内剩余证券作为相应全指行业指数的样本。

指数计算公式如下：

$$报告期指数 = \frac{报告期样本的调整市值}{除数} \times 1000 \quad (6-9)$$

其中，调整市值 $= \sum (证券价格 \times 调整股本数 \times 权重因子)$。

第三节 实证结果与分析

一 年化行业波动率曲线

在对波动率进行方差分解前，我们先来观察样本时期内波动率的变化情况。由中证全指行业指数的日度最高指数和最低指数数据，估计得出 A 股各行业的年化波动率数据，这种传统的估计方法被大量文献所使用，最早可追溯到 Parkinson（1980）。

对于行业 i 在时间 t 有：

$$\widetilde{\sigma}_{it}^2 = 0.361 \left[\ln(P_{it}^{max}) - \ln(P_{it}^{min}) \right]^2 \quad (6-10)$$

其中，P_{it}^{max} 是行业 i 在时间 t 的日最高指数，P_{it}^{min} 是行业 i 在时间 t 的日最低指数，$\widetilde{\sigma}_{it}^2$ 是行业 i 在时间 t 的日方差的估计值。

由此计算年化行业指数标准差，即年化行业波动率：

$$\hat{\sigma}_{it} = 100\sqrt{365 \cdot \sigma_{it}^2} \qquad (6-11)$$

图 6-1 展示了 A 股市场 10 个行业在 2017—2020 年的年化波动率曲线，并以 2020 年 1 月 23 日 "武汉封城" 作为新冠疫情重要时间节点。其中有一些值得关注的地方：

1. 在全样本时期，信息技术行业和电信行业呈现出最大的波动性，公共事业行业则显现出明显的稳定性。

2. 在新冠疫情暴发后，全行业的波动性都增加了。信息技术行业和电信行业波动率的上升最为显著，这是因为信息技术行业竞争激烈，很多利润率低、资金周转迅速的企业，应对冲击能力差；同时，由于电子组装领域多为中小微企业，抵御风险能力较差。此外，通信设备和信息技术产业是武汉的支柱产业，武汉作为疫情重灾区，相关产业的产能下降会对全国乃至全球的相关行业产生不利影响。医药卫生行业的波动率曲线比起其他行业较为稳定，这是因为公共卫生服务行业的需求增加显著，数字化、高科技在医药卫生领域的应用大幅增加。特别是医药卫生板块逆势上涨，疫苗、核酸检测以及抗病毒药物相关概念股获得青睐。

3. 由图 6-1 中可见疫情对 A 股市场冲击的两处波峰，一处为国内疫情集中暴发的 2020 年 2 月，另一处为海外疫情大范围流行的 2020 年 7 月，全球疫情的反复从供给端和需求端两个层面增加了中国经济的波动性。

4. 疫情暴发后，信息技术行业和电信行业的波动率在疫情初期表现得格外敏感，但恢复的速度也较快。企业复工后，重点企业依靠高度的信息化、智能化快速恢复产能，逐渐恢复到疫情前的产能水平。

预计受到全球疫情形势的影响，能源、原材料、公共事业等行业的波动率曲线呈缓慢上升的趋势。在疫情带来的悲观情绪下，投资者信心不足、国外需求减少对能源、原材料行业带来很多不确定性风险。2020 年是 "十三五" 规划的收官年，为实现基本建设目标，在疫情背景下，政府对公共事业行业增加政策领导促进了行业波动率的上升。

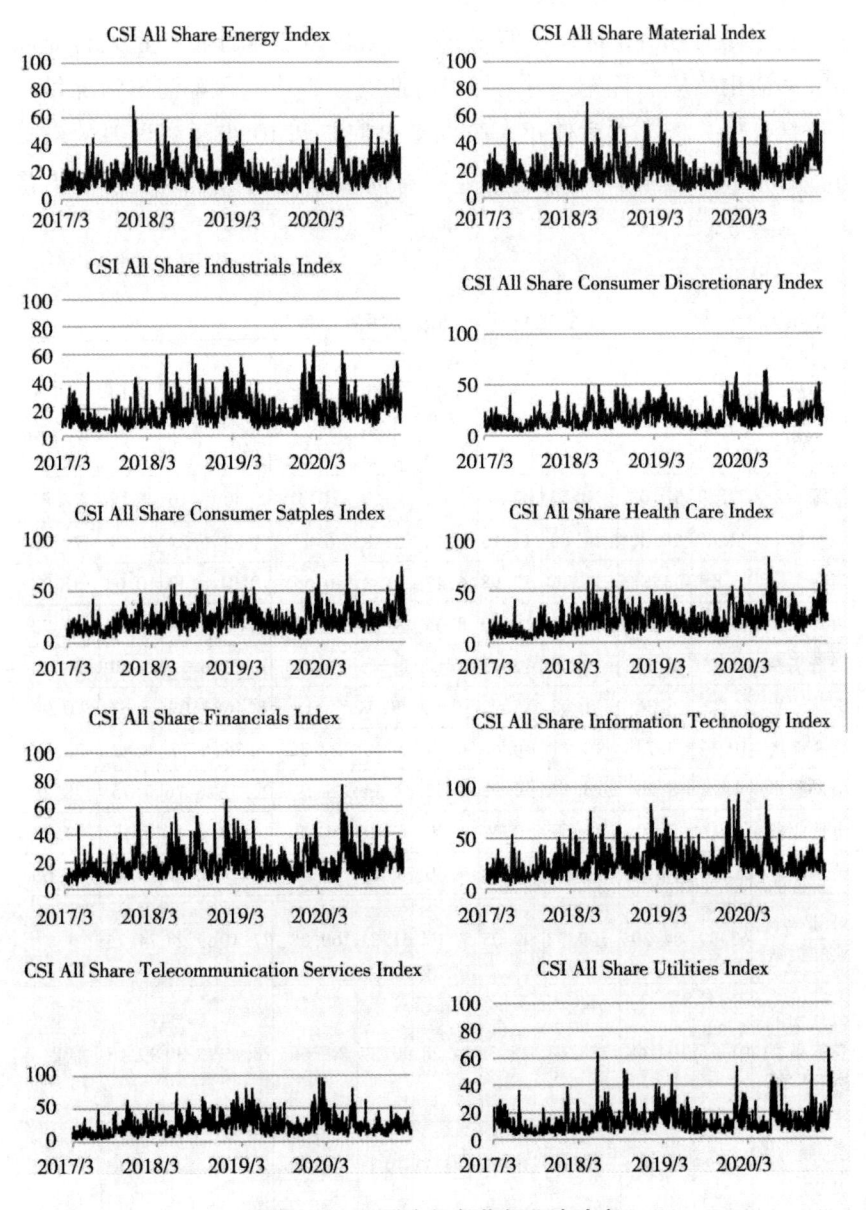

图6-1 A股市场年化行业波动率

二 全样本的波动溢出指数

基于以上分析,进一步使用方差分解的方法来计量一系列行业风险波动溢出效应。首先,对全样本时期的"平均"风险溢出情况做一个概括性的分析。本章使用 4 阶向量自回归和 10 步预测误差的广义方差分解得出全样本时期的行业间有向波动溢出指数以及总溢出指数,见表 6-2。

表 6-2　　　　　　A 股市场行业间波动率溢出效应

	能源	原材料	工业	可选消费	必选消费	医药卫生	金融地产	信息技术	电信业务	公用事业	来自其他行业的贡献
能源	27.27	14.03	10.55	8.41	5.32	4.16	10.31	5.60	5.16	9.19	72.73
原材料	11.80	20.30	14.88	11.18	6.16	5.18	6.97	7.55	6.29	9.69	79.70
工业	6.85	11.88	18.76	12.98	6.47	7.38	6.66	10.01	8.39	10.63	81.24
可选消费	6.10	9.87	14.21	19.30	8.65	8.90	7.64	8.87	7.93	8.54	80.70
必选消费	6.35	7.87	10.26	12.13	26.54	11.13	6.72	6.20	6.11	6.70	73.46
医药卫生	4.23	6.36	11.08	11.92	10.02	29.08	5.11	8.46	7.07	6.67	70.92
金融地产	10.12	8.73	10.41	10.65	6.54	5.48	27.72	6.16	5.77	8.42	72.28
信息技术	4.89	8.20	13.17	10.92	4.57	7.33	5.19	21.72	16.26	7.75	78.28
电信业务	4.97	7.20	11.69	10.30	4.40	6.40	5.00	16.73	26.15	7.17	73.85
公用事业	8.57	10.25	13.67	10.58	5.60	5.85	7.29	7.53	6.26	24.40	75.60
对其他行业的贡献	63.87	84.39	109.92	99.05	57.74	61.81	60.88	77.10	69.24	74.75	
包括对自身行业的所有贡献	91.15	104.68	128.68	118.36	84.28	90.89	88.60	98.82	95.39	99.15	总溢出指数:75.9%
净溢出指数	-8.85	4.68	28.68	18.36	-15.72	-9.11	-11.40	-1.18	-4.61	-0.85	

其中,行业间波动溢出效应由式(6-3)计算得出,"Total Spill-

168

over Index"是由式（6-4）所定义的总溢出指数，"Contribution TO Others"和"Contribution FROM Others"分别为式（6-5）和式（6-6）讨论的有向溢出指数中的溢出指数和溢入指数，而将"TO"减去"FROM"即可得式（6-7）的净溢出指数。

首先，从绝对值大小上观察表6-2，可以发现，总体波动溢出指数取值75.9%，无论是溢出指数还是溢入指数都呈现出高位，最低取值也维持在57.74%。可见在样本区间内，A股市场行业间风险溢出的现象较为显著。疫情从供给和需求两个层面，在生产、分配、交换、消费各个环节对中国经济造成了冲击。

其次，考察净溢出指数的方向。除了原材料行业、工业行业和可选消费行业的净溢出指数为正外，其他行业的净溢出指数均为负。其中，工业行业和可选消费行业的正净溢出指数较大，必选消费行业和金融地产行业的负溢出效应较大，它们对于风险传染的贡献更多。这意味着在样本周期内，工业行业和可选消费行业为主要的风险输出方，而必选消费行业、金融地产行业等主要为风险接收方。以下试图对实证结果进行原因探究。

工业生产行业作为中国经济供给端的重要组成部分，在疫情冲击下成为风险的主要输出方。许多工业生产重点城市延迟复工，劳动力短缺阻碍了工业产能恢复。在一些交通枢纽地区，防疫措施严格、物流运输成本增加、企业经营困难、很多中小微企业面临破产危机。这些现象表明，疫情冲击致使工业生产在短期内显著下滑，工业节点企业向供应链下游传导风险。

可选消费行业多为环境敏感型产业，因而易受疫情的直接冲击，成为行业间的风险输出方。以占中国GDP总量11%的旅游产业为例，原本的"春节黄金周"受新冠疫情影响不复存在，旅游市场降至冰点，媒体预测2020年旅游业总收入损失超过1.6万亿元。疫情不仅导致游客锐减冲击旅游业，还使得旅行社、航空公司等因承担大量免费退票改签而遭受巨大现金流压力。疫情全球化、常态化趋势大大降低国内游客旅游意愿，也阻碍了境外游客来华旅游，疫情对于旅游业的影响在中长期内仍会延续。

必选消费行业的需求受疫情影响只增不减，国民对于餐饮、调味品等刚需产品的需求并未因疫情而降低，出于保险心理的囤货行为增加了部分需求。但必选消费行业受到供给端冲击严重，成为疫情下行业间风险的主要接收方。譬如必选消费的上游仓储物流企业由于实际返工率低、限行运输成本提升、存货运转率下降等原因，导致业务难以正常开展，向下游输送了风险。

金融地产行业同为疫情冲击下行业风险的接收方。疫情对于其他实体企业的损害减少了流入金融地产行业的现金流，降低了企业的投资意愿。湖北、广东等疫情严峻地区的金融风险增加；疫情波及严重的企业不良贷款率提高、信用风险提升，进而向金融行业输送风险；疫情带来的悲观恐慌情绪推升风险厌恶情绪，上市公司受疫情影响盈利减少，利空股市。

三　滚动窗口的总波动溢出指数

根据波动率曲线随着时间变化的规律可以得知，波动溢出指数也会由于时间的不同呈现出不同的阶段特征。为了捕捉风险溢出指数的时变特征，尤其是为了研究新冠疫情冲击对于 A 股市场行业间风险传染的影响，将使用 200 天的滚动窗口的方法对于风险溢出效应进行研究。

首先对行业间总波动溢出指数进行考量，将 2020 年 1 月 23 日"武汉封城"作为新冠疫情重要时间节点。由图 6-2 可见，A 股市场的行业间总体风险波动溢出指数在样本期内一直在 70%—84% 进行波动，处于较高的水平。疫情冲击对于溢出指数有所影响，但从图 6-2 中只能观察到溢出指数波动性的短时间上升，冲击对于溢出指数数值大小的影响不具有明显的规律。

四　滚动窗口的有向波动溢出指数

我们对行业间的有向波动溢出指数进行考量，并标记了 2020 年 1

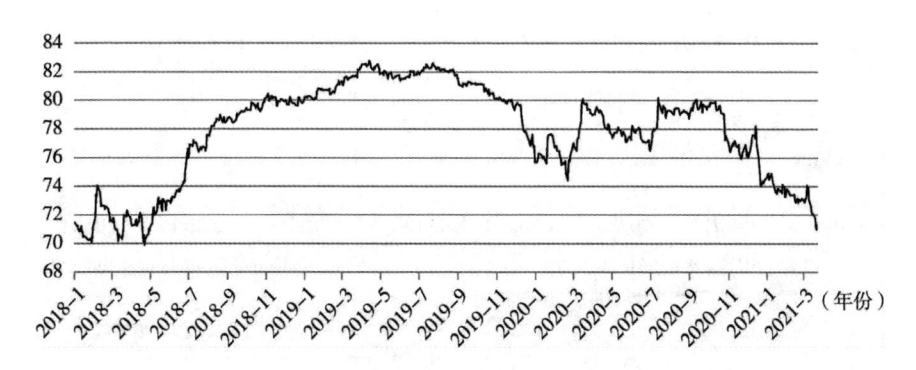

第六章 股票市场系统性金融风险传染机制

图6-2 A股市场行业间总风险波动溢出指数

月23日武汉"封城"作为新冠疫情重要时间点，结果如图6-3和图6-4所示。

从图6-3来看，在新冠疫情的冲击下，大部分行业的溢入指数没有呈现出明显的变化。值得注意的是，必选消费行业的接收风险溢出效应在疫情暴发后迅速下挫，但它仅在几个月内就恢复到原有的水平。这可能是由于疫情暴发初期，必选消费品行业作为人民生活的重要保障受到政府的极大关注和支持。同时，存货的存在使供应链上游的风险传递滞后，必选消费行业在疫情早期接收其他行业风险传递的情况不明显。

能源行业和公共事业行业的接收风险溢出效应在2020年年末开始下行。这是由于中国在疫情后出台的相关措施和政策导向进入响应期所致。同时，公路建设等基建在年末处于筹备阶段，投资相对较少，也使得行业接收的风险较年中下降。

从图6-4来看，疫情冲击对于溢出指数作用更为明显。工业行业、电信行业、信息技术行业在受到疫情冲击后，传递风险的有向溢出指数都呈现逐渐上升的态势，并均于2020年年中达到波峰，此后逐渐回落。这是由于劳动密集型产业受疫情延迟返工影响大，在劳动力回归以及订单恢复正常后会迅速得到恢复。此外，疫情促进了线上教育、电商、在线娱乐等信息技术产业迅猛发展，有助于风向的有向

171

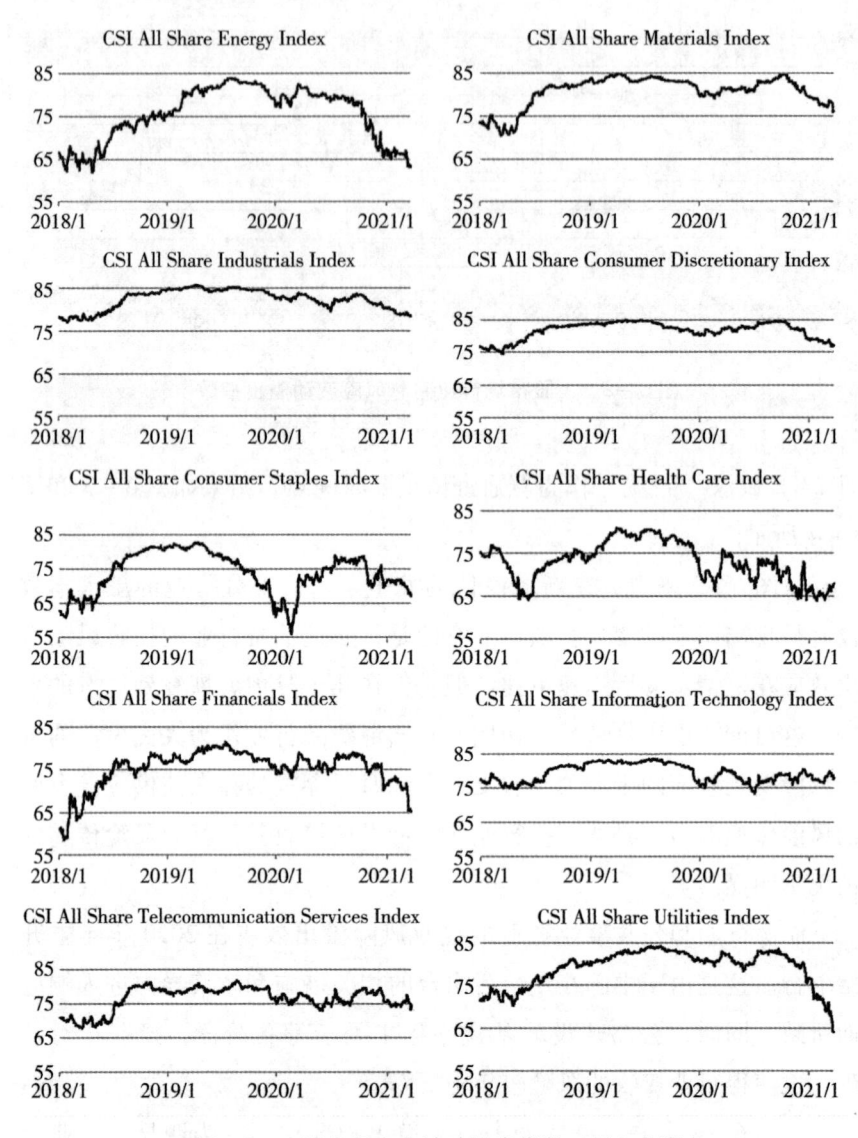

图 6-3　A 股市场有向波动溢出指数（溢入指数）

溢出指数呈现上升趋势。

　　能源行业和金融地产行业传递风险的有向溢出指数在受到冲击后都呈现先降后升的规律，在 2020 年年中达到波谷，在 2020 年 8 月、9 月达到波峰，其后逐渐回落。由于其典型式开采流程的特点，能源

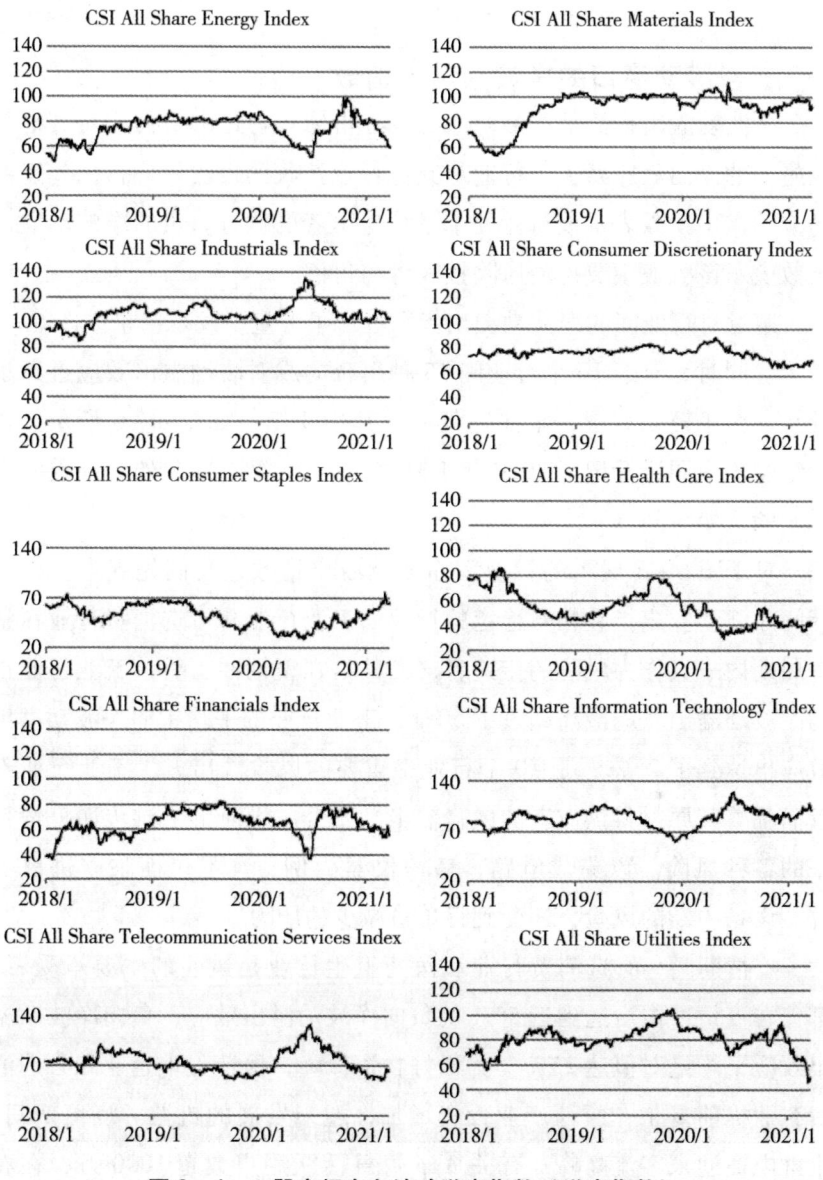

图6-4　A股市场有向波动溢出指数（溢出指数）

行业的溢出效应在疫情早期呈现下降趋势，春节期间连续生产受疫情冲击较小。但随着疫情在全球影响的增大，境外需求与供给波动变大，又增加了能源行业的行业溢出效应。

五 滚动窗口的净波动溢出指数

净波动溢出指数是本书讨论的核心指标，它是由某行业对其他行业施加的溢出效应减去该行业从其他行业接收的溢出效应得出。正的净波动溢出指数表示该行业处于风险输出者的位置，负的净波动溢出指数表示该行业主要扮演风险接收者的角色。

通过对行业间的净波动溢出指数进行了考量，发现结果如图 6-5 所示。同时，对于 10 个行业间 45 种组合的成对波动溢出效应进行了计算，由于篇幅有限，本研究仅展示其中 4 组，如图 6-6 所示。这两组图表中同样标记了 2020 年 1 月 23 日"武汉封城"作为新冠疫情暴发的重要时间点。

对于图 6-5 展示的行业间净波动溢出指数，我们先观察全样本期间净波动溢出指数相对稳定的行业。工业行业和可选消费行业在整个周期内一直作为风险的传递者，尤其是在疫情冲击后，工业行业正的净波动溢出效应最高超过了 50%，工业行业的平均正向净波动溢出效应也达到了 25%，是 10 个行业中重要的风险输出方。工业行业不仅面临着其原材料供应者的风险输出，还会向供应链下游传递疫情带来的各种风险。以集成电路、精密仪器为例，其不仅面临着进口零件、设备中断的风险，还受到订单量减少的压力。

疫情期间，必选消费行业和医药卫生行业是风险的主要承受者，都曾在疫情冲击后达到近 50% 的负向净波动溢出效应，负向净波动溢出效应平均绝对值达 25%。为做好物资保障，医药卫生企业和必选消费企业提前复工，医药产业投资增加，迎来发展的机遇。疫情期间，生鲜电商迎来客流高峰，有关 App 每日活跃用户数超 1000 万，在春节后两周进一步上升至 1237 万户。口罩、消毒液等防疫物品成为新"刚需"，线上医疗受到关注，中医药功效获得认可，民众对于保健产品需求增多，这些都促进了医药卫生产品服务的大幅度增加。尽管这两个行业在疫情期间促进了经济的快速恢复，但是原材料供应不足、

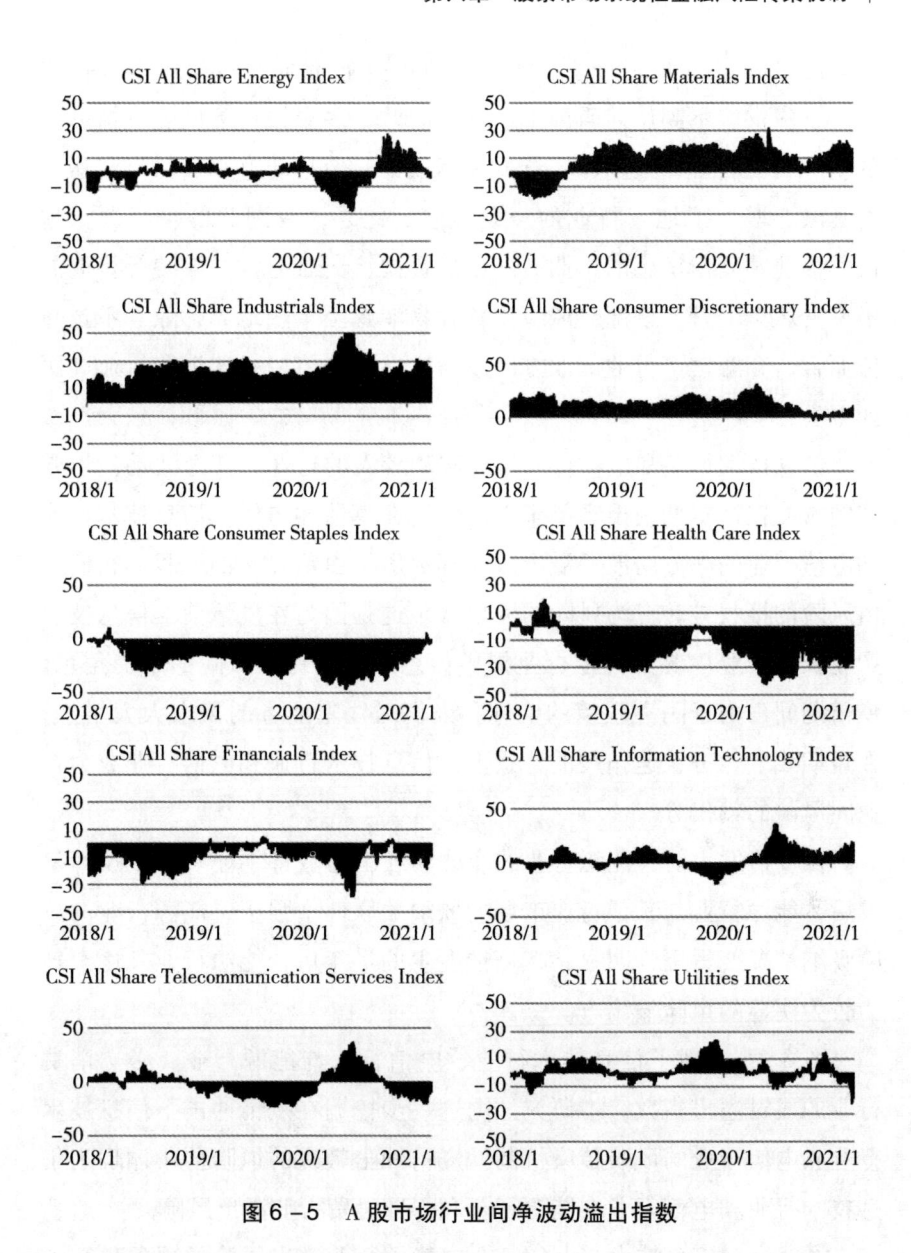

图 6-5　A 股市场行业间净波动溢出指数

物流运输压力大等风险较难化解。

同时，金融地产行业也一直扮演着风险接收方的角色。据中国建筑业协会 2020 年的调查，超过七成的地产企业面临原材料价格上涨和上游供应链断裂的问题,增加了地产企业资金周转和成本管控压力,物资供应不到位妨碍施工进度。同时,多家银行下调受疫情影响的企业贷款利率,鼓励加大贷款优惠政策,但是却存在贷款流向房市的乱象,增加了地产行业的经营风险。此外,在湖北等疫情严重地区,一些对疫情敏感的产业——住宿餐饮、交通运输、旅游等行业的不良贷款率上升,该部分风险比较容易转嫁至金融地产行业。不过总体而言,金融地产行业的净方向波动溢出效应值较必选消费行业和医药卫生行业小。

信息技术行业和电信行业作为波动较大的行业,其净波动溢出效应的方向在样本期内出现了多次反复。在疫情冲击后,信息技术行业和电信行业的净方向波动溢出效应都经历了由负转正的过程,它们都由风险的接收方转变为风险的输出方。这是因为在疫情前,信息技术产业及电信业主要为其他行业提供信息服务,扮演风险的承受角色。疫情期间,由于隔离政策的实施,人们对线上业务的需求大大增加,在短期线上业务快速拓展的背景下,信息技术行业和电信行业成为行业间风险的输出方。

在疫情发生前,能源行业的净波动溢出指数都不显著;在疫情暴发后,能源行业与其他行业市场的风险关联性增强了,能源行业的风险吸纳情况变得更为明显,在疫情发生的半年后,能源行业又逐渐转为较为明显的风险输出方。

图6-6展现了信息技术行业、电信行业与能源行业、必选消费行业的成对溢出指数,本研究试图进一步挖掘在疫情冲击下信息技术行业和电信行业的风险传染机制。疫情冲击带来的风险传染体现为信息技术行业和电信行业向能源行业和必选消费行业溢出风险。

本书先对信息技术与电信行业向能源行业溢出风险的现象进行了分析。以煤炭产业为例,当前煤矿开发仍以一线煤矿工人作业为主,其智能化程度已然落后于油气和可再生能源的开发,也落后于产业链下游的储藏运输、开发利用。不仅暴露了疫情期间煤矿一线人员不

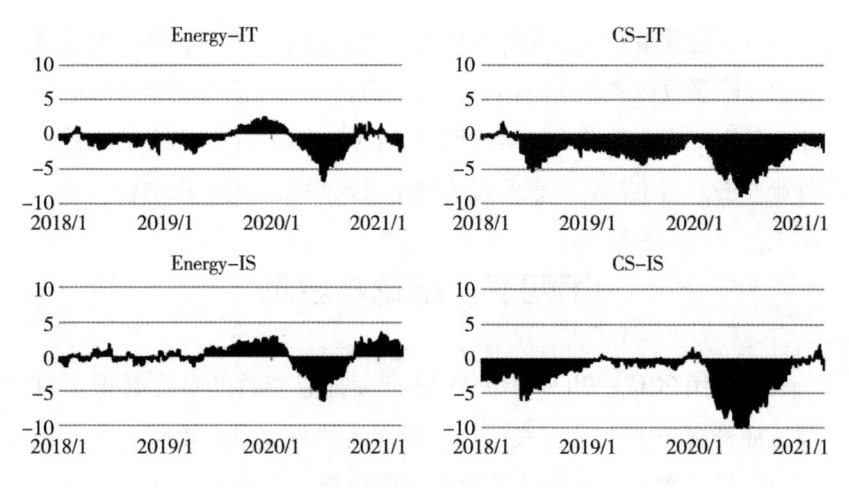

图6-6 A股市场行业间净成对溢出指数（部分）

足、开发流程不够规范化等问题，还凸显了煤炭智能化发展落后的弊端，使行业溢出风险加剧。2020年2月底，国家能源局发布了加快煤矿智能化发展的指导意见，全面推进煤矿智能化新基建。这表明，信息技术与电信行业向能源行业进行风险溢出的机会明显增加。

必选消费行业接收信息技术和电信行业风险的原因更加直观。当民众受疫情干扰、外出活动半径受限制时，线上购物和配送到家的互联网+必选消费产业发展迅速，无人配送、无接触配送的方式被广泛应用，信息技术行业以及电信行业参与生活的实践愈加深入。同时，疫情也加速了下沉市场的线上化程度，大大提高了下沉市场的互联网渗透率。除此之外，疫情也促进了"宅文化"的崛起，人们亲身体验到了线上办公、线上教育的便利和独特优势。尽管信息技术和电信行业便利了生活，但是行业内经营、管理、运营维护、技术支持、竞争环境等不确定因素错综复杂，带来了诸多风险，这些风险将可能传染给必选消费行业。同时，电信行业作为线上服务基础设施提供者，在疫情冲击需求陡增的情况下拥有较大的议价权，因此短期内出现向必选消费行业溢出风险。波动溢出曲线上显示了信息技术行业向必选消费行业溢出风险。

最后，公共事业行业无论在疫情冲击之前还是之后，都没有表现出显著的风险吸收或者风险输出。这是因为，公共事业行业作为政府垄断行业，其生产主要受政府政策的调控，在股票市场上的表现较少受到其他行业冲击，这也与公共事业行业稳定且风险独立的特点吻合。

第四节 结论与启示

本书采用2017—2021年的A股十大行业指数的日度数据，对新冠疫情冲击视角下中国A股市场行业之间的风险溢出效应进行了建模考量，计算了多个层次的波动溢出效应指数，分别对全样本平均和滚动窗口的行业总体、单个行业与其他行业间、两两行业之间的波动溢出效应进行了分析。主要得到以下结论。

新冠疫情暴发后，全行业的波动性都显著增加了。同时，疫情的冲击在数据上显现出两处波峰，一处为国内疫情集中暴发的2020年2月，另一处为海外疫情大范围流行的2020年7月。样本区间内，A股市场行业间风险溢出的现象较为显著，其中原材料行业、工业业务行业和可选消费行业为主要的风险输出方，而必选消费行业、金融地产行业等主要为风险接收方。

新冠疫情冲击显著影响了行业间的风险溢出效应。工业行业、电信行业、信息技术行业在受到疫情冲击后，波动溢出效应明显上升。必选消费行业、医药卫生行业和金融地产行业在疫情冲击后，接收的风险溢出显著增加，其中，必选消费行业、医药卫生行业承受的风险上升尤为明显。信息技术行业和电信行业在新冠疫情暴发后的一段时期内向能源行业和必选消费行业溢出了大量的风险。能源行业在新冠疫情暴发后，与其他行业市场的风险关联性增强了，能源行业的风险吸纳能力更为显著。

尽管疫情对全球经济造成了重大的冲击，但是，疫情对于中国经济的冲击是有限的，恢复也十分迅速。从股票市场上来看，疫情带来的影响并不比 2015 年股灾带来的影响大。我们的产业链、供应链虽然受到了影响，但随着生产和工作的陆续恢复，情况发生显著的好转。由此，我们提出以下政策启示。

一是完善证券市场风险协调监管机制，关注证券市场风险的行业层面溢出效应，防止发生系统性风险。公共紧急事件会引起产业之间风险传递路径的变化，相关部门可以持续跟踪证券市场行业溢出效应的变化，建立证券市场行业溢出指数等定量指标来测定证券市场行业的风险，加强对新金融模式的监管，避免风险通过溢出网络的薄弱环节跨行业传播。

二是重视行业之间的关联性，防止针对单一行业的政策实施对其他相关行业造成不良影响，保持金融体系的协调发展。正确识别不同行业的风险来源，根据股票行业的风险特性，对症下药地实施行业风险监管措施。同时，也要对不同的行业采取有针对性的措施，对风险输出的主要行业进行重点监控。

三是警惕输入性风险，避免国际风险外溢引发风险共振。虽然在新冠疫情影响下，中国的实体经济能够迅速恢复，但疫情影响迅速扩张，对世界范围的产业链、资本链、供应链带来了巨大的冲击，中国已由风险输出方转为输入方。另外，中国内地的市场结构与中国香港、新加坡等地的市场结构相似，因此，在推进"粤港澳大湾区发展战略"的同时，有必要重点关注并预防来自系统性重要国家和地区的风险影响，加强外汇资产负债管理。

第七章　新冠疫情冲击下系统性金融风险传染机制

第一节　引言

一　研究背景

（一）新冠疫情对世界经济的影响

在新冠疫情的冲击下，世界经济正在遭遇严重的萎缩。2020年4月，国际货币基金组织在《世界经济展望》中曾预计2020年全球经济将大幅收缩3%，并于6月份将增速预期进一步下调至-4.9%，这一萎缩比2008年美国次贷危机带来的全球经济收缩更为严重。实际上，2020年成为自20世纪30年代大萧条以来全球经济面临最严重衰退的一年。世界银行则在2020年6月《全球经济展望》中预计，2020年全球经济将下滑5.2%，并认为复苏将比之前预测得更为缓慢。

在疫情的冲击下，世界主要经济体出现不同程度的经济萎缩，根据各个主要经济体在2020年实现的经济增长来看，中国成为前十大经济体中唯一保持经济正增长的国家。2020年中国实现的GDP为14.725万亿美元，同比增长2.3%。相比之下，美国经济萎缩3.5%，这是美国GDP自2009年萎缩2.5%以来首次实现了经济倒退，同时也是1946年美国经济萎缩11.6%以来最惨重的年度经济倒退。根据主要经济体的统计数据显示，日本2020年GDP萎缩4.8%，11年来首次呈现负增长；德国2020年GDP下降5%；英国2020年GDP跌幅达9.9%，创300年来和平时期的最大跌幅水平；意大利2020年GDP跌幅达8.8%；加拿大2020年GDP萎缩5.4%；印度2020年GDP萎缩7.0%；巴西2020年GDP预计负增长4.1%……可以看出，新冠疫情对于各大经济体的影响大致符合国际货币基金组织的预测，而且对于英国和欧元区的影响远大于预期值，中国成为唯一的正增长国家。中国作为最先受到疫情影响的国家，积极控制疫情的蔓延，取得了良好的效果，在大多数国家经济大幅度收缩的同时，中国是唯一保持正增长的主要经济体（见表7-1）。根据国际货币基金组织的预测，中国未来的经济与其增速远超其他所有主要经济体。由此可见，疫情对于不同经济体的影响程度差异巨大。

表7-1　新冠疫情冲击下不同国家的经济增长预期对比

国家（地区）	增长实际值（%）		增长预测值（%）
	2019年	2020年	2021年
发达经济体			
美国	2.3	-3.5	4.7
加拿大	1.6	-5.4	4.2
日本	0.7	-4.8	3.0
欧元区	1.2	-6.8	4.7
英国	1.4	-9.9	4.0
发展中经济体			
中国	6.1	2.3	9.2
印度	4.2	-7.0	7.4
巴西	1.1	-4.1	2.9
墨西哥	1.1	-8.7	3.5

分行业来看，由于控制疫情最有效的措施之一就是减少人与人面对面的交流和集聚，因此，受疫情影响最大的行业就是餐饮、旅游、航空等线下服务业。截至2020年7月底，美国标普500指数中百货

商店指数下降62.6%、航空公司下降55%、旅游服务下降51.4%、度假村下降45.4%、酒店及汽车旅馆下降41.9%。中国餐饮行业前七个月的总收入下降30%，市值最大的海底捞，2019年上半年盈利9.1亿元，2020年上半年亏损9.6亿元。中国2020年上半年航空旅客周转量累计下降了55%。国际航空运输协会预计，2020年全年航空运输预计下降63%。全球电影娱乐行业可能正面临历史上最惨淡的时刻，美国仍然有3/4的影院处于关闭停业状态，即使疫情结束，估计至少有两成的影院将永久性关闭。与之形成鲜明对照，部分行业增长迅猛。视频会议公司ZOOM，在2020年第二季度营业收入同比增长了355%，股价也暴涨，甚至总市值超过了老牌科技公司IBM。抖音不但横扫全球非游戏类App的下载排行榜，而且2020年6月营收同比增长了8倍。中国的三大电商平台——阿里巴巴、拼多多和京东，在2020年第二季度营收同比分别增长了34%、34%和67%。大量业务需要线下服务对接的美团，在迅速实现线上化调整后，第二季度的净利润同比增长了82%。因此，在研究疫情的冲击时，需要将线下服务业与其他行业进行区分。

（二）系统性金融风险研究的背景

2008年国际金融危机的爆发让系统性金融风险成为学术界的研究热点。已有研究表明，传统微观个体的风险监测和控制并不能使得总体的金融体系风险水平得到控制，于是宏观审慎监管被提上日程。防范系统性金融风险随之成为各国金融监管的重中之重。中国也将防范化解重大风险作为三大攻坚战之一，而且其中最重要的是金融风险。习近平总书记在党的十九大报告中明确指出，"健全金融监管体系，守住不发生系统性金融风险底线"。[1]

2020年初暴发的新冠疫情毫无疑问对金融市场造成了巨大的冲击，我国上证综指在疫情暴发后的首个交易日跌幅达到了7.72%，至

---

[1] 习近平：《决胜全面建成小康社会　夺取新时代中国特色社会主义伟大胜利——在中国共产党第十九次全国代表大会上的报告》，《人民日报》2017年10月28日。

2020年9月最低下探至2646.80点，最大回撤达11.07%。美国道琼斯工业平均指数也在美国疫情蔓延加速后出现大幅下跌，最低下探至18213.65点，相较2020年年初下跌超过1万点，最大跌幅达36.18%。在此背景下，对新冠疫情带来的系统性风险及其传染机制的研究将成为学术界新一轮研究热点。

二 研究意义

（一）在新冠疫情的背景下审视风险化解能力及系统性风险传染机制

2008年国际金融危机以来，宏观审慎监管成为中国金融监管的主要理念。2014年以后，国内金融业进入大资管时代，金融机构提倡金融创新，不断进行混业经营改革，原有金融体系内的经营壁垒被淡化，各个金融机构之间的关联程度随着业务的联系以及相互间的债权和权益关系而进一步加深，使得各部门、各机构面临着相似的风险敞口，风险传染的路径也越来越多。

2015年股市异常波动与金融风险在机构间的链式传染密不可分，在此期间，国内学者在新的时代背景下对系统性金融风险进行研究，以中国国情和金融业的发展状况为立足点更新并丰富系统性金融风险的度量和监测手段。中国已经成为世界第二大经济体，中国金融市场的稳定很大程度影响了世界范围经济运行的稳定性。"十三五"以来，防范化解重大风险成为国家重点攻坚对象，国内经济在不断发展的同时，也追求着金融稳定性的提升。但与此同时，国际贸易保护主义开始抬头，2018年中美贸易摩擦升级，国内市场的风险来源变得更加复杂和难以控制。

此次新冠疫情的冲击无疑是对中国金融市场提出了更大的挑战，在此背景下，研究金融系统化解极端风险的能力以及系统性风险传染机制的变化既是对现有的风险管理体系做出考评，也是对风险传染机制的变化做出识别，并对未来化解重大风险做出指导。

(二）分别从宏观与微观角度度量系统性金融风险并研究风险传染机制

在已有的文献研究中，可以分为从宏观角度自上而下地对系统性金融风险进行度量的研究方法和从微观角度自下而上研究机构间风险溢出效应的研究方法。在宏观角度的研究方法中，主要探讨了风险的传染方式，对风险可能的传播途径和传播原因进行分析，最后通常建立一个综合性的风险指标对市场的风险进行度量和预警。这种研究方式忽略了风险在微观个体间的传递方向和不同个体对于系统性重要程度的区别，无法形成具体的政策建议。在微观角度的研究方法中，学者聚焦于微观个体间的风险溢出水平，这有赖于历史收益数据，无法全面地衡量整个市场的风险水平并对风险进行预警。因此，本章结合了以上两种研究方法，既在宏观层面运用主成分分析建立系统性金融风险的综合指标，并将形成的指标与监测的市场波动率进行对比，度量系统性风险的大小；又通过计算不同机构间的风险溢出水平建立微观层面的风险网络，研究风险在机构间具体的传导方式，从而能给出较为全面且有现实意义的结论与政策建议。

(三）考虑新冠疫情对于线下服务业的特殊影响

2018年，中国服务业占GDP比重已经达到了52.2%，成为中国国民经济最主要的组成成分之一，改善服务贸易逆差成为新时代对外贸易的发展方向以及经济增长的重要动力。在此背景下，需要重视服务业的发展以及行业内部的关联程度对经济发展以及系统性金融风险的影响。2020年，疫情的暴发对线下服务业的影响直接且持久，可以预见服务业将成为系统性风险的重要溢出部门。

根据研究背景中的介绍，疫情对于需要通过面对面的线下模式提供的服务业存在较大的影响，在制造业于2020年4—6月复工复产的背景下，餐饮、旅游、影视等服务行业恢复缓慢，且仍具有较大的不确定性。根据现有的研究，系统性风险主要通过作为金融市场纽带的金融机构市场价值的变化对于整体市场价值的影响来度量。而在疫情的影响下，线下服务业的萎靡对于市场的影响程度大小是需要关注的重点方向，并且在已有的研究中传统的金融机构间风险溢出效应大小并没有其他行业的风险溢出效应作为对照，都是通过时间上的纵向对比来研究风险跨市场传染的机制变化，对服务业间风险的跨市场研究有助于我们理解金融市场上不同金融机构跨市场的关联程度。

第二节 研究思路与基本模型

一 研究思路

本章将从宏观层面对系统性金融风险进行度量，并从微观层面对系统性金融风险的传染机制进行研究。首先，对市场指数收益率的波动率进行测度，这一部分主要运用了GARCH模型对市场指数收益率的波动率进行测度，从而了解市场整体的波动水平，并作为后文系统性金融风险综合指标对风险的度量效果进行参照。其次，通过实证方法建立风险指标对系统性金融风险进行度量，主要运用主成分分析方法对选取的七个维度的风险指标进行降维，形成可以测度系统性金融风险的综合指标，从而在宏观层面对系统性风险的水平进行监测和预警。再次，对银行业、证券业、保险业、房地产业、线下服务业等市场的系统性金融风险溢出水平进行衡量，主要运用了分位数回归方法测算不同主体间的风险溢出水平 $\Delta CoVaR$。最后，通过构建各行业上市企业间尾部风险的传染网络，识别系统性金融风险的传染路径，监测传染机制随时间的变化情况，分析不同机构在系统中的重要性程度。根据研究目标在实证研究中采用2015年股市异常波动到2020年新冠疫情暴发区间的样本数据，对系统性风险大小及其传染机制进行对比；对2020年3月前后中美金融系统风险变化进行比较；对线下服务业的风险溢出效应进行研究。根据实证分析的结果，有针对性地给出系统性金融风险防范的建议。

二 基本模型

根据已有的关于系统性金融风险研究的文献可知，建立综合系统性金融风险指标的方法已较为成熟，这些研究从金融系统的脆弱性入手，识别系统性风险的传染机制和传染原因，从而找到相应的风险度量指标，建立综合风险指标。其运用的计算方式虽然简单，但由于不同指标数据可得性不同、数据频率和单位不一致、数据量较大等原因导致计算过程相对复杂。此外，建立综合指标度量系统性风险水平没有考虑到金融风险的溢出效应，无法判断风险的来源和传染机制的变化。因此，目前学术界已开始将研究角度从宏观层面度量风险水平转为微观层面分析风险的传染机制。在研究不同主体之间的风险传染时，"自下而上"的 $CoVaR$ 方法是目前学术界主流的研究方法之一，对不同主体间 $CoVaR$ 的计算不仅可以测度单个金融机构对整个金融市场的风险溢出，从而得到其对系统性金融风险的贡献，而且也能够准确测度不同金融机构彼此之间的风险贡献程度。

在此基础上，本章在实证部分主要采用基于分位数回归的 $\Delta CoVaR$ 方法，根据得到的不同机构间的风险溢出向量，构建机构间极端风险的传染网络，以研究系统性风险的传染机制以及各机构对于风险传染的重要性。

（一）系统性金融风险溢出效应的测度——基于 $\Delta CoVaR$ 方法

$CoVaR$ 是带有条件的 VaR，VaR 是传统的风险指标，用于刻画某个机构在某一置信水平下的尾部损失风险，$CoVaR$ 则表示的是个体机构处于尾部风险收益的条件下，对金融市场或其他金融机构的风险溢出效应，从而可以分析不同个体之间以及个体对于金融市场的系统性金融风险贡献程度。

度量尾部风险的 VaR 可定义为在一定置信水平下，某一金融资产或资产组合价值在未来特定时期内的最大可能损失，对于一机构 i，在置信水平为 q 的 VaR 表达式为：

第七章　新冠疫情冲击下系统性金融风险传染机制

$$P(R_i \leqslant VaR_i^q) = q \qquad (7-1)$$

当某一机构处于尾部风险收益 VaR_i^q 时，另一机构的条件在险价值就是两者之间的风险溢出 $CoVaR_{j|i}^q$，表达式为：

$$P(R_i \leqslant CoVaR_{j|i}^q \mid R_i = VaR_i^q) = q \qquad (7-2)$$

式（7-2）反映的是机构 i 在置信水平为 q 的尾部区间收益时对机构 j 的风险溢出效应。当 q = 50 时，VaR_i^{50} 表示均值风险，即金融机构 i 处于正常状态。当 q 较小时（一般取 5 或 1），机构 i 陷入尾部风险，此时的 $CoVaR_{j|i}^q$ 与正常状态下的差距即可定义为金融机构 i 陷入危机后对机构 j 风险溢出的贡献度 $\Delta CoVaR_{j|i}^q$。

$$\Delta CoVaR_{j|i}^q = CoVaR_{j|i\ R_i=VaR^q}^q - CoVaR_{j|i\ R_i=VaR^{50}}^q \qquad (7-3)$$

若将式（7-3）中机构 j 设定为整个市场 sys，则可以表示金融机构 i 对市场的风险溢出及其贡献程度 $\Delta CoVaR_{sys|i}^q$。因此，只要能计算出 CoVaR 的数值，不仅可以判断机构 i 对机构 j 的风险溢出，还可以判断其对金融市场的风险贡献程度。

使用 CoVaR 度量系统性风险的方法要求计算的 VaR 分为有条件和无条件情况，分位数回归方法可以满足有条件和无条件情况下对尾部情况的拟合。在传统的 OLS 回归模型中，分析的基本思路为解释变量 X 在不同取值情况下对被解释变量 Y 的期望均值 E（Y｜X）影响，其中假定了 Y｜X 是对称分布。在现实世界中，利用基于对称分布（正态分布）假定拟合的条件均值 E（Y｜X）无法衡量不对称分布尾部的情况。此外，解释变量 X 与被解释变量 Y 的异方差性也将导致传统回归模型不是最好的拟合。相比之下，分位数回归不需要严格的变量分布假设，而是在某个给定的分位点上对被解释变量非均值状态下的影响情况做出判断，在正态分布假定无法被满足（大多数金融数据无法满足）的情况下，能够更加准确地描述自变量 X 在某个特定区间取值下对因变量 Y 的条件分布形状的影响。此外，分位数回归对于误差项是否服从独立同分布（正态分布）没有严格的要求，因此分位数回归的估计结果比较稳健。本章的实证部分中主要运用的样本数据为金融机构和市场收益率数据,这些变量具有"尖峰厚尾"的特征,也普遍存在异方差性,因此在研究尾部风险的过程中采用分位数回归技术既可以拟合尾部风险的情况,又可以天然地解决 OLS 回归中稳健性等一系列问题。

在分位数回归模型中,假设被解释变量分布函数 $F(y) = P(Y \leqslant y)$,则该变量的第 τ 位分位数函数可以定义为 $Q_\tau(X) = arginf\{x?R; F(y) \geqslant \tau\}$,即分位数函数为被解释变量分布函数的逆函数 $F_Y^{-1}(\tau) = X^T\beta(\tau)$,分位数回归可以通过最小化以下式子得到分位数为 τ 时的回归系数 β:

$$argmin_\beta \sum_{Y \geqslant X^T\beta} \tau |Y - X^T\beta| + \sum_{Y \leqslant X^T\beta} (1 - \tau) | Y - X^T\beta| \quad (7-4)$$

在具体计算 VaR 的过程中,建立以下回归方程,加入适当的风险因子向量 M(如建立 CAPM 模型),以刻画 t 时刻资产的收益率:

$$R_i^t = \alpha_i + \beta_i M_t + \varepsilon_i^t \quad (7-5)$$

依据式(7-5)运用分位数回归方法可得到机构 i 在指定置信区间 q [即式(7-4)中的 τ] 下的 VaR。而 CoVaR 本质上为加了条件约束的 VaR,因此也通过分位数回归方法构建回归方程来计算 CoVaR。在回归方程中,除了式(7-5)中考虑的适当风险因子向量 M 以外,还需要加入待研究的风险输出机构 i 的收益水平,以金融机构 i 对金融机构 j 为例:

$$R_j^t = \alpha_j + \beta_{ji} M_t + \gamma_j R_i^t + \varepsilon_{ji}^t \quad (7-6)$$

由式(7-5)计算得到的 VaR 代入式(7-6)分位数回归拟合回归方程,计算得到的机构 i 对机构 j 的风险溢出 CoVaR。机构 i 对机构 j 的系统性风险溢出水平 $\Delta CoVaR_{j|i}^q$ 的表达式为:

$$\Delta CoVaR_{j|i}^q = \gamma_j(q)(VaR_i^q - VaR_i^{50}) \quad (7-7)$$

式(7-7)是式(7-3)的计算实现,将式中的 j 换作另一个机构 sys,便可以得到机构 i 对于金融系统的系统性风险贡献水平 $\Delta CoVaR_{sys|i}^q$。

(二) 系统性金融风险传染网络的构建

根据前文得到的机构 i 对机构 j 的风险溢出水平 $\Delta CoVaR_{j|i}^q$ 可以构建风险溢出矩阵，$H_{n*n} = (h_{ij})_{n*n}$，其中当 $i \neq j$ 时，$h_{ij} = \Delta CoVaR_{j|i}^q$；当 $i = j$ 时，$h_{ij} = VaR_i^q$，n 为选取的机构数量。在此基础上构建风险传染网络。为比较不同机构间的关联程度，首先测度机构 i 对机构 j 的风险贡献水平 $a_{i,j}$：

$$a_{i,j} = \frac{\Delta CoVaR_{j|i}^q}{VaR_j^q}, i \neq j \quad (7-8)$$

式（7-8）计算了机构 i 对机构 j 的风险溢出与机构 j 自身的尾部风险比值，标准化了不同机构对机构 j 的影响。为便于分析，对 $a_{i,j}$ 进行二值处理，以此建立机构间尾部风险网络矩阵 A。这是因为在实证分析过程中，任意两个机构间都会计算出一个条件 CoVaR，两个机构会存在一定程度的关联性。为了准确刻画机构之间的关联性和风险传染方向，对关联性较弱的机构间设定阈值，进行 0 值处理，而对关联性较强的机构间的关联程度取值为 1。

$$a_{i,j} \sim A = \begin{cases} 1, a_{i,j} \geq \sum a_i/n \\ 0, a_{i,j} < \sum a_i/n \end{cases} \quad (7-9)$$

根据构建的关联网络，对于每个机构的风险传染特征，参考 Brandes（2001）的方法计算网络中各个节点的度中心度和系统重要程度。其中，度中心度分为入度 In_j 以及出度 Out_j，是指与机构 j 存在直接关联的机构 i 的数量。入度高反映机构 j 在风险网络中受到多个其他机构的风险溢出，出度高反映机构 j 对其他机构的风险输出较强。系统重要度 In + Out 为两个系数之和的均值，代表了机构对于整个系统的重要性。

$$Out_j = \sum_i (j \rightarrow i) \quad (7-10)$$

$$In_j = \sum_i (i \rightarrow j) \quad (7-11)$$

在实证分析当中,每个机构对于同行业内的其他机构关联性较高。因此,在样本选取时,不同行业机构选取的个数不一,将导致风险网络中刻画的度中心度和系统重要程度大小受到选取的该行业企业数量大小的影响。对此,本章进行了以下修正:

$$X_j = x_j * \frac{n}{m} \qquad (7-12)$$

其中,x_j 为机构 j 的度中心度或系统重要程度,n 为构建的网络中的机构总数量,m 为网络中机构 j 同行业的企业数量。

第三节 实证分析

本章的实证研究内容分为以下三个方面:(1)市场指数收益率日波动率的监测;(2)系统性金融风险的测度;(3)系统性金融风险跨市场传染机制研究。

一 市场指数收益率日波动率的监测

在监测市场指数收益率的日波动率的实证分析中,主要研究对象为中国证券市场的上证综指(代码:000001.SH)和美国证券市场的道琼斯工业平均指数(代码:DJI)。在监测日波动率的问题上,本章发展了 ARCH 模型和 EWMA 模型,还有类似两者结合的 GARCH(1,1)模型,其中还考虑到了长期均方差 V_l。样本区间为 2015 年 1 月至 2020 年 12 月,样本频率为日度数据,数据来源于 Wind 金融数据库。

在数据处理中,删除因两国节假日差异而导致的部分日期无指数收盘价数据的情形,并通过 $R_t = ln(P_t) - ln(P_{t-1})$ 计算上证指数及道琼斯工业平均指数的日收益率,其中 P_t 为指数在 t 时刻的收盘价,$t-1$ 为经过数据处理后的上一个交易日。对所得收益率分年份进行描述性统计,结果如表 7-2 所示。

表7-2　上证指数和道琼斯工业平均指数收益率描述性统计

年份	2015		2016		2017	
	中国市场	美国市场	中国市场	美国市场	中国市场	美国市场
均值	0.000381	-0.000096	-0.000556	0.000533	0.000268	0.000944
标准差	0.024704	0.010220	0.014974	0.007920	0.005579	0.004289
最大值	0.056036	0.045968	0.041745	0.024384	0.018177	0.015763
最小值	-0.088732	-0.036402	-0.073054	-0.034473	-0.022595	-0.017930
相关系数	0.215136		0.169538		0.033188	
观测量	236		236		237	

年份	2018		2019		2020	
	中国市场	美国市场	中国市场	美国市场	中国市场	美国市场
均值	-0.001201	-0.000295	0.000853	0.000903	0.000553	0.000298
标准差	0.012731	0.011531	0.011574	0.008050	0.013691	0.024053
最大值	0.040122	0.048643	0.054495	0.032394	0.075482	0.107643
最小值	-0.053647	-0.047143	-0.057453	-0.030934	-0.080392	-0.138418
相关系数	0.129320		0.149485		0.331371	
观测量	235		236		235	

上证指数的日收益率均值在2019年达到最大，每日收益率的均值为0.0853%；日收益率均值在2016年和2018年为负，每日收益率的均值分别为-0.0556%和-0.1201%。道琼斯工业指数的日收益率均值则在2017年达到最大，每日收益率的均值为0.0944%；日收益率均值在2015年和2018年为负，每日收益率的均值分别为-0.0096%和-0.0295%。

上证指数日收益率标准差在2015年达到最大，为0.024704，其余年份（除2017年）的指数收益率标准差差距较小。上证指数在2015年波动性较大，市场风险较为明显；相较之下，2020年中国股票市场在新冠疫情的冲击下保持了与往年持平的波动性，说明市场对于疫情对中国的影响较为乐观，这得益于国家强力的疫情防控措施，投资者并没有积累较高的恐慌情绪。道琼斯工业指数日收益率标准差则在 2020 年达到最大，为 0.024053，其余年份（除 2017 年）的指数收益率标准差差距较小。道琼斯工业指数在 2020 年波动性较大，市场风险较为明显；与国内市场相比，美国市场在 2020 年实现了更大的波动性，这与美国对疫情防控措施不及时、有效关系密切，在 2020 年 4 月以后，美国迅速成为疫情的"震中"区域，确诊人数不断攀升，对国内实体经济造成了重大影响，市场对于疫情对美国的影响较为悲观，2020 年 3 月 18 日，美国市场恐慌指数（VIX）盘中达 85.47，为 2015 年以来市场恐慌指数的新高，美元指数（USDX）也于 3 月 19 日盘中创新高的 102.6881 开始一路下滑，于 2021 年 1 月 6 日收于 2019 年以来新低位 89.4167。各项指数表明，无论是金融市场还是实体经济，都认为疫情对美国造成了重大影响。

国内外市场指数收益率相关系数在 2020 年及 2015 年较高，分别达到 0.331371 和 0.215136，在 2017 年相关系数较小，为 0.033188。在其中一国股票市场波动性较大的时候，两市间的相关性较大；而在两国股票市场波动性均较小的 2017 年，两市间的相关性较小，说明中美两国股票市场风险具有联动性，在市场风险增大时，两市的指数收益率相关系数倾向增大。

在度量系统性金融风险之前，本章对国内外市场指数收益率的波动率进行监测，以更好地衡量风险与波动性之间的关系。在已有的研究中，GARCH 模型是用得最多的波动率估计模型，该模型用到的数据较少，且便于跟踪监测。于是本章运用了 GARCH（1，1）模型，通过近期的数据对市场指数收益率的波动率进行短期预测，并考虑了长期均方差 V_l 的影响。t 时期的收益率波动率由下式给出。

$$\sigma_t^2 = \omega + \alpha u_{t-1}^2 + \beta \sigma_{t-1}^2 \qquad (7-13)$$

其中，σ_t^2 为 t 时期的方差，u_{t-1}^2 为 t-1 期的收益率平方，$\omega = \gamma V_l$，$\gamma = 1 - \alpha - \beta$，$V_l$ 为长期均方差。在本章中，利用极大似然估计来估计 GARCH 模型的参数。极大似然估计基于一个假设：发生了的事件是大概率会发生的，所以要找到一种模型的参数使得发生事件的概率

第七章 新冠疫情冲击下系统性金融风险传染机制

最大。在本章的计算中，假定每一天的收益率是服从正态分布的，而且期望值是 0，方差就是我们要估计的波动率的平方，记为 v_i。

观测值出现在 $X = u_i$ 的概率为概率密度函数在 u_i 处的取值：

$$\frac{1}{\sqrt{2\pi v_i}} exp\left(\frac{-u_i^2}{2 v_i}\right) \tag{7-14}$$

多天的观测结果的概率为式（7-14）概率密度的乘积：

$$\prod_{i=1}^{n} \frac{1}{\sqrt{2\pi v_i}} exp\left(\frac{-u_i^2}{2 v_i}\right) \tag{7-15}$$

求式（7-15）最大值等价于求其对数式子（式 7-16）的最大值：

$$\sum_{i=1}^{n} -ln(v_i) - \frac{u_i^2}{v_i} \tag{7-16}$$

式中所有的 v_i 都是通过 GARCH（1,1）模型（式 4-1）给出的。

利用 2015—2020 年的市场指数收益率数据来估计模型中的参数。第一天的 v 用前一天的收益率平方来代替，之后每一天都是 GARCH 模型给出，一直到 2020 年末。先假定一个 α、β、ω 的初值，然后用收益率数据 u 和前一天 v 计算式（7-16），对 2015—2020 年的似然值求和。利用规划求解设置目标为似然值之和取最大值，通过改变可变参数 α、β、ω，并添加约束条件加入 α、β、ω 均大于等于零，通过规划求解得到 α、β、ω 的值。而因为 $\omega = \gamma V_l$，$\gamma = 1 - \alpha - \beta$，也可以求得 γ 和 V_l。

表 7-3　　上证指数和道琼斯工业指数日收益率波动率监测

	中国市场	美国市场
α	0.089498	0.199995
β	0.910922	0.767088
γ	0.006703	0.012503
V_l	0.000168	0.000313
ω	1.12E-06	3.91E-06

上证指数的长期均方差为 0.000168，小于道琼斯工业指数的 0.000313，中国市场在 2015—2020 年的长期平均波动水平要小于美国市场。通过比较中美两国市场可以看出，中国市场的波动性更易于受上一个交易日波动率的影响（上证指数的 β 较道琼斯工业指数的 β 大），而美国市场的波动性更易于受上一个交易日收益率的影响（道琼斯工业指数的 α 较上证指数的 α 大）。

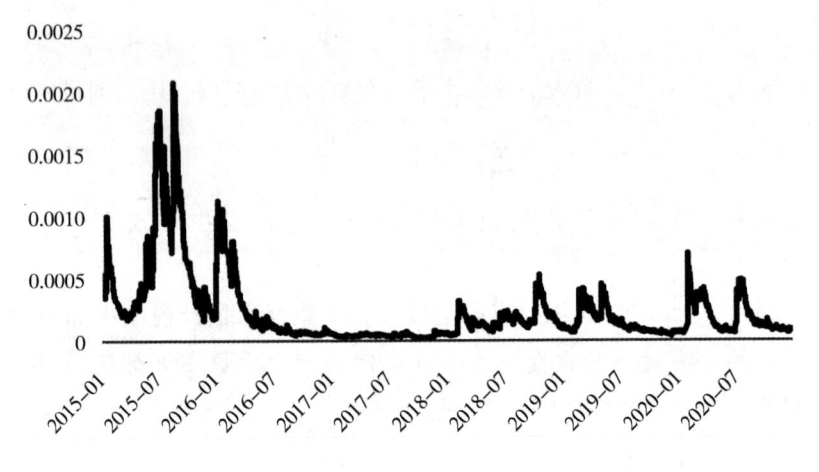

图 7-1　上证指数日波动率（2015—2020 年）

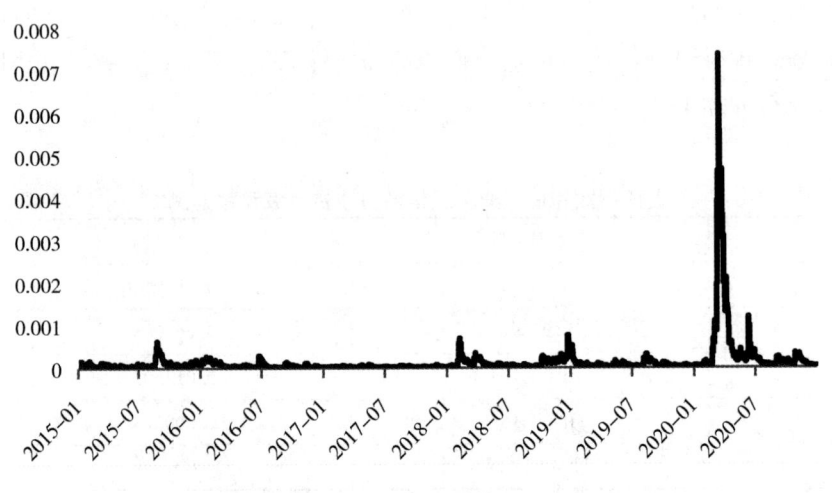

图 7-2　道琼斯工业平均指数日波动率（2015—2020 年）

表 7-4 上证指数和道琼斯工业平均指数 GARCH 波动率描述性统计

年份	2015		2016		2017	
	中国市场	美国市场	中国市场	美国市场	中国市场	美国市场
均值	0.000638	0.000098	0.000236	0.000072	0.000043	0.000032
最大值	0.002077	0.000630	0.001125	0.000289	0.000079	0.000085
最小值	0.000163	0.000029	0.000044	0.000021	0.000022	0.000019
年份	2018		2019		2020	
	中国市场	美国市场	中国市场	美国市场	中国市场	美国市场
均值	0.000167	0.000120	0.000145	0.000076	0.000184	0.000482
最大值	0.000529	0.000760	0.000453	0.000524	0.000698	0.007390
最小值	0.000042	0.000024	0.000035	0.000024	0.000056	0.000029

上证指数的波动率在 2015 年变化较大，通过 GARCH 模型得到的收益率方差最大为 0.002077，全年的方差均值为 0.000638，是样本区间内波动性最大的年份。上证指数收益率方差在 2016 年开始回落，2017 年处于较低的波动水平。2020 年新冠疫情暴发并没有使上证指数波动率出现过大的跳升，并且波动率在 2020 年 3 月中下旬开始回落，随后经历了 7 月份波动率的回升并于回落后趋于平稳。

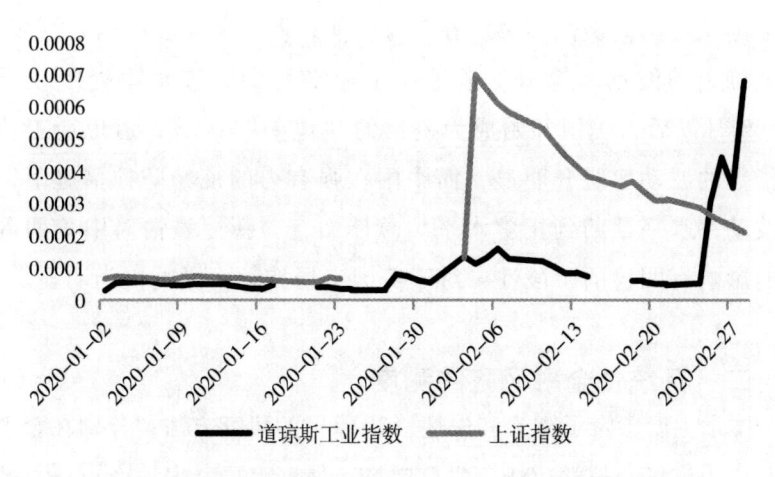

图 7-3 上证指数和道琼斯工业指数日波动率（2020 年 1—2 月）

道琼斯工业指数在2020年以前波动率变化较小,2020年疫情使得道琼斯工业指数波动率在3月份实现了跳升,收益率方差最大值达到了0.007390,全年的方差均值达到了0.000482。

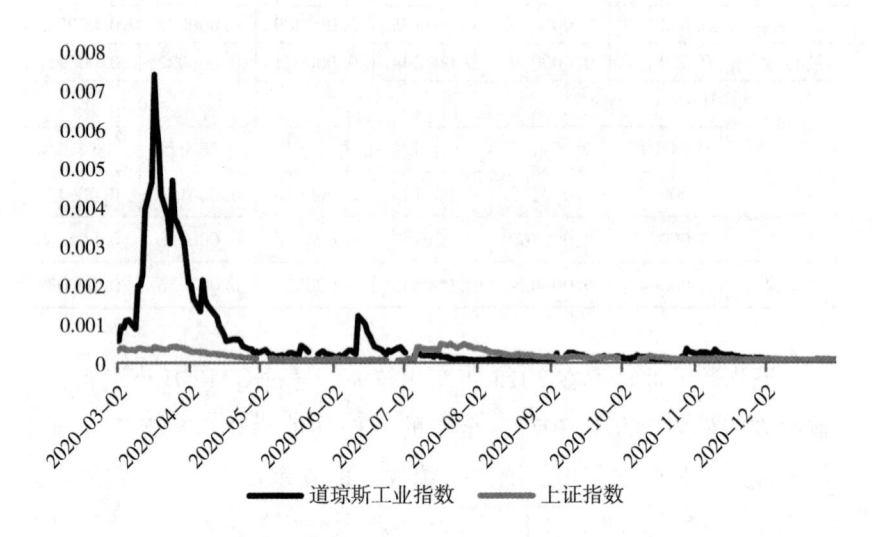

图7-4 上证综指和道琼斯工业平均指数日波动率(2020年3-12月)

回顾新冠疫情的发展过程,从2020年1月暴发以来,疫情的中心渐渐从中国向美国转移。在3月以前,疫情率先在中国开始蔓延,上证综指的波动率攀升,道琼斯工业平均指数波动率处于较低水平。3月以后,美国开始成为疫情的"震中"区域,道琼斯工业平均指数的波动率跳升明显,而中国在强有力的疫情防控措施下,市场波动率水平回归到正常水平。总体而言,新冠疫情对中美两国市场的影响有明显的阶段性,对于美国市场波动率影响更为明显。

二 系统性金融风险的测度

本章主要参考了陶玲和朱迎(2016)的研究方法,分别在金融机构、货币市场、债券市场、股票市场、外汇市场、房地产市场、政府部门等七个维度选取相应指标,并进行主成分分析形成一个综合指标来对系统性金融风险进行测度。样本区间为 2015 年 1 月至 2020 年 12 月，样本频率为月度数据。其中，金融机构维度各个变量的数据分别来源于中国人民银行、中国银行保险监督管理委员会、中国证券监督管理委员会和 Wind 金融数据库；股票市场维度各个变量的数据分别来源于证监会和 Wind 金融数据库；债券市场维度各个变量的数据来源于中国债券信息网；货币市场维度各个变量的数据分别来源于银行间同业拆借中心、外汇交易中心和伦敦同业拆借市场；外汇市场维度各个变量的数据来源于外汇管理局；房地产市场维度各个变量的数据来源于国家统计局；政府部门各个变量的数据分别来源于财政部和国家统计局。

用波动率测度市场风险具有局限性和滞后性，形成的结果也不够直观。陶玲和朱迎（2016）将系统性风险的来源归为三类，分别为金融机构经营失败、金融市场震荡导致市场失效以及宏观经济衰退。在此基础上，他们分为七个维度对系统性金融风险进行度量，通过对每一个维度进行主成分分析，并通过结构方程模型对每个维度的变量进行拟合，选取各维度显著性排名前三的三项指标，最后利用指标间的相关系数矩阵进行赋权，形成了一个评价系统性金融风险的综合指标，该指标可以通过监测市场的变动并结合宏观审慎监管对系统性金融风险实现监测和预警。参考该文献的基本方法，本章搜集了七个维度的结构方程拟合显著性排名前三的三项指标。与陶玲和朱迎（2016）不同的是，本章不利用指标间的相关系数矩阵进行赋权形成一个评价系统性金融风险的综合指标，而是对筛选出来的 21 项指标进行主成分分析，从而防止指标选取过多带来的相关性问题，通过降维的思想形成线性无关的几个主成分，并由主成分进行因子得分加权得到系统性金融风险综合指标 $RISK_{sys}$。

表7-5　　系统性金融风险综合指标各维度基础指标构成

指标名称		经济含义
金融机构维度	M2 同比增速 – M1 同比增速	M1 反映的是企业活期存款，能够直观体现市场经济的活力；M2 中包含期限较长的存款部分，反映的是需求没有被释放出来的潜在购买力或社会总需求。该指标反映了国民经济活动的构成及市场流动性的大小
	上市金融机构平均市盈率	市场对于已上市金融机构的估值水平，估值水平变化剧烈程度反映风险大小
	不良贷款率	不良贷款是逾期贷款、呆滞贷款和呆账贷款的总称。不良贷款率越高预示着银行将要发生风险损失可能越大，市场风险越大
股票市场维度	上证指数（剔除金融机构成分股）	反映了剔除金融机构的市场走势
	股票成交额同比增速（剔除上市金融机构成交额）	反映了剔除金融机构的市场繁荣程度
	平均市净率（剔除上市金融机构）	反映了市场的整体估值水平，估值水平变动剧烈程度反映市场的有效性和市场风险的大小
债券市场维度	6 个月中债企业债（AAA）到期收益率 – 6 个月央票到期收益率	反映了 AAA 级企业债利率与无风险收益率的利差。企业债与央票利差较大时，说明投资者越倾向于风险较低的资产，市场风险越大
	5 年期国债收益率 – 3 月期国债收益率	反映了期限较长资产和期限较短资产的利差。长期资产与短期资产利差越大，说明投资者更愿意持有易变现的短期资产，而不愿意持有长期资产，市场风险越大
	中债综合指数	反映了债权性证券的利率。债权性证券的利率越高，说明投资者倾向于买入债权性资产，卖出权益性资产，市场风险越大

第七章 新冠疫情冲击下系统性金融风险传染机制

续表

	指标名称	经济含义
货币市场维度	回购定盘利率：7天	反映了短期资金的供需情况。回购利率越高，代表银行间短期资金需求越紧张，通常与挤兑风险相关，市场风险越大
	SHIBOR（一年期）-SHIBOR（一周期）	反映了长期与短期资金拆借利差。长短期拆解利率越小（甚至倒挂），说明市场更愿意持有短期资产，市场风险越大
	SHIBOR（一周期）-LIBOR（一周期）	反映了国内外短期拆借的利率差值，利差越大，吸引外资的成本越大，说明资金倾向于向外流出，国内市场风险相对较大
外汇市场维度	实际有效汇率指数	反映了人民币综合汇率指数。指数越低代表人民币处于弱势地位，国际市场对于人民币需求较低，国内市场风险相对较大
	外汇储备同比增速	反映了外汇储备的变化情况，外汇储备越高，国家抵御风险能力越强
	进出口总值同比增速	反映了国家对外贸易的繁荣程度
房地产市场维度	房地产投资完成额累计同比	反映了房地产市场投资和完成繁荣程度
	商品房销售额同比	反映了房地产市场销售繁荣程度
	商品房销售单价同比	反映了房地产市场价格水平
政府部门维度	CPI同比	反映了国内通货膨胀水平，通货膨胀率越高，市场风险越大
	城镇固定资产投资完成额累计同比	反映了国民经济构成中的投资情况，投资越高表示经济繁荣程度越高
	政府债务与财政收入比率	反映了政府债务与财政收入之间的变化情况，该比率越高，市场风险越大

由于各项指标的度量单位不一，在进行主成分分析之前需要进行标准化处理。对 21 项指标的月度数据减去指标的样本均值再除以样本标准差，可以得到不受单位影响的月度数据。对样本数据进行 KMO 检验，得到 KMO 值为 0.833，变量间相关性较强，适合进行主成分分析。对 21 项标准化的指标进行主成分分析，选取累计方差贡献率不低于 80% 的前 k 个主成分，再以各个主成分因子得分的标准差为权重形成系统性金融风险综合指标 $RISK_{sys}$。

表 7-6　　　　　　　　　风险指标主成分分析结果

主成分	初始特征根			提取平方和载入		
	合计	方差的 %	累加 %	合计	方差的 %	累加 %
1	6.853	32.634	32.634	6.853	32.634	32.634
2	3.328	15.846	48.479	3.328	15.846	48.479
3	3.258	15.512	63.992	3.258	15.512	63.992
4	1.780	8.477	72.468	1.780	8.477	72.468
5	1.174	5.592	78.061	1.174	5.592	78.061
6	1.075	5.117	83.178	1.075	5.117	83.178
7	0.756	3.602	86.780			
8	0.680	3.238	90.018			
9	0.483	2.302	92.319			
10	0.370	1.763	94.082			
11	0.302	1.438	95.520			
12	0.268	1.275	96.795			
13	0.184	0.878	97.673			
14	0.132	0.629	98.303			
15	0.109	0.521	98.824			
16	0.091	0.433	99.256			
17	0.052	0.245	99.502			
18	0.042	0.201	99.703			

续表

主成分	初始特征根			提取平方和载入		
	合计	方差的 %	累加 %	合计	方差的 %	累加 %
19	0.033	0.158	99.861			
20	0.020	0.097	99.958			
21	0.009	0.042	100.000			

表7-7　　系统性金融风险综合指标构成成分

原始指标		主成分构成						综合指标构成	
		主成分1	主成分2	主成分3	主成分4	主成分5	主成分6	系数	影响方向
金融机构维度	不良贷款率	0.9194	0.0681	0.1606	0.0678	0.0183	-0.2051	0.3991	同向
	M2增速-M1增速	0.0664	0.4549	-0.5054	-0.0897	-0.2670	0.1825	0.0026	同向
	上市金融机构平均市净率	0.7534	-0.2776	-0.2099	-0.3173	0.0777	0.3632	0.1988	同向
股票市场维度	上证指数（非金融）	0.7559	-0.3458	0.0855	0.3540	0.1786	-0.1111	0.2879	同向
	平均市盈率（非金融）	0.8394	-0.1447	0.2557	0.2819	-0.0408	-0.1641	0.3653	同向
	股市成交额同比增速（非金融）	0.5857	-0.4900	-0.1141	0.4752	0.1205	0.2200	0.1852	同向
债券市场维度	中债与央票信用利差	0.6324	-0.0004	0.5088	-0.0079	-0.3431	0.2251	0.3329	同向
	5年期国债与3个月国债到期收益率利差	0.3159	-0.2723	-0.2391	0.7318	-0.0250	0.2158	0.1136	同向
	中债指数	0.8804	-0.2602	0.1089	-0.0013	0.2381	0.0006	0.3321	同向

续表

原始指标		主成分构成						综合指标构成	
		主成分1	主成分2	主成分3	主成分4	主成分5	主成分6	系数	影响方向
货币市场维度	7天回购定盘利率	0.3534	0.1578	0.6233	−0.4736	−0.0947	0.2750	0.2473	同向
	1周期SHIBOR和LIBOR利差	−0.2754	−0.2500	−0.2018	−0.4651	0.2134	−0.0740	−0.2309	反向
	1周期和1年期SHIBOR期限利差	0.5458	0.2192	0.5354	0.2138	−0.2026	−0.4190	0.3381	同向
外汇市场维度	人民币实际有效汇率指数	−0.1991	−0.2803	−0.4163	0.0118	0.1891	−0.1940	−0.2072	反向
	外汇储备同比增速	−0.3934	−0.3729	0.7563	0.0874	0.0999	0.1299	−0.0607	反向
	进出口总值同比增速	−0.3671	−0.2139	0.8249	0.0483	0.0256	−0.1270	−0.0321	反向
房地产市场维度	商品房销售单价同比	−0.2025	−0.7280	−0.2785	0.2251	0.1689	0.0244	−0.2343	反向
	商品房销售额同比	−0.3150	0.8786	−0.2737	−0.0396	−0.0528	−0.1578	−0.0246	反向
	房地产投资完成额累计同比	−0.0941	−0.6229	0.4275	0.2396	0.3088	0.4154	−0.0051	反向
政府部门维度	城镇固定资产投资完成额累计同比	−0.6381	0.6130	0.0310	0.2043	0.2221	0.2021	−0.0796	反向
	政府债务与财政收入比率	0.3901	−0.1055	0.1373	−0.2163	0.6365	0.0604	0.1830	同向
	CPI当月同比	−0.5995	−0.2022	−0.1490	0.0771	−0.3879	0.3355	−0.2991	反向

第七章 新冠疫情冲击下系统性金融风险传染机制

主成分分析形成的 6 个主成分解释了原始 21 项指标 83.178% 的变动，根据 6 个主成分的构成因子，乘以每个主成分因子得分的权重，可以得到系统性金融风险综合指标的原始指标构成系数。

综合指标与 SHIBOR 和 LIBOR 利差、人民币实际有效汇率指数、外汇储备同比增速、进出口总值同比增速、商品房销售单价同比、商品房销售额同比、房地产投资完成额累计同比、城镇固定资产投资完成额累计同比、CPI 当月同比变化方向相反，这些指标在构成系统性金融风险综合指标时系数为负，其余指标与综合指标的变化方向相同。在反向变化的指标中，外汇市场维度指标反映了本币的需求情况、国家应对汇率风险的能力以及对外贸易繁荣程度，这些指标数值上升是外汇市场表现良好的信号，因此与系统性金融风险综合指标变化方向相反；房地产市场维度指标反映了房地产市场繁荣情况，在危机来临时，房地产市场易受到冲击，因此该维度指标与系统性金融风险综合指标变化方向相反。SHIBOR 和 LIBOR 利差反映国内外短期拆借的利率差值，利差越大，吸引外资的成本越大，说明资金倾向于向外流出，国内市场风险相对较大，本章实证结果中该指标的变化方向与综合指标相反，与经验分析结果不相符合。CPI 当月同比反映国内通货膨胀水平，通货膨胀率越高，市场风险越大，本章实证结果中该指标的变化方向与综合指标相反，与经验分析结果不相符合。可能的原因为样本区间不够大，指标选取缺乏代表性等。

对系统性金融风险综合指标影响较大的原始指标（综合指标构成系数绝对值大于 0.3）包括不良贷款率、平均市净率（剔除上市金融机构）、中债与央票信用利差、中债综合指数、1 周和 1 年期 SHIBOR 期限利差，这些指标的系数分别为 0.3991、0.3653、0.3329、0.3321 和 0.3381，指标变化方向均与系统性金融风险综合指标方向相同。

系统性金融风险综合指标在 2015—2020 年走势与通过 GARCH 模型监测的上证指数日波动率走势（见图 7-5）大致相符，综合指标

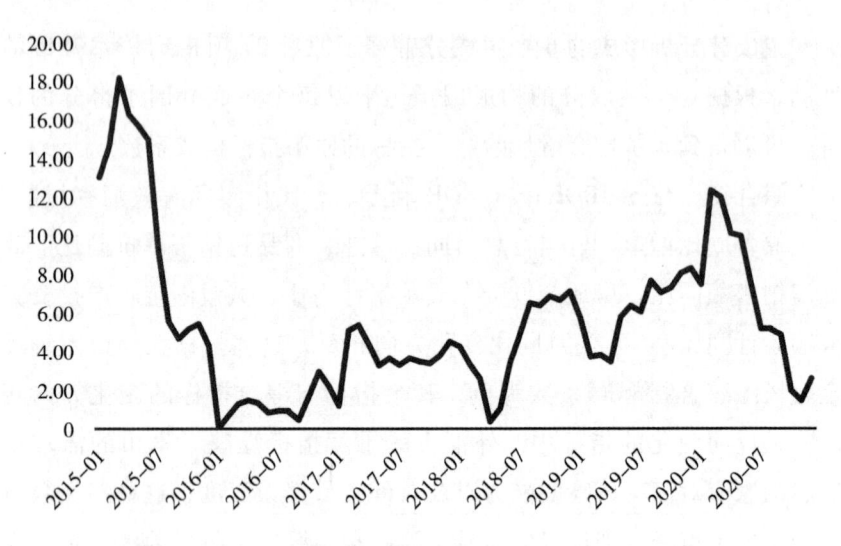

图 7-5　系统性金融风险综合指标 2015—2020 年走势

$RISK_{sys}$ 能较好地反映市场的风险水平。2015 年 1—4 月，综合指标主要受金融市场危机前繁荣的影响，剔除金融机构的上证指数和股市成交额同比增速处于较高水平，其他维度指标数值保持平稳，风险综合指标处于较高水平。2015 年 4 月至 2018 年 4 月，金融市场过热情况消退，风险得以化解，房地产市场繁荣发展，房地产市场维度指标迅速上升，综合指标数值回落；与此同时，中国外汇储备不断减少，抗风险能力下降，使得综合指标在回落的同时在较低水平保持波动。2018 年 4 月至 2019 年 12 月，美国在对中国进行"301 调查"后拉开了新一轮的贸易摩擦序幕，对中国多种进口商品进行了先后几轮的加征关税，人民币实际有效汇率指数以及进出口总值同比增速走低，导致系统性金融风险综合指标开始攀升。2020 年 1—12 月，新冠疫情的暴发对各市场与经济部门均造成了不利影响，各维度指标的不利变化导致综合指标水平迅速上升，随着国家强有力的疫情防控措施推行，系统性金融风险水平开始回落，截至 2020 年 12 月，综合指标测度的系统性金融风险水平已回落至 2018 年中美经贸摩擦以前的低风险水平。

第七章　新冠疫情冲击下系统性金融风险传染机制

三　系统性金融风险跨市场传染机制研究

在系统性金融风险跨市场传染机制研究实证分析中，我们参考现有文献，主要选取了金融机构为主要的研究对象，因为银行、证券公司、保险公司是金融市场的主要参与者，是联系金融市场各组成部分（资金的需求端和供给端）的纽带。此外，相较于其他行业，不同金融机构之间的关联性更强，主要体现在各个金融部门的经营壁垒较淡、金融部门间业务协同性高、金融机构相互提供通道业务、同业拆借等资金往来关系较为密切等方面。这些关联性都导致不同机构之间的效益和风险相关性较大，对某个部门的风险具有传递以及放大的作用。因此，本章参考现有研究对金融机构的系统性风险溢出效应做出实证分析。在此样本选取的基础上，在研究对象中加入房地产部门和线下服务部门。房地产部门作为 2008 年世界金融危机的风险输出的主要来源，在一国经济运行中起着重要作用，中国房地产市场自 2015 年以来实现了巨大的发展，一线城市（如深圳）与一些二线城市的商品房均价上涨明显，房地产市场在国民经济构成中占据了越来越重要的地位。线下服务业作为新冠疫情影响最直接的行业，在疫情背景下对经济系统的重要性也将有所提升。因此本章将微观研究对象分为银行业、证券业、保险业、房地产业、线下服务业五个部门，以研究不同部门乃至不同机构间的风险传染机制。样本数据为申万银行行业指数、申万证券行业指数、申万保险行业指数、申万房地产行业指数、申万休闲服务行业指数以及各行业上市公司每日收益率数据，样本区间为 2015—2020 年，数据来源为 Wind 金融数据库。

本节的研究过程包括两个阶段。第一阶段围绕各个行业指数展开实证分析，从行业角度衡量在 2015—2020 年不同行业对市场的风险溢出水平的变化。第二阶段围绕各个行业的上市公司每日收益率展开实证分析，从各股角度分析每个机构对其他机构的风险溢出水平，从而得到每个行业系统重要性较高的机构并比较不同年份间风险传染机制的变化。

（一）不同行业对系统的风险溢出水平

对各行业指数运用式（7-6）进行回归，分别取 $\tau=0.5$ 及 $\tau=0.05$ 进行分位数回归，两次回归的拟合值相减得到各行业指数的每日 VaR 拟合值。以上证指数收益率为被解释变量，各行业指数收益率作为解释变量，分别取 $\tau=0.5$ 及 $\tau=0.05$ 进行分位数回归，拟合行业指数取值为 VaR 时的 CoVaR，参照式（3-7）计算行业指数对上证指数的风险溢出水平 ΔCoVaR。由于 ΔCoVaR 取值通常为负，本章将求得的风险溢出水平取绝对值。

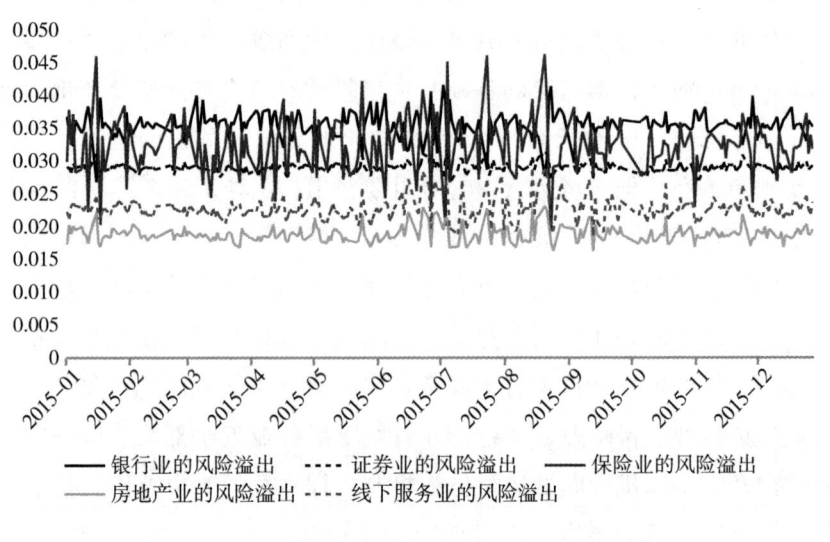

图 7-6　2015 年各行业对系统的风险溢出水平

2015 年，各行业对于市场的风险溢出水平均较高，银行业、证券业、保险业等传统金融部门对于市场的风险溢出水平高于房地产业以及线下服务业，银行业全年的风险溢出水平最高，保险业的风险溢出水平波动较大，房地产业全年的风险溢出水平最低。2016 年，银行业与保险业对市场的风险溢出水平明显高于其他三个行业。2017 年，各行业的风险溢出水平均处于较低水平，房地产业的风险溢出波动较大。

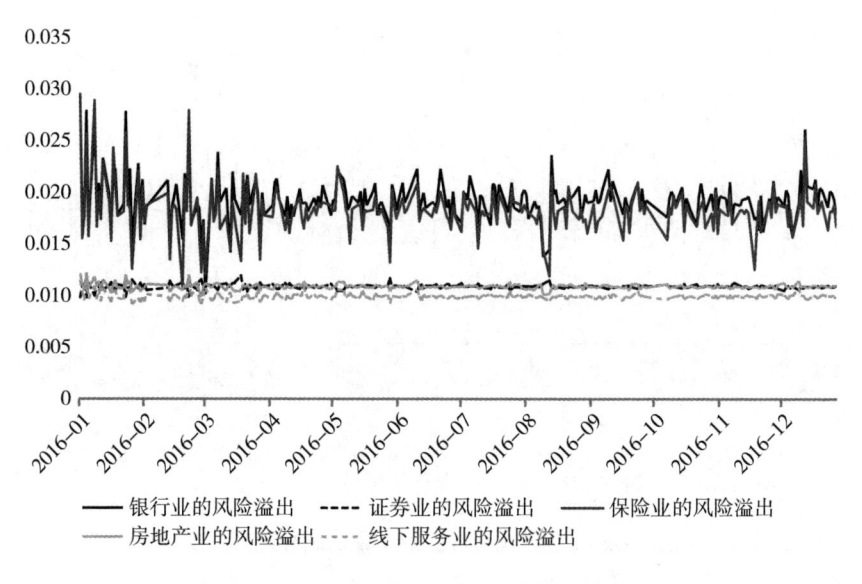

图 7-7 2016 年各行业对系统的风险溢出水平

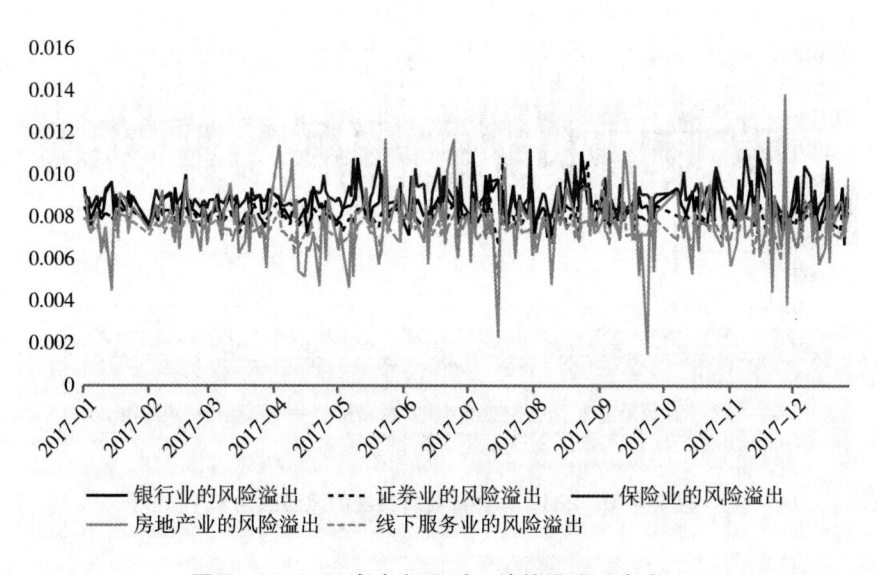

图 7-8 2017 年各行业对系统的风险溢出水平

2018 年以前，银行业与保险业均为市场风险的主要传染部门，2015—2017 年，市场处于大资管时代，资管业务获得蓬勃发展，金融创新成

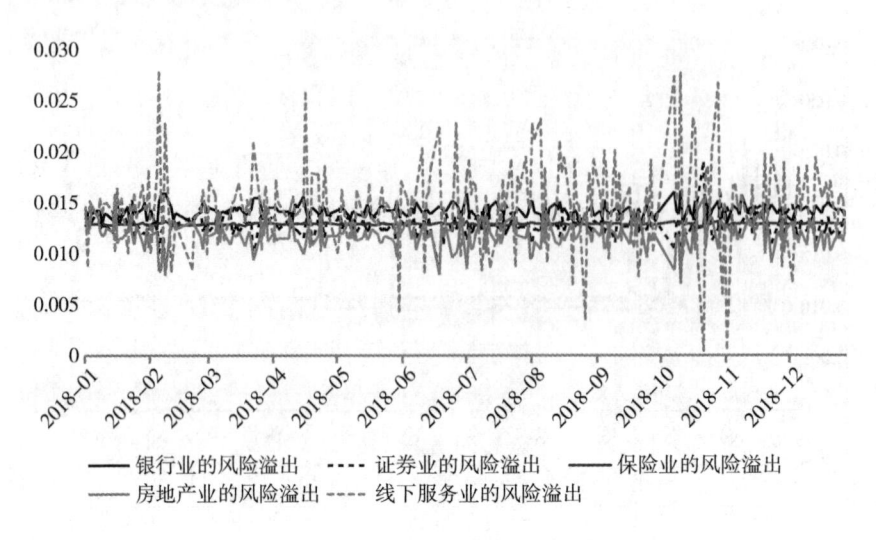

图 7-9 2018 年各行业对系统的风险溢出水平

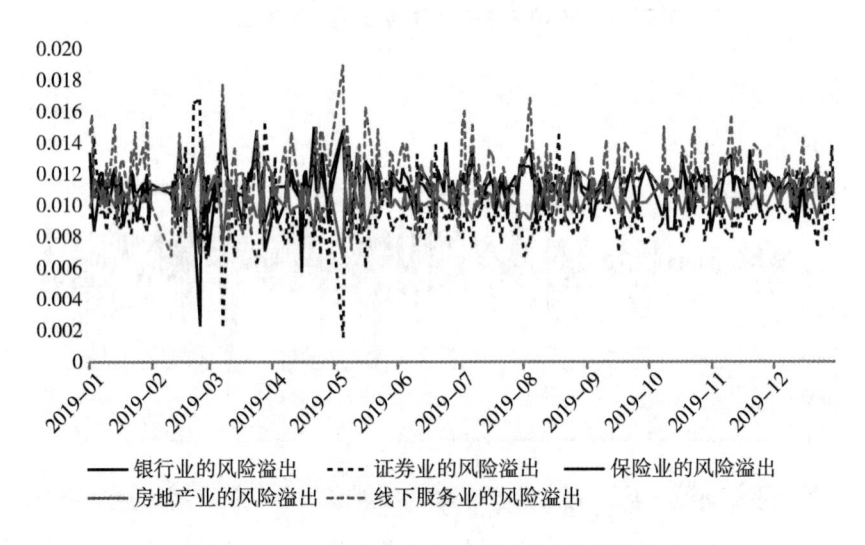

图 7-10 2019 年各行业对系统的风险溢出水平

为银行和保险企业发展重点，在此期间的金融创新给如何规避监管提出了很多解决方案，传统金融部门实现银行资金出表，影子银行开始兴起。监管体系不完善、监管执行滞后、执行力度的不一致，都提供了制度套利、监管套利的空间。2017 年党的十九大召开以后，银行业

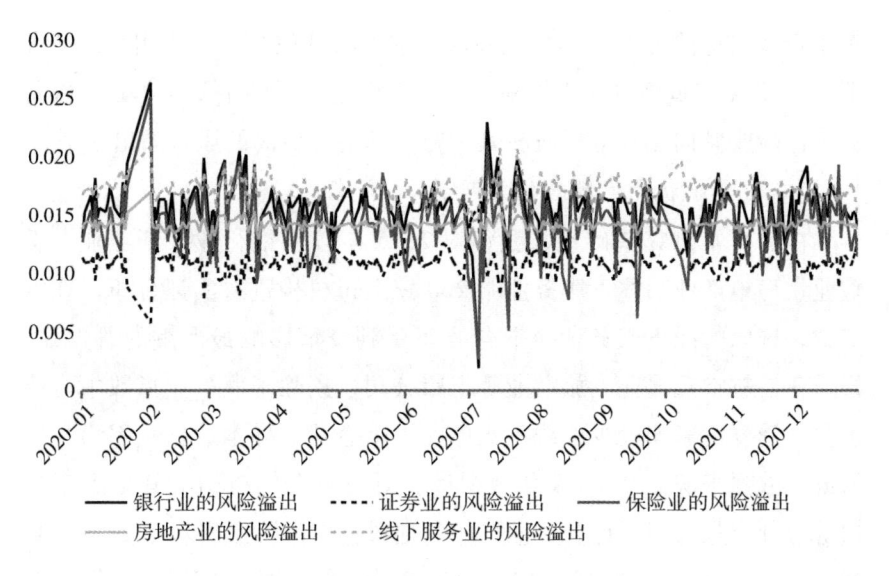

图 7-11　2020 年各行业对系统的风险溢出水平

与保险业的强监管时代来临。2018 年，中国银行保险监督管理委员会成立，加强对银行业与保险业的宏观审慎监管，为整治银行业市场乱象，严守不发生系统性金融风险的底线，组织开展了"三三四十"系列专项治理行动，对银行业中的同业业务、投资业务和理财业务进行监管，将表外业务纳入宏观审慎监管当中。在强监管的背景下，银行业与保险业的风险溢出水平得到有效化解。从 2018 年开始，银行业与保险业对市场的风险溢出水平已与其他行业风险溢出水平相近，服务业渐渐成为市场风险的主要溢出来源。2018 年，中国服务业占GDP 比重已经达到了 52.2%，成为中国国民经济最主要的组成成分之一，改善服务贸易逆差成为新时代对外贸易的发展方向以及经济增长的重要动力。2020 年，新冠疫情的暴发对线下服务业的影响直接且持久，在此背景下服务业成为系统性风险的主要溢出部门，图 4-11 中服务业的风险溢出水平与银行业和保险业保持相近，可能的原因是本章选取的申万休闲服务行业指数构成成分不完全是线下服务业企业，不能很好地作为线下服务业的衡量指标。此外，在 2017—2019

年银行业与保险业对市场的风险溢出水平与其他行业保持相近的情况下，2020年在疫情的冲击影响下，作为金融市场的主要参与者，银行业与保险业倾向于在危机时较其他行业部门有更高的风险溢出水平。

（二）金融机构间风险传染网络

在前文的研究基础上，我们对2015年以来银行业、证券业、保险业、房地产业、线下服务业共200家上市机构进行实证分析。在本节中，选取的线下服务业企业包含了受到疫情影响最严重的餐饮业、娱乐业、航空运输业、旅游业等上市公司，剔除了服务业指数中可能包含的受疫情影响较少的线上服务业上市企业，样本数据频率为日度数据，数据来源为Wind金融数据库。对每个个体机构对其他上市机构进行分位数回归，计算对网络中其他机构的风险溢出水平$\Delta CoVaR$，利用式（7-8）至式（7-12）分年度构建风险传染网络，计算每个机构的度中心度和系统重要度。

表7-8　　　　　　　　2015年上市机构间的风险溢出

所属行业	公司名称	出度	入度	系统重要度	排名	风险传染类型
证券	长江证券	634.15	795.12	714.63	1	输入型
	西部证券	692.68	639.02	665.85	2	输出型
	太平洋证券	634.15	692.68	663.41	3	输入型
	招商证券	526.83	751.22	639.02	4	输入型
	光大证券	619.51	619.51	619.51	5	输入型
	东吴证券	614.63	590.24	602.44	6	输出型
	广发证券	629.27	560.98	595.12	7	输出型
	西南证券	648.78	468.29	558.54	8	输出型
	东北证券	619.51	409.76	514.63	9	输出型
	国元证券	634.15	395.12	514.63	10	输出型

第七章 新冠疫情冲击下系统性金融风险传染机制

续表

所属行业	公司名称	出度	入度	系统重要度	排名	风险传染类型
银行	浦发银行	375.61	882.93	629.27	1	输入型
	宁波银行	497.56	200.00	348.78	2	输出型
	招商银行	307.32	360.98	334.15	3	输入型
	南京银行	468.29	185.37	326.83	4	输出型
	工商银行	229.27	395.12	312.20	5	输入型
	民生银行	263.41	312.20	287.80	6	输入型
	平安银行	351.22	117.07	234.15	7	输出型
	兴业银行	312.20	112.20	212.20	8	输出型
	北京银行	341.46	34.15	187.80	9	输出型
	中信银行	356.10	0.00	178.05	10	输出型
保险	西水股份	658.54	912.20	785.37	1	输入型
	天茂集团	370.73	380.49	375.61	2	输入型
	中国平安	380.49	356.10	368.29	3	输出型
	新华保险	575.61	34.15	304.88	4	输出型
	中国人寿	443.90	19.51	231.71	5	输出型
	中国太保	346.34	63.41	204.88	6	输出型
服务	中南文化	700.00	928.57	814.29	1	输入型
	锦江酒店	700.00	890.48	795.24	2	输入型
	湖北广电	638.10	933.33	785.71	3	输入型
	华谊兄弟	604.76	952.38	778.57	4	输入型
	欢瑞世纪	680.95	866.67	773.81	5	输入型
	首旅酒店	700.00	809.52	754.76	6	输入型
	鼎龙文化	580.95	919.05	750.00	7	输入型
	慈文传媒	623.81	857.14	740.48	8	输入型
	白云机场	666.67	809.52	738.10	9	输入型
	中科云网	671.43	800.00	735.71	10	输入型

211

续表

所属行业	公司名称	出度	入度	系统重要度	排名	风险传染类型
房地产	海航创新	247.86	340.17	294.02	1	输入型
	万业企业	259.83	328.21	294.02	2	输入型
	迪马股份	229.06	340.17	284.62	3	输入型
	海航基础	252.99	305.98	279.49	4	输入型
	绿景控股	208.55	333.33	270.94	5	输入型
	新能泰山	223.93	317.95	270.94	6	输入型
	粤泰股份	201.71	335.04	268.38	7	输入型
	莱茵体育	196.58	338.46	267.52	8	输入型
	城投控股	225.64	297.44	261.54	9	输入型
	全新好	258.12	258.12	258.12	10	输入型

表7-9　　　　　2016年上市机构间的风险溢出

所属行业	公司名称	出度	入度	系统重要度	排名	风险传染类型
证券	华泰证券	512.20	717.07	614.63	1	输入型
	海通证券	429.27	795.12	612.20	2	输入型
	国金证券	502.44	658.54	580.49	3	输入型
	招商证券	463.41	526.83	495.12	4	输入型
	广发证券	502.44	482.93	492.68	5	输出型
	太平洋证券	507.32	429.27	468.29	6	输出型
	兴业证券	512.20	360.98	436.59	7	输出型
	方正证券	521.95	302.44	412.20	8	输出型
	东北证券	473.17	331.71	402.44	9	输出型
	长江证券	507.32	175.61	341.46	10	输出型

续表

所属行业	公司名称	出度	入度	系统重要度	排名	风险传染类型
银行	宁波银行	468.29	941.46	704.88	1	输入型
	工商银行	351.22	917.07	634.15	2	输入型
	南京银行	443.90	790.24	617.07	3	输入型
	平安银行	468.29	687.80	578.05	4	输入型
	光大银行	360.98	790.24	575.61	5	输入型
	北京银行	400.00	721.95	560.98	6	输入型
	农业银行	273.17	765.85	519.51	7	输入型
	交通银行	307.32	702.44	504.88	8	输入型
	浦发银行	482.93	482.93	482.93	9	输入型
	兴业银行	278.05	663.41	470.73	10	输入型
保险	西水股份	473.17	731.71	602.44	1	输入型
	中国平安	317.07	785.37	551.22	2	输入型
	中国太保	404.88	673.17	539.02	3	输入型
	新华保险	463.41	282.93	373.17	4	输出型
	中国人寿	482.93	68.29	275.61	5	输出型
	天茂集团	448.78	9.76	229.27	6	输出型
服务	白云机场	519.05	942.86	730.95	1	输入型
	中科云网	519.05	900.00	709.52	2	输入型
	上海机场	509.52	861.90	685.71	3	输入型
	长城影视	461.90	895.24	678.57	4	输入型
	厦门空港	433.33	876.19	654.76	5	输入型
	新文化	471.43	780.95	626.19	6	输入型
	浙江广厦	433.33	790.48	611.90	7	输入型
	锦江酒店	547.62	652.38	600.00	8	输入型
	中国铁物	471.43	723.81	597.62	9	输入型
	大东海A	452.38	738.10	595.24	10	输入型

续表

所属行业	公司名称	出度	入度	系统重要度	排名	风险传染类型
房地产	粤泰股份	196.58	338.46	267.52	1	输入型
	全新好	196.58	331.62	264.10	2	输入型
	新光圆成	191.45	335.04	263.25	3	输入型
	中交房地产	193.16	328.21	260.68	4	输入型
	万科A	176.07	340.17	258.12	5	输入型
	长春经开	181.20	335.04	258.12	6	输入型
	深物业A	176.07	329.91	252.99	7	输入型
	陆家嘴	167.52	335.04	251.28	8	输入型
	浦东金桥	179.49	321.37	250.43	9	输入型
	阳光股份	191.45	305.98	248.72	10	输入型
	中南建设	182.91	314.53	248.72	11	输入型

表7-10　　　　　2017年上市机构间的风险溢出

所属行业	公司名称	出度	入度	系统重要度	排名	风险传染类型
证券	兴业证券	502.44	614.63	558.54	1	输入型
	方正证券	517.07	570.73	543.90	2	输入型
	招商证券	551.22	380.49	465.85	3	输出型
	中信证券	502.44	365.85	434.15	4	输出型
	华泰证券	526.83	219.51	373.17	5	输出型
	国元证券	531.71	165.85	348.78	6	输出型
	光大证券	551.22	121.95	336.59	7	输出型
	长江证券	526.83	78.05	302.44	8	输出型
	国信证券	570.73	0.00	285.37	9	输出型
	西部证券	502.44	63.41	282.93	10	输出型

续表

所属行业	公司名称	出度	入度	系统重要度	排名	风险传染类型
银行	平安银行	453.66	814.63	634.15	1	输入型
	农业银行	331.71	936.59	634.15	2	输入型
	招商银行	370.73	887.80	629.27	3	输入型
	建设银行	351.22	907.32	629.27	4	输入型
	兴业银行	321.95	878.05	600.00	5	输入型
	北京银行	453.66	682.93	568.29	6	输入型
	交通银行	341.46	790.24	565.85	7	输入型
	宁波银行	429.27	653.66	541.46	8	输入型
	工商银行	326.83	639.02	482.93	9	输入型
	华夏银行	321.95	546.34	434.15	10	输入型
保险	新华保险	385.37	936.59	660.98	1	输入型
	中国平安	409.76	873.17	641.46	2	输入型
	中国太保	404.88	858.54	631.71	3	输入型
	中国人寿	400.00	731.71	565.85	4	输入型
	西水股份	560.98	497.56	529.27	5	输出型
	天茂集团	458.54	463.41	460.98	6	输入型
服务	文投控股	547.62	885.71	716.67	1	输入型
	上海机场	523.81	900.00	711.90	2	输入型
	大秦铁路	476.19	938.10	707.14	3	输入型
	中信海直	476.19	928.57	702.38	4	输入型
	东方航空	538.10	866.67	702.38	5	输入型
	白云机场	561.90	833.33	697.62	6	输入型
	深圳机场	485.71	885.71	685.71	7	输入型
	华录百纳	485.71	885.71	685.71	8	输入型
	中国国航	485.71	871.43	678.57	9	输入型
	锦江酒店	447.62	861.90	654.76	10	输入型

续表

所属行业	公司名称	出度	入度	系统重要度	排名	风险传染类型
房地产	济南高新	196.58	333.33	264.96	1	输入型
	保利房地产	194.87	329.91	262.39	2	输入型
	华夏幸福	193.16	316.24	254.70	3	输入型
	张江高科	203.42	304.27	253.85	4	输入型
	新光圆成	184.62	321.37	252.99	5	输入型
	陆家嘴	193.16	309.40	251.28	6	输入型
	全新好	174.36	321.37	247.86	7	输入型
	光大嘉宝	198.29	297.44	247.86	8	输入型
	财信发展	176.07	314.53	245.30	9	输入型
	新黄浦	186.32	304.27	245.30	10	输入型

表7-11　　2018年上市机构间的风险溢出

所属行业	公司名称	出度	入度	系统重要度	排名	风险传染类型
证券	华泰证券	580.49	902.44	741.46	1	输入型
	中信证券	541.46	848.78	695.12	2	输入型
	广发证券	600.00	702.44	651.22	3	输入型
	国信证券	556.10	619.51	587.80	4	输入型
	光大证券	512.20	609.76	560.98	5	输入型
	太平洋证券	473.17	526.83	500.00	6	输入型
	西南证券	482.93	414.63	448.78	7	输出型
	国海证券	468.29	307.32	387.80	8	输出型
	国元证券	482.93	219.51	351.22	9	输出型
	招商证券	565.85	126.83	346.34	10	输出型

续表

所属行业	公司名称	出度	入度	系统重要度	排名	风险传染类型
银行	中信银行	424.39	770.73	597.56	1	输入型
	农业银行	370.73	760.98	565.85	2	输入型
	工商银行	341.46	785.37	563.41	3	输入型
	宁波银行	404.88	673.17	539.02	4	输入型
	交通银行	400.00	668.29	534.15	5	输入型
	平安银行	360.98	668.29	514.63	6	输入型
	中国银行	346.34	668.29	507.32	7	输入型
	建设银行	390.24	614.63	502.44	8	输入型
	南京银行	487.80	512.20	500.00	9	输入型
	浦发银行	502.44	492.68	497.56	10	输出型
保险	中国平安	434.15	809.76	621.95	1	输入型
	中国太保	360.98	741.46	551.22	2	输入型
	新华保险	482.93	512.20	497.56	3	输入型
	西水股份	546.34	273.17	409.76	4	输出型
	天茂集团	546.34	156.10	351.22	5	输出型
	中国人寿	439.02	165.85	302.44	6	输出型
服务	海航控股	585.71	909.52	747.62	1	输入型
	大秦铁路	561.90	933.33	747.62	2	输入型
	锦江酒店	600.00	842.86	721.43	3	输入型
	大东海 A	514.29	923.81	719.05	4	输入型
	白云机场	557.14	880.95	719.05	5	输入型
	华数传媒	580.95	852.38	716.67	6	输入型
	光线传媒	561.90	866.67	714.29	7	输入型
	南方航空	504.76	904.76	704.76	8	输入型
	厦门空港	538.10	866.67	702.38	9	输入型
	锦江酒店	638.10	761.90	700.00	10	输入型

续表

所属行业	公司名称	出度	入度	系统重要度	排名	风险传染类型
房地产	新光圆成	210.26	336.75	273.50	1	输入型
	济南高新	210.26	336.75	273.50	2	输入型
	中体产业	217.09	326.50	271.79	3	输入型
	中南建设	196.58	335.04	265.81	4	输入型
	全新好	215.38	314.53	264.96	5	输入型
	金科股份	208.55	317.95	263.25	6	输入型
	海航基础	205.13	314.53	259.83	7	输入型
	上海临港	186.32	331.62	258.97	8	输入型
	中洲控股	184.62	331.62	258.12	9	输入型
	荣盛发展	198.29	311.11	254.70	10	输入型

表7-12　　　　　2019年上市机构间的风险溢出

所属行业	公司名称	出度	入度	系统重要度	排名	风险传染类型
证券	光大证券	556.10	882.93	719.51	1	输入型
	招商证券	512.20	902.44	707.32	2	输入型
	国金证券	507.32	882.93	695.12	3	输入型
	中信证券	478.05	907.32	692.68	4	输入型
	东北证券	507.32	863.41	685.37	5	输入型
	海通证券	487.80	882.93	685.37	6	输入型
	兴业证券	507.32	809.76	658.54	7	输入型
	西南证券	487.80	814.63	651.22	8	输入型
	山西证券	521.95	765.85	643.90	9	输入型
	东吴证券	521.95	760.98	641.46	10	输入型

续表

所属行业	公司名称	出度	入度	系统重要度	排名	风险传染类型
银行	南京银行	424.39	912.20	668.29	1	输入型
	浦发银行	395.12	868.29	631.71	2	输入型
	平安银行	360.98	897.56	629.27	3	输入型
	建设银行	370.73	868.29	619.51	4	输入型
	工商银行	395.12	839.02	617.07	5	输入型
	华夏银行	429.27	775.61	602.44	6	输入型
	招商银行	336.59	858.54	597.56	7	输入型
	兴业银行	321.95	834.15	578.05	8	输入型
	民生银行	351.22	770.73	560.98	9	输入型
	农业银行	380.49	726.83	553.66	10	输入型
保险	天茂集团	580.49	804.88	692.68	1	输入型
	新华保险	443.90	921.95	682.93	2	输入型
	中国平安	360.98	951.22	656.10	3	输入型
	中国太保	448.78	804.88	626.83	4	输入型
	中国人寿	439.02	697.56	568.29	5	输入型
	西水股份	531.71	551.22	541.46	6	输入型
服务	白云机场	509.52	938.10	723.81	1	输入型
	上海机场	452.38	909.52	680.95	2	输入型
	大秦铁路	495.24	861.90	678.57	3	输入型
	金陵饭店	547.62	780.95	664.29	4	输入型
	西部创业	514.29	733.33	623.81	5	输入型
	首旅酒店	485.71	704.76	595.24	6	输入型
	深圳机场	557.14	604.76	580.95	7	输入型
	光线传媒	461.90	685.71	573.81	8	输入型
	厦门空港	509.52	628.57	569.05	9	输入型
	浙江广厦	576.19	552.38	564.29	10	输出型

续表

所属行业	公司名称	出度	入度	系统重要度	排名	风险传染类型
房地产	鲁商发展	188.03	338.46	263.25	1	输入型
	招商积余	200.00	311.11	255.56	2	输入型
	莱茵体育	189.74	319.66	254.70	3	输入型
	中国国贸	194.87	314.53	254.70	4	输入型
	华侨城 A	176.07	324.79	250.43	5	输入型
	大名城	208.55	288.89	248.72	6	输入型
	绿地控股	191.45	295.73	243.59	7	输入型
	中华企业	194.87	290.60	242.74	8	输入型
	新华联	174.36	309.40	241.88	9	输入型
	华发股份	165.81	304.27	235.04	10	输入型

表 7-13　　　　　2020 年上市机构间的风险溢出

所属行业	公司名称	出度	入度	系统重要度	排名	风险传染类型
证券	山西证券	556.10	878.05	717.07	1	输入型
	长江证券	492.68	907.32	700.00	2	输入型
	国信证券	541.46	824.39	682.93	3	输入型
	华泰证券	404.88	956.10	680.49	4	输入型
	东北证券	468.29	882.93	675.61	5	输入型
	广发证券	468.29	843.90	656.10	6	输入型
	中信证券	414.63	848.78	631.71	7	输入型
	招商证券	482.93	780.49	631.71	8	输入型
	国金证券	478.05	780.49	629.27	9	输入型
	光大证券	521.95	736.59	629.27	10	输入型

第七章　新冠疫情冲击下系统性金融风险传染机制

续表

所属行业	公司名称	出度	入度	系统重要度	排名	风险传染类型
银行	招商银行	448.78	897.56	673.17	1	输入型
	宁波银行	478.05	863.41	670.73	2	输入型
	建设银行	414.63	843.90	629.27	3	输入型
	民生银行	448.78	790.24	619.51	4	输入型
	平安银行	443.90	712.20	578.05	5	输入型
	南京银行	409.76	678.05	543.90	6	输入型
	农业银行	385.37	595.12	490.24	7	输入型
	工商银行	390.24	570.73	480.49	8	输入型
	兴业银行	419.51	497.56	458.54	9	输入型
	华夏银行	385.37	512.20	448.78	10	输入型
保险	新华保险	443.90	946.34	695.12	1	输入型
	中国太保	458.54	824.39	641.46	2	输入型
	中国平安	453.66	507.32	480.49	3	输入型
	中国人寿	487.80	443.90	465.85	4	输出型
	西水股份	482.93	346.34	414.63	5	输出型
	天茂集团	395.12	97.56	246.34	6	输出型
服务	鼎龙文化	504.76	933.33	719.05	1	输入型
	锦江酒店	476.19	947.62	711.90	2	输入型
	中信海直	466.67	942.86	704.76	3	输入型
	中南文化	495.24	914.29	704.76	4	输入型
	光线传媒	500.00	890.48	695.24	5	输入型
	华谊兄弟	500.00	842.86	671.43	6	输入型
	中科云网	471.43	842.86	657.14	7	输入型
	厦门空港	457.14	833.33	645.24	8	输入型
	中国铁物	485.71	785.71	635.71	9	输入型
	白云机场	476.19	780.95	628.57	10	输入型

221

续表

所属行业	公司名称	出度	入度	系统重要度	排名	风险传染类型
房地产	全新好	198.29	335.04	266.67	1	输入型
	深深房A	179.49	335.04	257.26	2	输入型
	亚通股份	176.07	338.46	257.26	3	输入型
	天津松江	174.36	336.75	255.56	4	输入型
	奥园美谷	188.03	316.24	252.14	5	输入型
	招商积余	172.65	329.91	251.28	6	输入型
	渝开发	169.23	331.62	250.43	7	输入型
	荣丰控股	167.52	321.37	244.44	8	输入型
	鲁商发展	182.91	305.98	244.44	9	输入型
	大港股份	153.85	333.33	243.59	10	输入型

表7-8至表7-13展示了2015—2020年各行业系统重要度排名前10的上市金融机构。各行业度中心度和系统重要度排名靠前的机构大多为风险输入型企业，即出度小于入度，且整体来说这些机构的市值水平在所在行业中处于中低水平，各行业的龙头企业大多在构建的风险网络中传染路径较少，且大多数出度大于入度，为风险输出型企业。

样本区间内，经过系数调整后的度中心度和系统重要度显示房地产业上市机构的风险传染能力较其他行业上市机构较小。传统金融业（银行业、保险业、证券业）上市机构的风险传染能力在同行业内差距较小，线下服务业不同上市机构的系统重要度差异较大。2015—2020年，整个风险网络中系统重要度最高的企业均为线下服务业上市机构，说明线下服务业中风险传染能力较强的机构已经成为市场上风险传染的重要通道。

另外，在各年份线下服务业和房地产业的系统重要度排名靠前的企业中，部分企业在多个年份风险传染能力排名较高，其中有不少在样本区间内长期处于特殊处理（ST股）状态，这些公司多数财务状况或其他状况异常，存在退市风险。说明经营状况较差或其他条件达不到交易所要求的企业的风险传染水平较高。

第四节　结论与启示

一　研究结论

通过本章的实证研究，可以得到的主要结论如下。

1. 通过对中美市场指数收益率的描述性统计，上证指数在2015年波动性较大，市场风险较为明显；相较之下，2020年中国股票市场在新冠疫情的冲击下保持了与往年持平的波动性，说明市场对于疫情对中国的影响较为乐观，得益于国家强力的疫情防控措施，投资者并没有积累较高的恐慌情绪。与国内市场相比，道琼斯工业指数在2020年波动性较大，市场风险较为明显，这与美国对疫情防控措施不及时、有效关系密切，在2020年4月以后，美国迅速成了疫情的"震中"区域，确诊人数不断攀升，对国内实体经济造成了重大影响，美国市场恐慌指数（VIX）达到历史高位，美元指数（USDX）则一路下滑，无论是金融市场还是实体经济，都认为疫情对美国造成了更为重大的影响。

2. 国内外市场指数收益率相关系数在2020—2015年较高，分别达到0.331371和0.215136，在2017年相关系数较小，为0.033188。在其中一国股票市场波动性较大的时候，两市间的相关性较大；而在两国股票市场波动性均较小的2017年，两市间的相关性较小，说明中美两国股票市场风险具有联动性，在市场风险增大时，两市的指数收益率相关系数倾向增大。

3. 上证指数的长期均方差为0.000168，小于道琼斯工业指数的0.000313，中国市场在2015—2020年的长期平均波动水平要小于美国市场。从中美两国市场比较可以看出，中国市场的波动性更易于受上一个交易日波动率的影响,而美国市场的波动性更易于受上一个交易日收益率的影响。

4. 利用 GARCH 模型监测指数收益的日波动率,上证指数的波动率在 2015 年变化较大,收益率方差最大为 0.002077,全年的方差均值为 0.000638,是样本区间内波动性最大的年份。上证指数收益率方差在 2016 年开始回落,2017 年处于较低的波动水平。2020 年暴发疫情并没有让上证指数波动率出现过大的跳升,并且波动率在 3 月中下旬开始回落,后经历了 7 月份波动率的回升与回落后趋于平稳,疫情对市场造成的冲击没有 2015 年股灾造成的冲击剧烈;道琼斯工业指数在 2020 年以前波动率变化较小,2020 年疫情的暴发使得道琼斯工业指数波动率在 3 月份实现了跳升,收益率方差最大值达到了 0.007390,全年的方差均值达到了 0.000482。总体而言,疫情对中美两国市场的影响有明显的两阶段性,对于美国市场波动率影响更为明显。

5. 在金融机构、货币市场、债券市场、股票市场、外汇市场、房地产市场、政府部门等七个维度选取相应指标并进行主成分分析,形成的系统性金融风险综合指标 $RISK_{sys}$ 能较好地反映市场的风险水平。根据基础指标的变化趋势,中国系统性金融风险的变化可以分为如下四个阶段。

第一阶段为 2015 年 1—4 月,综合指标主要受金融市场危机前繁荣的影响,剔除金融机构的上证指数和股市成交额同比增速处于较高水平,其他维度指标数值保持平稳,风险综合指标处于较高水平。

第二阶段为 2015 年 4 月至 2018 年 4 月,金融市场过热情况消退,风险得以化解,房地产市场繁荣发展,房地产市场维度指标迅速上升,综合指标数值回落;与此同时,中国外汇储备不断减少,抗风险能力下降,使得综合指标在回落的同时在较低水平保持波动。

第三阶段为 2018 年 4 月至 2019 年 12 月,美国在对中国进行"301 调查"后拉开了中美贸易摩擦的序幕,对中国多种进口商品进行了先后几轮的加征关税，人民币实际有效汇率指数以及进出口总值同比增速走低，导致系统性金融风险综合指标开始攀升。

第四阶段为 2020 年 1—12 月，疫情的暴发对各市场与经济部门均造成了不利影响，各维度指标的不利变化导致综合指标水平迅速上升，随着国家强有力的疫情防控措施推行，系统性金融风险水平开始回落。

6. 通过分析不同行业指数对市场的风险溢出水平，可以看出：2015 年，各行业对于市场的风险溢出水平均较高，银行业、证券业、保险业等传统金融部门对于市场的风险溢出水平高于房地产业以及线下服务业，银行业全年的风险溢出水平最高，保险业的风险溢出水平波动较大，房地产业全年的风险溢出水平最低。2016 年，银行业与保险业对市场的风险溢出水平明显高于其他三个行业。2017 年，各行业的风险溢出水平均处于较低水平，房地产业的风险溢出波动较大。2018 年开始，服务业成为中国国民经济最主要的组成成分之一，对市场的风险溢出水平较高。2020 年，疫情的暴发对线下服务业的影响直接且持久，在此背景下服务业成为系统性风险的主要溢出部门。此外，银行业与保险业倾向于在危机时较其他行业部门有更高的风险溢出水平。

7. 通过建立上市机构间的风险传染网络，可以看出各行业度中心度和系统重要度排名靠前的机构大多为风险输入型企业，且整体来说这些机构的市值水平在所在行业中处于中低水平，各行业的龙头企业大多在构建的风险网络中风险传染路径较少，且为风险输出型企业。2015—2020 年，整个风险网络中系统重要度最高的企业均为线下服务业上市机构，线下服务业中风险传染能力较强的机构已经成为市场上风险传染的重要通道。此外，经营状况较差或其他条件达不到交易所要求的企业（ST 股）的风险传染水平较高。

二　政策启示

基于本章所得的结论，可以得出以下政策启示。

1. 在风险监测方面，由于在危机发生时，国内外市场相关性增强，因此，对系统性风险进行控制的时候要立足国内外市场，识别风险的具体来源。在宏观层面，建立恰当的系统性金融风险综合指标，全面识别金融风险的来源，从而为政府制定货币政策与财政政策形成良好的指导，并根据基础指标的变化趋势预测市场的综合风险变化情况。在微观层面，建立风险关联网络，测度不同机构间以及机构与市场间的风险溢出水平，识别不同行业与不同机构的系统重要性，为监管机构提供重点监管方向。2017—2019年，良好的外汇资产负债管理使得系统性金融风险保持在较低的水平，在国际经济环境日益复杂、贸易保护主义抬头的背景下，需要继续加强对于外汇资产负债的管理。此外，参考2015—2017年的系统性风险发展趋势，持续扩大内需、提升市场流动性、防止金融市场过热，将成为未来一段时间内防范系统性金融风险的重要手段。

2. 在监管层面上，继续加强对传统金融业的宏观审慎监管，并且对服务业监管的加强需要提上日程。2018年以来，传统金融业在强监管的背景下，一改过去金融自由化、崇尚金融创新的乱象，回归到服务实体经济的本源，金融业对于市场的风险溢出水平得到有效的控制与化解。在未来的监管中，需要继续杜绝金融空转、资金违法违规进入房地产、过剩产能领域等现象，发挥逆周期调节，将金融机构监管目标与宏观经济发展目标进行联动。2018年后，服务业逐渐成为中国国民经济主要构成成分之一，不断改善服务贸易逆差也是经济转型发展的动力。在此背景下，服务业对于市场的风险溢出效应有所增强，对于服务业的监管需要提上日程，对不同细分领域制定服务业规范，形成自律组织。在疫情的背景下，还应该加强对传统线下服务业的支持，鼓励服务创新，提升服务安全性标准。此外，在监管目标上，需要重新审视系统重要性的机构，识别风险溢出效应较强而体量较小的机构，逐渐建立"太关联而不能倒"的监管理念。

3. 金融市场作为资金流动和风险转移的关键场所，是防范系统性金融风险最直接的落脚点，因此我们需要重点关注金融市场的风险苗头和传染路径。上市机构之间的联动性较高，当市场上出现经营不善或重大违法违规经营的企业，通过企业之间和行业之间的风险传染，对金融市场的风险具有放大作用，因此需要对有可能成为风险源头的企业及时采取措施控制其风险发生或扩散，及时遏制风险源头，做到尽早发现、尽早控制。此外，在股票发行注册制改革背景下，完善企业退市制度可以提升金融市场的效率，充分发挥金融市场的资源配置作用，使得资源得到更有效的配置，可以降低风险发生的可能性。

第八章 总结与政策建议

第一节 总结

随着近年来系统性金融风险越来越受到政府监管部门的重视，学者对系统性金融风险的研究也越来越广泛和深入。研究的最终目的是为了防范和化解系统性金融风险，首要的是对系统性风险的来源有清晰的认识，在此基础上对系统性风险进行测度，并且深入理解系统性风险的传染机制，然后才能针对性地提出防范和化解系统性风险的措施和方案。基于此，本书对系统性金融风险的测度和传染机制进行深入研究，根据研究结论提出相应的政策建议，为相关监管部门制定政策提供理论上的参考。

关于系统性金融风险的测度，国外文献提出了多种方法和指标，也在国内文献中得到了广泛的应用。本书对现有主流的测度方法进行了全面梳理和详细介绍，并结合中国的实际数据进行了计算。总括而言，本书梳理了15种常用的系统性金融风险测度指标，不同的指标从不同角度衡量系统性风险的大小，总体上可区分为微观层面的金融机构系统性风险指标和宏观层面的金融市场系统性风险指标。微观层面的金融机构系统性风险指标又可进一步细分为两类：其一是系统性风险贡献，用以衡量单个金融机构发生极端风险时金融系统可能面临的风险水平；其二是系统性风险敞口，用以衡量金融系统发生极端风险时单个金融机构可能面临的风险水平。宏观层面的金融市场系统性风险指标主要分为三个类别：风险共振与传染、市场波动性与不稳定性以及市场流动性。

运用这些不同的系统性风险测度指标,结合中国的金融机构和金融市场实际数据,本书度量了中国2005—2019年系统性金融风险水平,分析了不同阶段系统性金融风险表现出来的不同特征,识别出有可能产生系统性金融风险的主要源头。测算结果发现:2005—2019年全样本期间,中国金融市场并未爆发系统性金融风险,中国金融体系长期而言保持稳定发展的态势;2008年国际金融危机与2014—2016年中国经济结构转型调整过程中的潜在风险,是中国金融机构与金融市场系统性金融风险快速积聚的重要原因,此外,2010年欧洲债务危机与中国地方政府债务平台潜在风险也对中国系统性金融风险产生了长远影响;金融机构与金融市场系统性金融风险反映的是系统性风险的不同方面,其风险积聚与消散过程受到不同因素的异质性影响。

接下来,我们对中国股市行业间的系统性金融风险进行测度,选取了11个行业指数和4个市场指数,运用CoVaR方法测度系统性风险溢出效应,计算了行业指数对市场指数的风险溢出以及不同行业之间的风险溢出,从静态和动态两个角度、横向和纵向两个方面对股市行业间的系统性风险进行了较为详细的研究,得到三点结论。首先,不同行业和不同指数在风险溢出中表现出不一样的特征。相较而言,中证500指数受到的风险溢出更大,承担了更多的系统性风险;市值较小的行业对股票市场的风险溢出大于市值较大的行业;行业之间的风险溢出也呈现小盘股更敏感的特性,中小市值的行业更有可能对其他行业带来更大的风险溢出,也容易受到其他行业波动带来更大的影响。其次,通过对处于不同市场行情阶段的分析发现,当被研究行业处于上涨行情时,处于风险中的行业一旦发生风险,会对被研究行业造成下跌压力,风险溢出逐渐增大;而当被研究行业处于下跌行情时,处于风险中的行业一旦发生系统性风险,对被研究行业影响则较小。这说明当市场行情较好时,应该更加注重系统性风险的发生。最后,对边际风险溢出研究结果发现,整个风险溢出图与对数函数的形状较为相似,当置信水平大于 10% 时,金融数据呈现出较为明显的线性特征,而在 10% 以内,则呈现出了非线性特征。这说明金融市场存在较高的尾部风险,系统性风险务必早发现早控制,在极端风险事件发生时,风险事件的控制将越来越难以进行,同时造成的损失也会迅速扩大。

然后,研究了中国股票市场行业之间的系统性金融风险传染机制。采用 2017—2021 年的中国股市十大行业指数的日度数据,对新冠疫情冲击视角下中国 A 股市场行业之间的风险溢出效应进行考察,计算了多个层次的波动溢出指数,分别对全样本平均和滚动窗口的行业总体、单个行业与其他行业间、两两行业之间的波动溢出效应进行了分析,发现新冠疫情冲击显著影响了行业间的风险溢出效应。工业行业、电信行业、信息技术行业在受到疫情冲击后,波动溢出效应明显上升。必选消费行业、医药卫生行业和金融地产行业在疫情冲击后,接受的风险溢出显著增加了,其中,必选消费行业、医药卫生行业承受的风险上升尤为明显。信息技术行业和电信行业在疫情暴发后的一段时期内向能源行业和必选消费行业溢出了大量的风险。能源行业在疫情暴发后,与其他行业市场的风险关联性增强了,能源行业的风险吸纳能力更为显著。根据以上结果,我们清晰地了解到受到外部突发事件冲击后风险在不同行业之间的传染特征,了解到哪些行业是风险输出的行业,哪些行业是风险输入的行业。那么在控制外部冲击带来金融风险跨行业传染时,就能够做到精准施策,制定政策可以具体到某些特定的行业。

最后,研究了疫情冲击下系统性金融风险跨市场传染的机制,以疫情冲击为例探究面临外部突发事件的情况下系统性金融风险如何在不同的市场板块之间进行传染。在系统性金融风险的测度方面,分别在金融机构、货币市场、债券市场、股票市场、外汇市场、房地产市场、政府部门等七个维度选取相应指标并进行主成分分析,形成一个综合指标来对系统性金融风险进行测度。在系统性金融风险跨市场传染机制方面，主要选取了金融机构为主要的研究对象，包括银行、证券公司和保险公司。此外，在研究对象中还加入房地产部门和线下服务部门，据此来研究不同部门乃至不同机构间的风险传染机制。研究的样本期间选定为2015年1月至2020年12月，得出了丰富的研究结论，具体如下。

在金融机构、货币市场、债券市场、股票市场、外汇市场、房地产市场、政府部门等七个维度选取相应指标并进行主成分分析形成的系统性金融风险综合指标SRISK能较好地反映市场的整体风险水平。根据基础指标的变化趋势，中国系统性金融风险的变化可以分为如下几个阶段：2015年1—4月，综合指标主要受金融市场危机前繁荣的影响，剔除金融机构的上证指数和股市成交额同比增速处于较高水平，其他维度指标数值保持平稳，风险综合指标处于较高水平。2015年4月至2018年4月，金融市场过热情况消退，风险得以化解，房地产市场繁荣发展，房地产市场维度指标迅速上升，综合指标数值回落；与此同时，中国外汇储备不断减少，抗风险能力下降，使得综合指标在回落的同时在较低水平保持波动。2018年4月至2019年12月，美国在对中国进行"301"调查后拉开了新一轮贸易战序幕，先后对中国多种进口商品加征关税，人民币实际有效汇率指数以及进出口总值同比增速走低，导致系统性金融风险综合指标开始攀升。2020年1—12月，疫情的暴发对各市场与经济部门均造成了不利影响，各维度指标的不利变化导致综合指标水平迅速上升，但是随着国家强有力的疫情防控措施推行，系统性金融风险水平开始回落。以上结果说明，由于受到外部事件的干扰和宏观经济运行状况的变化，系统性金融风险呈现阶段性特征。要对系统性金融风险提前预警，及时监测宏观经济指标，做到实体经济与金融体系协调发展，并且及时对外部突发事件产生的冲击进行有效应对，防止风险蔓延。

通过分析不同行业指数对市场指数的风险溢出水平，结果发现，2015年，各行业对于市场的风险溢出水平均较高，银行业、证券业、保险业等传统金融部门对于市场的风险溢出水平高于房地产业以及线下服务业,银行业全年的风险溢出水平最高,保险业的风险溢出水平波动较大,房地产业全年的风险溢出水平最低。2016年,银行业与保险业对市场的风险溢出水平明显高于其他三个行业。2017年,各行业的风险溢出水平均处于较低水平,房地产业的风险溢出波动较大。2018年开始,服务业成为中国国民经济最主要的组成成分之一,对市场的风险溢出水平较高。2020年,疫情的暴发对线下服务业的影响直接且持久,在此背景下服务业成为系统性风险的主要溢出部门。此外,银行业与保险业倾向于在危机时较其他行业有更高的风险溢出水平。

通过建立上市机构间的风险传染网络,可以看出各行业度中心度和系统重要性程度排名靠前的机构大多为风险输入型企业,且整体来说这些机构的市值水平在所在行业中处于中低水平;各行业的龙头企业大多在构建的风险网络中风险传染路径较少,且为风险输出型企业。2015—2020年,整个风险网络中系统重要性程度最高的企业均为线下服务业上市机构,线下服务业中风险传染能力较强的机构已经成为市场上风险传染的重要通道。此外,经营状况较差或其他条件达不到交易所要求企业(ST股)的风险传染水平较高。这些结果说明,以网络中心度来衡量机构的系统重要性程度更为准确,并且能够反映出网络中风险传染的路径,机构之间的网络关系能够清晰地展示风险传染的源头和方向,对于监控系统性金融风险的传染渠道显得尤为重要。

第二节 政策建议

围绕本书研究的重点问题以及实证研究得到的结论,针对如何防范系统性金融风险发生以及传染,提出以下政策建议。

一 关于系统性金融风险识别方面的建议

识别系统性金融风险的来源需要遵循宏观与微观审慎管理相结合的理念。宏观审慎管理的核心是从宏观、逆周期的视角采取措施，防范由金融体系顺周期波动和跨部门传染导致的系统性风险，从而维护金融体系的稳定。微观审慎管理的核心则是关注个体金融机构的安全与稳定。由于金融机构之间以及金融机构与金融市场之间相互关联形成一个复杂的关联网络，一旦个体金融机构出现风险，势必会通过关联网络传染至其他金融机构，甚至影响整个金融体系，因此产生系统性金融风险的源头有可能来自个体金融机构受到风险事件的影响。这样一来，系统性金融风险既有可能来自微观层面的金融机构，也有可能来自宏观层面的金融市场或体系。金融机构与金融市场的系统性金融风险反映的是系统性风险的不同方面，每个层面下不同的测度指标均体现了系统性金融风险中不同的侧重点。金融机构层面上，相关测度指标主要从系统性风险贡献方向、系统性风险敞口方向以及预期资本缺口方面进行度量，其对应指标的测度结果均具有类似的变动趋势，测度指标能够直接反映风险的大小。金融市场层面上，相关测度指标的出发点则主要涵盖风险共振与传染、市场波动性与不稳定性以及市场流动性方面，更为重要的是反映金融市场之间的关联性大小和风险溢出大小。并且，每个方面的不同测度指标着重反映的是该方面的某一种特征与体现形式，因而在国内外不同形式的冲击下呈现不同的动态特征。因此，在选择合适的系统性金融风险测度指标时，需要根据风险来源以及具体发生风险的对象而定。

在风险监测方面，由于在危机发生时，国内外市场相关性增强，因此，在对系统性风险进行控制的时候要立足国内外市场，识别风险的具体来源。在宏观层面，建立恰当的系统性金融风险综合指标，全面识别金融风险的来源，从而为政府制定货币政策与财政政策形成良好的指导，并根据宏观经济指标的变化趋势预测市场的综合风险变化情况。在微观层面，建立风险关联网络，测度不同机构间以及机构与市场间的风险溢出水平，识别不同行业与不同机构的系统重要性程度，为监管机构提供重点监管方向。

二　防范系统性金融风险跨行业传染的建议

强化行业内部的风险监管，降低不同行业之间的风险溢出。行业之间的风险传递具有联动性，如果能够避免行业内部风险的累积，就能减少某一行业对其他行业的风险溢出，进而形成良性循环。如果一个行业没能把控风险，带来了系统性风险事件，那么很容易引发连锁效应，导致其他行业也受到损失。所以要加强行业内控监督，及早降低行业内部风险导致系统性风险发生的可能性。由于小市值行业发生系统性风险的可能性更大，因此应该重点关注小市值行业产生风险的可能，增强行业本身的发展能力，提高市场竞争力，有效抵御外部冲击带来的风险传染。

完善股市风险监管，需要关注股票市场风险在行业层面的溢出效应，防止发生系统性风险。相关部门可以构建股市行业溢出指数等量化指标来衡量股市行业风险，持续跟踪股市行业间风险溢出效应变化，量化政策实施效果。对不同的行业采取有针对性的措施来降低其溢出效应，更好地防范风险传染。准确识别风险来源，在实施风险监管措施时做到有的放矢和"对症下药"。通过分析股市行业风险特征精准识别风险源头，将金融风险防范措施实施到具体的行业层面。重视行业之间的关联性，防止针对单一行业的政策实施对其他相关行业造成不良影响，保持金融体系的协调发展。

系统性风险的防控需要及时发现苗头，早发现早防范。由于当前金融工具往往是线性金融工具，因此风险的化解最好可以在边际风险的线性阶段进行解决。在没有发生极端风险事件时，及早发现风险，并且采取有效手段化解风险，防止风险通过行业之间的传染而形成系统性风险，是当前各行各业都应有所准备的应对方案。

需重点防范金融行业引发系统性风险的可能性。目前中国正面临信息技术产业发展的瓶颈期，信息技术的发展不能离开金融行业的支持，两者的关联更加紧密。同时，要发展信息技术产业，必须要厘清金融行业对信息技术产业的风险传导路径，进而在强化金融行业与信息技术行业之间联系的同时，防范系统性风险对信息技术行业发展带来的威胁，为信息技术产业的健康快速发展保驾护航。

金融市场作为资金流动和风险转移的关键场所，是防范系统性金融风险最直接的落脚点，因此我们需要重点关注金融市场的风险苗头和传染路径。与此同时，上市机构间的联动性较高，当市场上出现经营不善或重大违法违规经营的企业，通过企业之间和行业之间的风险传染，会对金融市场的风险具有放大作用，因此需要对有可能成为风险源头的企业及时采取措施控制其风险发生或扩散，及时遏制风险源头，做到尽早发现、尽早控制。

三 防范系统性金融风险跨市场传染的建议

鉴于金融风险容易产生跨市场传染并且呈现多市场风险共振的特征，有必要建立金融市场异常波动和风险共振预警体系。通过引入合适的测度指标，例如，收益率溢出指数和波动率溢出指数，对金融市场间跨市场溢出效应的大小进行测度并做到实时监测，可以及时发现金融风险跨市场传染的苗头。做好对金融市场收益率和波动率溢出指数的动态测度，可以在一定程度上对一些市场异常波动和风险共振进行预警，从而有效防范由于金融风险跨市场传染导致的系统性金融风险。

对于系统性风险传染的监管需要牢固树立协调监管的理念，在对某一市场施行政策时需要兼顾该政策对其他市场可能带来的影响，防止出台政策时顾"此"而失"彼"。特别地，有必要加大对货币市场以及流动性风险的监测。2015年"股灾"之后的各项救市政策的经验告诉我们，通过向市场释放流动性，达到救市目的的同时也使货币市场的风险传染性显著上升，货币市场的冲击对于中国金融体系的影响较为持久。央行常规性地采用全面降准或定向降准的操作，将会释放大量的流动性，我们需要加强对货币市场和流动性风险的关注，做好及时监测，避免风险通过货币市场传染到其他市场，从而有效防范系统性金融风险。

四 防范金融体系与实体经济风险共振的建议

在监管层面上，继续加强对传统金融业的宏观审慎监管，并且对服务业的监管需要提上日程。2018年以来，传统金融业在强监管的背景下，一改过去金融自由化、崇尚金融创新的乱象，回归到服务实体经济的本源，金融业对于市场的风险溢出水平得到有效的控制与化解。在未来的监管中，需要继续杜绝金融空转、资金违法违规进入房地产、过剩产能领域等现象，发挥逆周期调节，将金融机构监管目标与宏观经济发展目标进行联动。2018年以来，服务业逐渐成为中国国民经济主要构成成分之一，不断改善服务贸易逆差也是经济转型发展的动力。在此背景下，服务业对于市场的风险溢出效应有所增强，对于服务业的监管需要提上日程，对不同细分领域制定服务业规范，形成自律组织。在新冠疫情的背景下，还应该加强对传统线下服务业的支持，鼓励服务创新，提升服务安全性标准。此外，在监管目标上，需要重新审视系统重要性金融机构，识别风险溢出效应较强而体量较小的机构，逐渐建立"太关联而不能倒"的监管理念。

关注金融风险监管的中介目标，在深刻认识实体经济与金融风险双向风险传染的中间机制基础上，利用中间变量起到调节作用，可以有效控制金融风险向实体经济传染，或者由于实体经济的波动引发金融风险。利率和股息率是金融体系与宏观经济之间产生互动关系的重要中介渠道，在施行风险监管政策时需要重点关注利率和股息率的变化，尤其是利率的变化，可以将此作为风险监管的中介目标。

进一步理顺金融与实体经济的关系，保持金融与实体经济协调发展，做到实体经济稳增长和金融体系防风险齐头并进，紧紧抓住金融服务实体经济的本源，通过推进金融供给侧结构性改革不断提升金融服务实体经济的能力。实时监测宏观经济指标的变化，对系统性金融风险起到预警的作用。同时，以实体经济的高质量发展化解系统性金融风险，并且把服务实体经济放在更加重要的位置，从而为守住不发生系统性金融风险底线保驾护航。

参考文献

巴曙松、严敏:《股票价格与汇率之间的动态关系——基于中国市场的经验分析》,《南开经济研究》2009 年第 3 期。

白鹤祥等:《基于房地产市场的我国系统性金融风险测度与预警研究》,《金融研究》第 2020 年 8 期。

白雪梅、石大龙:《中国金融体系的系统性风险度量》,《国际金融研究》2014 年第 6 期。

曾爱民、傅元略、魏志华:《金融危机冲击、财务柔性储备和企业融资行为——来自中国上市公司的经验证据》,《金融研究》2011 年第 10 期。

曾爱民、张纯、魏志华:《金融危机冲击、财务柔性储备与企业投资行为——来自中国上市公司的经验证据》,《管理世界》2013 年第 4 期。

陈国进等:《罕见灾难风险和中国宏观经济波动》,《经济研究》2014 年第 8 期。

陈国进、许德学、陈娟:《我国股票市场和外汇市场波动溢出效应分析》,《数量经济技术经济研究》2009 年第 12 期。

陈建青、王擎、许韶辉:《金融行业间的系统性金融风险溢出效应研究》,《数量经济技术经济研究》2015 年第 9 期。

陈九生、周孝华:《基于单因子 MSV – CoVaR 模型的金融市场风险溢出度量研究》,《中国管理科学》2017 年第 1 期。

陈庭强、何建敏:《基于复杂网络的信用风险传染模型研究》,《中国管理科学》2014年第11期。

陈赟、沈艳、王靖一:《重大突发公共卫生事件下的金融市场反应》,《金融研究》2020年第6期。

崔光灿:《资产价格、金融加速器与经济稳定》,《世界经济》2006年第11期。

邓燊、杨朝军:《汇率制度改革后中国股市与汇市关系——人民币名义汇率与上证综合指数的实证研究》,《金融研究》2008年第1期。

邓向荣、曹红:《系统性风险、网络传染与金融机构系统重要性评估》,《中央财经大学学报》2016年第3期。

董秀良、吴仁水:《金融市场风险传染实证研究:综述与展望》,《经济学动态》2007年第9期。

段鸿斌、杨光:《股票市场与经济增长——基于中国的经验分析》,《中央财经大学学报》2009年第12期。

范小云、王道平、刘澜飚:《规模、关联性与中国系统重要性银行的衡量》,《金融研究》2012年第11期。

方意、和文佳、荆中博:《中美贸易摩擦对中国金融市场的溢出效应研究》,《财贸经济》2019年第6期。

方意、黄丽灵:《系统性风险、抛售博弈与宏观审慎政策》,《经济研究》2019年第9期。

方意、贾妍妍:《新冠肺炎疫情冲击下全球外汇市场风险传染与中国金融风险防控》,《当代经济科学》2021年第2期。

方意、于渤、王炜:《新冠疫情影响下的中国金融市场风险度量与防控研究》,《中央财经大学学报》2020年第8期。

方意、郑子文:《系统性风险在银行间的传染路径研究——基于持有共同资产网络模型》,《国际金融研究》2016年第6期。

方意:《系统性风险的传染渠道与度量研究——兼论宏观审慎政策实施》,《管理世界》2016年第8期。

方意:《中国银行业系统性风险研究——宏观审慎视角下的三个压力

测试》,《经济理论与经济管理》2017 年第 2 期。

冯俏彬、韩博:《新冠肺炎疫情对我国财政经济的影响及其应对之策》,《财政研究》2020 年第 4 期。

高国华、潘英丽:《银行系统性风险度量——基于动态 CoVaR 方法的分析》,《上海交通大学学报》2011 年第 12 期。

高莉、樊卫东:《中国股市资金流向对宏观经济的影响》,《管理世界》2002 年第 2 期。

高强、邹恒甫:《企业债券与公司债券的信息有效性实证研究》,《金融研究》2010 年第 7 期。

葛毅:《汶川地震对中国股市相关性网络影响分析》,《计算机应用》2009 年第 6 期。

宫晓莉、熊熊、张维:《我国金融机构系统性风险度量与外溢效应研究》,《管理世界》2020 年第 8 期。

宫晓莉、熊熊:《波动溢出网络视角的金融风险传染研究》,《金融研究》2020 年第 5 期。

龚玉婷、陈强、郑旭:《谁真正影响了股票和债券市场的相关性?——基于混频 Copula 模型的视角》,《经济学(季刊)》2016 年第 3 期。

何诚颖等:《新冠病毒肺炎疫情对中国经济影响的测度分析》,《数量经济技术经济研究》2020 年第 5 期。

何德旭、饶明:《资产价格波动与实体经济稳定研究》,《中国工业经济》2010 年第 3 期。

何青、钱宗鑫、刘伟:《中国系统性金融风险的度量——基于实体经济的视角》,《金融研究》2018 年第 4 期。

何奕等:《复杂金融网络中的系统性风险与流动性救助:基于不同网络拓扑结构的研究》,《系统工程理论与实践》2019 年第 6 期。

洪永淼等:《中国股市与世界其他股市之间的大风险溢出效应》,《经济学(季刊)》2004 年第 2 期。

胡秋灵、马丽:《我国股票市场和债券市场波动溢出效应分析》,《金融研究》2011年第10期。

贾彦东:《金融机构的系统重要性分析——金融网络中的系统风险衡量与成本分担》,《金融研究》2011年第10期。

蒋海、张锦意:《商业银行尾部风险网络关联性与系统性风险——基于中国上市银行的实证检验》,《财贸经济》2018年第8期。

蒋涛:《疫情对企业融资的影响研究——来自银团贷款市场的经验证据》,《国际金融研究》2020年第4期。

金碚:《论经济的组织资本与组织政策——兼议新冠肺炎疫情的启示》,《中国工业经济》2020年第4期。

李苍舒、沈艳:《数字经济时代下新金融业态风险的识别、测度及防控》,《管理世界》2019年第12期。

李成、马文涛、王彬:《我国金融市场间溢出效应研究——基于四元VAR-GARCH(1,1)-BEKK模型的分析》,《数量经济技术经济研究》2010年第6期。

李红权、洪永淼、汪寿阳:《我国A股市场与美股、港股的互动关系研究:基于信息溢出视角》,《经济研究》2011年第8期。

李昆:《上海证券交易所行业指数的收益扩散和波动扩散效应》,《经济体制改革》2003年第2期。

李明、张璿璿、赵剑治:《疫情后我国积极财政政策的走向和财税体制改革任务》,《管理世界》2020年第4期。

李绍芳、刘晓星:《中国金融机构关联网络与系统性金融风险》,《金融经济学研究》2018年第5期。

李燕凌、王珺:《公共危机治理中的社会信任修复研究——以重大动物疫情公共卫生事件为例》,《管理世界》2015年第9期。

李政、梁琪、涂晓枫:《我国上市金融机构关联性研究——基于网络分析法》,《金融研究》2016年第8期。

李政、鲁晏辰、刘淇:《尾部风险网络、系统性风险贡献与我国金融业监管》,《经济学动态》2019 年第 7 期。

李政、涂晓枫、卜林：《金融机构系统性风险：重要性与脆弱性》，《财经研究》2019 年第 2 期。

李志生、金凌、张知宸：《危机时期政府直接干预与尾部系统风险——来自 2015 年股灾期间"国家队"持股的证据》，《经济研究》2019 年第 4 期。

梁琪、李政、郝项超：《我国系统重要性金融机构的识别与监管——基于系统性风险指数 SRISK 方法的分析》，《金融研究》2013 年第 9 期。

梁琪、李政、郝项超：《中国股票市场国际化研究：基于信息溢出的视角》，《经济研究》2015 年第 4 期。

梁琪、李政：《系统重要性、审慎工具与我国银行业监管》，《金融研究》2014 年第 8 期。

林达、李勇：《中国上市金融机构关联性度量及影响因素分析》，《统计研究》2019 年第 4 期。

凌爱凡、杨晓光：《基于 Google Trends 注意力配置的金融传染渠道》，《管理科学学报》2012 年第 11 期。

刘海云、吕龙：《全球股票市场系统性风险溢出研究——基于 ΔCoVaR 和社会网络方法的分析》，《国际金融研究》2018 年第 6 期。

刘吕科、张定胜、邹恒甫：《金融系统性风险衡量研究最新进展述评》，《金融研究》2012 年第 11 期。

刘少波、丁菊红：《我国股市与宏观经济相关关系的"三阶段演进路径"分析》，《金融研究》2005 年第 7 期。

刘世锦、韩阳、王大伟：《基于投入产出架构的新冠肺炎疫情冲击路径分析与应对政策》，《管理世界》2020 年第 5 期。

刘婷、郭明：《新冠肺炎疫情对系统性金融风险的影响机制研究》，《经济论坛》2020 年第 6 期。

刘星、张超、辛清泉：《融资约束还是需求冲击？——金融危机期间中国上市公司资本投资研究》,《金融研究》2016年第11期。

陆蓉、何婧、崔晓蕾:《资本市场错误定价与产业结构调整》,《经济研究》2017年第11期。

罗瑜:《我国货币市场与债券市场的传导性分析——商业银行资产配置视角》,《管理世界》2012年第2期。

马君潞、范小芸、曹元涛:《中国银行间市场双边传染的风险估测及其系统性特征分析》,《经济研究》2007年第1期。

梅冬州、崔小勇:《制造业比重、生产的垂直专业化与金融危机》,《经济研究》2017年第2期。

欧阳红兵、康小康:《我国上市银行关联性分析及网络结构的动态演变》,《南方金融》2017年第7期。

欧阳资生、莫廷程:《基于广义CoVaR模型的系统重要性银行的风险溢出效应研究》,《统计研究》2017年第9期。

冉光和等:《中国金融发展与经济增长关系的区域差异——基于东部和西部面板数据的检验和分析》,《中国软科学》2006年第2期。

沈传河、王向荣:《金融市场联动形态结构的非线性分析》,《管理科学学报》2015年第2期。

沈悦、戴士伟、陈锟:《房价过度波动的系统性风险溢出效应测度——基于GARCH–Copula–CoVaR模型》,《中央财经大学学报》2016年第3期。

盛斌、景光正:《金融结构、契约环境与全球价值链地位》,《世界经济》2019年第4期。

石建民:《股票市场、货币需求与总量经济:一般均衡分析》,《经济研究》2001年第5期。

史永东、丁伟、袁绍锋:《市场互联、风险溢出与金融稳定——基于股票市场与债券市场溢出效应分析的视角》,《金融研究》2013年第3期。

苏冬蔚、毛建辉:《股市过度投机与中国实体经济:理论与实证》,

《经济研究》2019年第10期。

苏治、方彤、尹力博：《中国虚拟经济与实体经济的关联性——基于规模和周期视角的实证研究》，《中国社会科学》2017年第8期。

隋聪、谭照林、王宗尧：《基于网络视角的银行业系统性风险度量方法》，《中国管理科学》2016年第5期。

隋聪、王宪峰、王宗尧：《银行间债务网络流动性差异对风险传染的影响》，《管理科学学报》2020年第3期。

唐遥、陈贞竹、刘柯含：《需求和供给冲击对企业投资以及价值链的影响——基于突发事件的研究》，《金融研究》2020年第6期。

陶玲、朱迎：《系统性金融风险的监测和度量——基于中国金融体系的研究》，《金融研究》2016年第6期。

佟家栋等：《新冠肺炎疫情冲击下的全球经济与对中国的挑战》，《国际经济评论》2020年第3期。

万蕤叶、陆静：《金融危机期间汇率风险传染研究》，《管理科学学报》2018年第6期。

汪冬华、汪辰：《汇改后不同市态下汇市与股市溢出效应的异化》，《管理科学学报》2012年第11期。

汪勇、李雪松：《外生冲击、房地产价格与企业投资》，《金融研究》2019年第3期。

王辉、梁俊豪：《基于动态因子Copula模型的我国银行系统性风险度量》，《金融研究》2020年第11期。

王锦阳、刘锡良、杜在超：《相依结构、动态系统性风险测度与后验分析》，《统计研究》2018年第3期。

王立勇、张良贵、刘文革：《不同粘性条件下金融加速器效应的经验研究》，《经济研究》2012年第10期。

王若兰：《新冠肺炎疫情对全球经济的影响及应对策略——基于全球生产供应链视角》，《国际金融》2020年第4期。

王少林、林建浩、杨燊荣：《中国货币政策与股票市场互动关系的测算——基于 FAVAR – BL 方法的分析》,《国际金融研究》2015 年第 5 期。

王丝雨:《银行资本工具能降低系统性风险吗?》,《管理世界》2016 年第 5 期。

王粟旸、肖斌卿、周小超:《外部冲击视角下中国银行业和房地产业风险传染性测度》,《管理学报》2012 年第 7 期。

王晓枫、廖凯亮、徐金池:《复杂网络视角下银行同业间市场风险传染效应研究》,《经济学动态》2015 年第 3 期。

王欣、王九云:《基于有效性的科技参与应对重大突发事件的原则与目标》,《管理世界》2014 年第 6 期。

王一萱、屈文洲:《我国货币市场和资本市场连通程度的动态分析》,《金融研究》2005 年第 8 期。

王茵田、文志瑛:《股票市场和债券市场的流动性溢出效应研究》,《金融研究》2010 年第 3 期。

王元龙、苏志欣:《非典型肺炎疫情对中国经济的影响及对策》,《国际金融研究》2003 年第 6 期。

王志强、孙刚:《中国金融发展规模、结构、效率与经济增长关系的经验分析》,《管理世界》2003 年第 7 期。

吴光磊、吴小太、王斌:《新冠肺炎疫情对我国系统性金融风险的影响分析——基于金融压力指数与组合模型》,《管理现代化》2021 年第 2 期。

吴海民:《资产价格波动、通货膨胀与产业"空心化"——基于我国沿海地区民营工业面板数据的实证研究》,《中国工业经济》2012 年第 1 期。

吴丽华、傅广敏:《人民币汇率、短期资本与股价互动》,《经济研究》2014 年第 11 期。

吴婷婷、朱昂昂:《新冠肺炎疫情对中国经济的影响及应对策略》,《南方金融》2020 年第 5 期。

吴晓求：《实体经济与资产价格变动的相关性分析》，《中国社会科学》2006年第6期。

夏南新：《国际金融市场波动非线性因果性和溢出效应》，《管理科学学报》2016年第3期。

肖斌卿等：《债务网络、投资者行为与传染性风险：来自中国银行业与房地产业的研究发现》，《管理科学学报》2014年第11期。

肖璞、刘轶、杨苏梅：《相互关联性、风险溢出与系统重要性银行识别》，《金融研究》2012年第12期。

熊正德、文慧、熊一鹏：《我国外汇市场与股票市场间波动溢出效应实证研究——基于小波多分辨的多元 BEKK – GARCH (1，1) 模型分析》，《中国管理科学》2015年第4期。

薛爽：《经济周期、行业景气度与亏损公司定价》，《管理世界》2008年第7期。

杨子晖、陈里璇、陈雨恬：《经济政策不确定性与系统性金融风险的跨市场传染——基于非线性网络关联的研究》，《经济研究》2020年第1期。

杨子晖、陈雨恬、陈里璇：《极端金融风险的有效测度与非线性传染》，《经济研究》2019年第5期。

杨子晖、陈雨恬、谢锐楷：《我国金融机构系统性金融风险度量与跨部门风险溢出效应研究》，《金融研究》2018年第10期。

杨子晖、陈雨恬、张平淼：《重大突发公共事件下的宏观经济冲击、金融风险传导与治理应对》，《管理世界》2020年第5期。

杨子晖、周颖刚：《全球系统性金融风险溢出与外部冲击》，《中国社会科学》2018年第12期。

叶青、韩立岩：《金融危机传染渠道与机制研究——以次贷危机为例》，《系统工程理论与实践》2014年第10期。

易纲、王召：《货币政策与金融资产价格》，《经济研究》2002年第3期。

殷剑峰：《中国金融市场联动分析：2000~2004》，《世界经济》2006年第1期。

尹伯成：《西方经济学说史》，复旦大学出版社2005年版。

袁超、张兵、汪慧建：《债券市场与股票市场的动态相关性研究》，《金融研究》2008年第1期。

张碧琼、李越：《汇率对中国股票市场的影响是否存在：从自回归分布滞后模型（ARDL-ecm）得到的证明》，《金融研究》2002年第7期。

张冰洁等：《基于CoES模型的我国金融系统性风险度量》，《系统工程理论与实践》2018年第3期。

张兵、范致镇、李心丹：《中美股票市场的联动性研究》，《经济研究》2010年第11期。

张兵等：《汇率与股价变动关系：基于汇改后数据的实证研究》，《经济研究》2008年第9期。

张瀚文、赵胜民：《宏观审慎政策的国际协调问题研究——基于我国的DSGE模拟分析》，《国际金融研究》2020年第2期。

张靖佳、张夔、孙浦阳：《金融危机、溢出渠道与企业敏感度》，《国际金融研究》2016年第2期。

张群、张卫国、马勇：《中国金融市场系统复杂性的演化机理与管理研究》，《管理科学学报》2017年第1期。

张天顶、张宇：《模型不确定下我国商业银行系统性风险影响因素分析》，《国际金融研究》2017年第3期。

张晓晶、刘磊：《宏观分析新范式下的金融风险与经济增长——兼论新型冠状病毒肺炎疫情冲击与在险增长》，《经济研究》2020年第6期。

张晓明、李泽广：《系统风险外溢、市场约束机制与银行股票回报率——基于CoVaR和时变条件β指标的研究》，《金融研究》2017年第12期。

张宗新、林弘毅、李欣越:《经济政策不确定性如何影响金融市场间的流动性协同运动?——基于中国金融周期的视角》,《统计研究》2020年第2期。

赵华、秦可佶:《股价跳跃与宏观信息发布》,《统计研究》2014年第4期。

赵华:《人民币汇率与利率之间的价格和波动溢出效应研究》,《金融研究》2007年第3期。

赵进文、张胜保、韦文彬:《系统性金融风险度量方法的比较与应用》,《统计研究》2013年第10期。

赵振全、于震、刘淼:《金融加速器效应在中国存在吗?》,《经济研究》2007年第6期。

赵振全、张宇:《中国股票市场波动和宏观经济波动关系的实证分析》,《数量经济技术经济研究》2003年第6期。

郑江淮、付一夫、陶金:《新冠肺炎疫情对消费经济的影响及对策分析》,《消费经济》2020年第2期。

郑挺国、刘堂勇:《股市波动溢出效应及其影响因素分析》,《经济学（季刊）》2018年第2期。

郑挺国、尚玉皇:《基于宏观基本面的股市波动度量与预测》,《世界经济》2014年第12期。

周爱民、韩菲:《股票市场和外汇市场间风险溢出效应研究——基于GARCH-时变Copula-CoVaR模型的分析》,《国际金融研究》2017年第11期。

周建、况明:《中国宏观经济动态传导、可靠性及货币政策机制》,《经济研究》2015年第2期。

周开国、邢子煜、彭诗渊:《中国股市行业风险与宏观经济之间的风险传导机制》,《金融研究》2020年第12期。

周开国、杨海生、伍颖华:《中国香港股票市场的溢出效应和收益引导角色——基于亚太地区股票市场的分析》,《管理科学学报》2018

年第 5 期。

周凯波、魏莹、冯珊：《基于案例推理的金融危机预警支持系统》，《计算机工程与应用》2014 年第 14 期。

周天芸、周开国、黄亮：《机构集聚、风险传染与香港银行的系统性风险》，《国际金融研究》2012 年第 4 期。

周新辉、李昱喆、李富有：《新冠疫情对中小服务型企业影响评估及对策研究——基于回归算法优化模型的分析预测》，《经济评论》2020 年第 3 期。

朱波、马永谈：《行业特征、货币政策与系统性风险——基于"经济金融"关联网络的分析》，《国际金融研究》2018 年第 4 期。

朱晓谦等：《基于危机条件概率的系统性风险度量研究》，《中国管理科学》2018 年第 6 期。

Acemoglu D., Ozdaglar A., Tahbazsalehi A., 2015, "Systemic Risk and Stability in Financial Networks", *The American Economic Review*, Vol. 105, No. 2.

Acharya V. V. & Thakor A. V., 2016, "The dark side of liquidity creation: Leverage and systemic risk", *Journal of Financial Intermediation*, Vol. 28.

Acharya V. V., Pedersen L. H., Philippon T., Richardson M., 2017, "Measuring systemic risk", *The Review of Financial Studies*, Vol. 30, No. 1.

Acharya V., Engle R., Richardson M., 2012, "Capital shortfall: A new approach to ranking and regulating systemic risks", *American Economic Review*, Vol. 102, No. 3.

Adams Z., Fuess R., Gropp R., 2014, "Spillover Effects among Financial Institutions: A State – Dependent Sensitivity Value – at – Risk Approach", *Journal of Financial & Quantitative Analysis*, Vol. 49, No. 3.

Adler, M., Dumas, B., 1983, "International Portfolio Choice and Corporation Finance: A Synthesis", *Journal of Finance*, Vol. 38, No. 3.

Adrian T. & Boyarchenko N., 2018, "Liquidity policies and systemic risk", *Journal of Financial Intermediation*, Vol. 35.

Adrian T. & Brunnermeier M. K., 2016, "CoVaR", *The American Economic Review*, Vol. 106, No. 7.

Adrian T. & Shin H. S., 2009, "Money, Liquidity, and Monetary Policy", *The American Economic Review*, Vol. 99, No. 2.

Adrian T., Colla P., Shin H. S., 2013, "Which Financial Frictions? Parsing the Evidence from the Financial Crisis of 2007 −9", *NBER Macroeconomics Annual*, Vol. 27, No. 1.

Afonso A., Arghyrou M. G., Gadea M. D., Kontonikas A., 2018, "'Whatever It Takes' to Resolve the European Sovereign Debt Crisis? Bond Pricing Regime Switches and Monetary Policy Effects", *Journal of International Money and Finance*, Vol. 86.

Ajayi R. A. & Mougouė M., 1996, "On the Dynamic Relation Between Stock Prices and Exchange Rates", *Journal of Financial Research*, Vol. 19, No. 2.

Alessi L. & Detken C., 1996, "Real time early warning indicators for costly asset price boom/bust cycles: A role for global liquidity", *ECB Working Paper*, No. 1039.

Allen F. & Carletti E., 2013, "What is systemic risk?" *Journal of Money, Credit and Banking*, Vol. 45, No. s1.

Allen F. & Gale D., 2000, "Financial Contagion", *Journal of Political Economy*, Vol. 108, No. 1.

Allen F. & Gale D., 2007, "Systemic Risk and Regulation", *NBER Working Paper*.

Allen L., Bali T. G., Tang Y., 2012, "Does Systemic Risk in the Financial Sector Predict Future Economic Downturns?" *The Review of Financial Studies*, Vol. 25, No. 10.

Alli K., Thapa S., Yung K., 1994, "Stock Price Dynamics in Overlapped Market Segments: Intra and Inter – Industry Contagion Effects", *Journal of Business Finance and Accounting*, Vol. 21, No. 7.

Amihud Y., 2002, "Illiquidity and stock returns: cross – section and time – series effects", *Journal of Financial Markets*, Vol. 5, No. 1.

Andersen T. G. & Bollerslev T., 1998, "Deutsche Mark – Dollar Volatility: Intraday Activity Patterns, Macroeconomic Announcements, and Longer Run Dependencies", *Journal of Finance*, Vol. 53, No. 1.

Andersen T. G., Bollerslev T., Diebold F. X., Vega C., 2003, "Micro Effects of Macro Announcements: Real – Time Price Discovery in Foreign Exchange", *The American Economic Review*, Vol. 93, No. 1.

Andrés J., Arce Ó., Thaler D., Thomas C., 2020, "When Fiscal Consolidation Meets Private Deleveraging", *Review of Economic Dynamics*, Vol. 37.

Angeloni I., Faia E., Lo Duca M., 2015, "Monetary Policy and Risk Taking", *Journal of Economic Dynamics and Control*, Vol. 52.

Anginer D., Demirguc – Kunt A., Zhu M., 2014, "How does competition affect bank systemic risk?" *Journal of Financial Intermediation*, Vol. 23.

Arellano C., Bai Y., Kehoe P. J., 2019, "Financial Frictions and Fluctuations in Volatility", *Journal of Political Economy*, Vol. 127, No. 5.

Aymanns C., Caccioli F., Farmer J. D., Tan V. W., 2016, "Taming the Basel leverage cycle", *Journal of Financial Stability*, Vol. 27.

Babus A., 2013, "The Formation of Financial Networks", *The RAND Journal of Economics*, Vol. 47, No. 2.

Baele L., Bekaert G., Inghelbrecht K., 2010, "The Determinants of Stock and Bond Return Comovements", *Review of Financial Studies*, Vol. 23, No. 6.

Bali T. G., 2003, "An extreme value approach to estimating volatility and value at risk", *The Journal of Business*, Vol. 76, No. 1.

Bali T. G., 2007, "A generalized extreme value approach to financial risk measurement", *Journal of Money, Credit and Banking*, Vol. 39, No. 7.

Bali T. G., 2008, "The intertemporal relation between expected returns and risk", *Journal of Financial Economics*, Vol. 87, No. 1.

Bansal R. & Yaron A., 2004, "Risks for the Long Run: A Potential Resolution of Asset Pricing Puzzles", *Journal of Finance*, Vol. 59, No. 4.

Banulescu G. D. & Dumitrescu E. I., 2015, "Which are the SIFIs? A Component Expected Shortfall approach to systemic risk", *Journal of Banking & Finance*, Vol. 50.

Barabasi A. L. & Albert R., 1999, "Emergence of Scaling in Random Networks", *Science*, Vol. 286, No. 5439.

Barbosa L., Bonfim D., Costa S., Everett M., 2018, "Cross – border Spillovers of Monetary Policy: What Changes During a Financial Crisis?" *Journal of International Money and Finance*, Vol. 89.

Barro R. J., 1990, "The Stock Market and Investment", *Review of Financial Studies*, Vol. 3, No. 1.

Barrot J. N. & Sauvagnat J., 2016, "Input Specificity and the Propagation of Idiosyncratic Shocks in Production Networks", *Quarterly Journal of Economics*, Vol. 131, No. 3.

Barsky R. B., 1989, "Why Don't the Prices of Stocks and Bonds Move Together?" *The American Economic Review*, Vol. 79, No. 5.

参考文献

Battiston S., Gatti D. D., Gallegati M., Greenwald B. C., Stiglitz J. E., 2012, "Liaisons Dangereuses: Increasing Connectivity, Risk Sharing, and Systemic Risk", *Journal of Economic Dynamics and Control*, Vol. 36, No. 8.

Beber A., Brandt M. W., Kavajecz K. A., 2011, "What Does Equity Sector Orderflow Tell Us About the Economy", *Review of Financial Studies*, Vol. 24, No. 11.

Beck T., Degryse H., De Haas R., Van Horen N., 2018, "When Arm's Length is Too Far: Relationship Banking Over the Credit Cycle", *Journal of Financial Economics*, Vol. 127, No. 1.

Beirne J., Caporale G. M., Schulze – Ghattas M., Spagnolo N., 2013, "Volatility Spillovers and Contagion from Mature to Emerging Stock Markets", *Review of International Economics*, Vol. 21, No. 5.

Bekaert G. & Harvey C. R., 1997, "Emerging Equity Market Volatility", *Journal of Financial Economics*, Vol. 43, No. 1.

Bekaert G., Ehrmann M., Fratzscher M., Mehl A., 2012, "Global Crises and Equity Market Contagion", *National Bureau of Economic Research*.

Bekiros S., Nilavongse R., Uddin G. S., 2020, "Expectation – driven House Prices and Debt Defaults: The Effectiveness of Monetary and Macroprudential Policies", *Journal of Financial Stability*, Vol. 49.

Beltratti A. & Morana C., 2006, "Breaks and Persistency: Macroeconomic Causes of Stock Market Volatility", *Journal of Econometrics*, Vol. 131, No. 1.

Bencivenga V. R., Smith B. D., Starr R. M., 1995, "Transactions Costs, Technological Choice, and Endogenous Growth", *Journal of Economic Theory*, Vol. 67, No. 1.

Bénétrix A. S. & Lane P. R., 2013, "Fiscal Cyclicality and EMU", *Journal of International Money and Finance, Vol. 34.

Bergman U. M. & Hutchison M., 2015, "Economic Stabilization in the Post-crisis World: Are Fiscal Rules the Answer?" *Journal of International Money and Finance*, Vol. 52.

Bernanke B. S. & Gertler M., 1989, "Agency Costs, Net Worth, and Business Fluctuations", *The American Economic Review*, Vol. 79, No. 1.

Bernanke B. S. & Kuttner K. N., 2005, "What Explains the Stock Market's Reaction to Federal Reserve Policy?" *Journal of Finance*, Vol. 60, No. 3.

Bernanke B. S., Gertler M., Gilchrist S., 1999, "The Financial Accelerator in a Quantitative Business Cycle Framework", *Handbook of macroeconomics*, Vol. 1.

Bernanke B., 2009, A Letter to Sen. Bob Corke, *The Wall Street Journal*, 2009-11-18.

Bezemer D. & Zhang L., 2019, "Credit Composition and the Severity of Post-crisis Recessions", *Journal of Financial Stability*, Vol. 42.

Bhattacharya U. & Spiegel M., 1991, "Insiders, outsiders, and market breakdowns", *The Review of Financial Studies*, Vol. 4, No. 2.

Billio M., Getmansky M., Lo A. W., Pelizzon L., 2012, "Econometric measures of connectedness and systemic risk in the finance and insurance sectors", *Journal of Financial Economics*, Vol. 104, No. 3.

Blanchard O. J. & Leigh D., 2013, "Growth Forecast Errors and Fiscal Multipliers", *American Economic Review*, Vol. 103, No. 3.

Blinder A. S., 2010, "How Central Should the Central Bank Be?" *Journal of Economic Literature*, Vol. 48, No. 1.

Bloom N., 2009, "The Impact of Uncertainty Shocks", *Econometrica*, Vol. 77, No. 3.

Bloom N., Bond S., Van Reenen J., 2007, "Uncertainty and Investment Dynamics", *The Review of Economic Studies*, Vol. 74, No. 2.

Bloom N., Floetotto M., Jaimovich N., Saportaeksten I., Terry S. J., 2018, "Really Uncertain Business Cycles", *Econometrica*, Vol. 86, No. 3.

Bodie Z., 1976, "Common Stocks as a Hedge against Inflation", *Journal of Finance*, Vol. 31, No. 2.

Bofinger P., Dullien S., Felbermayr G., Fuest C., Hüther M., Südekum J., di Mauro B. W., 2020, 18 Economic Implications of the COVID-19 Crisis for Germany and Economic Policy Measures, *Mitigating the COVID Economic Crisis: Act Fast and Do Whatever*.

Bollerslev T., 1990, "Modelling the Coherence in Short-Run Nominal Exchange Rates: A Multivariate Generalized Arch Model", *The Review of Economics and Statistics*, Vol. 72, No. 3.

Bolton P., Freixas X., Gambacorta L., Mistrulli P. E., 2016, "Relationship and Transaction Lending in a Crisis", *Review of Financial Studies*, Vol. 29, No. 10.

Borio C. & Lowe P., 2002, "Asset prices, financial and monetary stability: exploring the nexus", *BIS working paper*.

Borio C. E. & Drehmann M., 2009, "Assessing the Risk of Banking Crises-Revisited", *BIS Quarterly Review*, March.

Boscá J. E., Doménech R., Ferri J., Méndez R., Rubio-Ramírez J. F., 2020, "Financial and fiscal shocks in the great recession and recovery of the Spanish economy", *European Economic Review*, Vol. 127.

Boubaker S., Nguyen D. K., Paltalidis N., 2018, "Fiscal Policy Interventions at the Zero Lower Bound", *Journal of Economic Dynamics and Control*, No. 93.

Boyd J. H., De Nicolò G., Rodionova T., 2019, "Banking Crises and Crisis Dating: Disentangling Shocks and Policy Responses", *Journal of Financial Stability*, No. 41.

Brandes U., 2001, "A faster algorithm for betweenness centrality", *The Journal of Mathematical Sociology*, Vol. 25, No. 2.

Brave S. A. & Butters R. A., 2011, "Monitoring financial stability: A financial conditions index approach", *Economic Perspectives*, Vol. 35, No. 1.

Breeden D. T., 1979, "An Intertemporal Asset Pricing Model with Stochastic Consumption and Investment Opportunities", *Journal of Financial Economics*, Vol. 7, No. 3.

Brimmer A. F., 1989, "Distinguished Lecture on Economics in Government: Central Banking and Systemic Risks in Capital Markets", *Journal of Economic Perspectives*, Vol. 3, No. 2.

Brownlees C. & Engle R. F., 2017, "SRISK: A conditional capital shortfall measure of systemic risk", *The Review of Financial Studies*, Vol. 30, No. 1.

Brownlees C. & Engle R., 2011, Volatility, Correlation and Tails for Systemic Risk Measurement, *Working paper*, New York University.

Brunnermeier M. K. & Pedersen L. H., 2009, "Market Liquidity and Funding Liquidity", *Review of Financial Studies*, Vol. 22, No. 6.

Brunnermeier M. K. & Sannikov Y., 2014, "A macroeconomic model with a financial sector", *American Economic Review*, Vol. 104, No. 2.

Brunnermeier M. K., Sannikov Y., 2014, "A Macroeconomic Model with a Financial Sector", *The American Economic Review*, Vol. 104, No. 2.

Calvo G. A. & Mendoza E. G., 2000, "Rational Contagion and the Globalization of Securities Markets", *Journal of International Economics*, Vol. 51, No. 1.

Calvo G. A., 2003, "Explaining Sudden Stop, Growth Collapse, and BOP Crisis: The Case of Distortionary Output Taxes", *IMF Staff Papers*.

Campbell J. Y. & Shiller R. J., 1988, "The Dividend – Price Ratio and

Expectations of Future Dividends and Discount Factors", *Review of Financial Studies*, Vol. 1, No. 3.

Campbell J. Y., 1991, "A Variance Decomposition for Stock Returns", *The Economic Journal*, Vol. 101, No. 405.

Campbell J. Y., Pflueger C. E., Viceira L. M., 2015, "Monetary Policy Drivers of Bond and Equity Risks", *National Bureau of Economic Research*.

Campello M., Graham J. R., Harvey C. R., 2010, "The Real Effects of Financial Constraints: Evidence from a Financial Crisis", *Journal of Financial Economics*, Vol. 97, No. 3.

Caporale G. M., Pittis N., Spagnolo N., 2002, "Testing for Causality-in-Variance: An Application to the East Asian Markets", *International Journal of Finance & Economics*, Vol. 7, No. 3.

Cappiello L., Engle R. F., Sheppard K., 2006, "Asymmetric Dynamics in the Correlations of Global Equity and Bond Returns", *Journal of Financial Econometrics*, Vol. 4, No. 4.

Cardarelli R., Elekdag S., Lall S., 2009, "Financial Stress, Downturns, and Recoveries", *International Monetary Fund*.

Carlsson H. & Van Damme E., 1993, "Global Games and Equilibrium Selection", *Econometrica*, Vol. 61, No. 5.

Caruso A., Reichlin L., Ricco G., 2019, "Financial and fiscal interaction in the Euro Area crisis: This time was different", *European Economic Review*, Vol. 119.

Casey E. & Otoole C., 2014, "Bank lending constraints, trade credit and alternative financing during the financial crisis: Evidence from European SMEs", *Journal of Corporate Finance*, Vol. 27.

Castro C. & Ferrari S., 2014, "Measuring and testing for the systemically important financial institutions", *Journal of Empirical Finance*, Vol. 25,

No. 3.

Cecchetti S. G. & Schoenholtz K. L. , 2020, Contagion Bank Runs and COVID – 19, *Economics in the Time of COVID – 19*, pp. 77 – 80.

Chan J. C. C. & Eisenstat E. , 2018, "Bayesian model comparison for time – varying parameter VARs with stochastic volatility", *Journal of Applied Econometrics*, Vol. 33, No. 4.

Chen G. , Ling Z. , Yu Z. , 2017, "Systemic linkages in the Chinese banking system: The asymmetric CoVaR approach", *Systems Engineering – Theory & Practice*, Vol. 37, No. 1.

Chiu C. , Harris R. D. F. , Stoja E. , Chin M. , 2018, "Financial Market Volatility, Macroeconomic Fundamentals and Investor Sentiment", *Journal of Banking and Finance*, Vol. 92, No. 7.

Chodorowreich G. , 2014, "The Employment Effects of Credit Market Disruptions: Firm – level Evidence from the 2008 – 9 Financial Crisis", *Quarterly Journal of Economics*, Vol. 129, No. 1.

Chongvilaivan A. , 2012, "Thailand's 2011 Flooding: Its Impact on Direct Exports, and Disruption of Global Supply Chains", *ARTNeT Working Paper*, No. 113.

Christiano L. , Motto R. , Rostagno M. , 2010, "Financial Factors in Economic Fluctuations", *ECB Working Paper*, No. 1192.

Cingano F. , Manaresi F. , Sette E. , 2016, "Does Credit Crunch Investment Down? New Evidence on the Real Effects of the Bank – Lending Channel", *Review of Financial Studies*, Vol. 29, No. 10.

Cohen L. & Frazzini A. , 2008, "Economic Links and Predictable Returns", *Journal of Finance*, Vol. 63, No. 4.

Colacito R. , Engle R. F. , Ghysels E. , 2011, "A Component Model for Dynamic Correlations", *Journal of Econometrics*, Vol. 164, No. 1.

Collet J. & Ielpo F. , 2018, "Sector Spillovers in Credit Markets", *Journal of Banking and Finance, Vol. 94, No. 9.

Connolly R. A., Stivers C. T., Sun L., 2005, "Stock Market Uncertainty and the Stock – Bond Return Relation", *Journal of Financial & Quantitative Analysis*, Vol. 40, No. 1.

Conrad C., Loch K., Rittler D., 2014, "On the Macroeconomic Determinants of Long – Term Volatilities and Correlations in U. S. Stock and Crude Oil Markets", *Journal of Empirical Finance*, No. 29.

Corradi V., Distaso W., Mele A., 2013, "Macroeconomic Dterminants of Stock Volatility and Volatility Premiums", *Journal of Monetary Economics*, Vol. 60, No. 2.

Cotter J., Hallam M., Yilmaz K., 2017, "Mixed – Frequency Macro – Financial Spillovers", *Social Science Research Network*.

Daniel B. C. & Shiamptanis C., 2012, "Fiscal Risk in a Monetary Union", *European Economic Review*, Vol. 56, No. 6.

De Bandt O. & Hartmann P., 2000, "Systemic Risk: A Survey", *ECB Working Paper*, No. 35.

De Jonghe O., Diepstraten M., Schepens G., 2015, "Banks' size, scope and systemic risk: What role for conflicts of interest?" *Journal of Banking & Finance*, Vol. 61.

Denton F. T., 1971, "Adjustment of Monthly or Quarterly Series to Annual Totals: An Approach Based on Quadratic Minimization", *Journal of the American Statistical Association*, Vol. 66, No. 333.

Deryugina T., Kawano L., Levitt S., 2018, "The Economic Impact of Hurricane Katrina on Its Victims: Evidence from Individual Tax Returns", *American Economic Journal: Applied Economics*, Vol. 10, No. 2.

Deuskar P. & Johnson T. C., 2011, "Market liquidity and flow – driven risk", *The Review of Financial Studies*, Vol. 24, No. 3.

Devereux M. B. & Yu C., 2020, "International Financial Integration and

Crisis Contagion", *The Review of Economic Studies*, Vol. 87, No. 3.

Diamond D. W. & Dybvig P. H., 1983, "Bank Runs, Deposit Insurance, and Liquidity", *Journal of Political Economy*, Vol. 91, No. 3.

Diebold F. X. & Yilmaz K., 2009, "Measuring financial asset return and volatility spillovers, with application to global equity markets", *The Economic Journal*, Vol. 119, No. 534.

Diebold F. X. & Yilmaz K., 2012, "Better to give than to receive: Predictive directional measurement of volatility spillovers", *International Journal of Forecasting*, Vol. 28, No. 1.

Diebold F. X. & Yılmaz K., 2014, "On the network topology of variance decompositions: Measuring the connectedness of financial firms", *Journal of Econometrics*, Vol. 182, No. 1.

Dieci R. & Westerhoff F., 2010, "Heterogeneous Speculators, Endogenous Fluctuations and Interacting Markets: A Model of Stock Prices and Exchange Rates", *Journal of Economic Dynamics and Control*, Vol. 34, No. 4.

Dioikitopoulos E. V., 2018, "Dynamic Adjustment of Fiscal Policy Under a Debt Crisis", *Journal of Economic Dynamics and Control*, Vol. 93.

Dong H. O., Patton A. J., 2017, "Modelling Dependence in High Dimensions with Factor Copulas", *Journal of Business & Economic Statistics*, Vol. 35, No. 1.

Drehmann M. & Tarashev N. A., 2011, "Systemic Importance: Some Simple Indicators", *BIS Quarterly Review*.

Dungey M., Luciani M., Veredas D., 2017, "Systemic risk in the US: Interconnectedness as a circuit breaker", *Economic Modelling*, Vol. 71.

Ederington L. H. & Lee J. H., 1993, "How Markets Process Information: News Releases and Volatility", *Journal of Finance*, Vol. 48, No. 4.

Ehrmann M., Fratzscher M., Rigobon R., 2011, "Stocks, Bonds, Money Markets and Exchange Rates: Measuring International Financial Transmission", *Journal of Applied Econometrics*, Vol. 26, No. 6.

Eichengreen B., Rose A. K., Wyplosz C., 1996, "Contagious Currency Crises: First Tests", *The Scandinavian Journal of Economics*, Vol. 98, No. 4.

Ellis L., Haldane A., Moshirian F., 2014, "Systemic risk, governance and global financial stability", *Journal of Banking & Finance*, Vol. 45.

Elsinger H., Lehar A., Summer M., 2006, "Risk Assessment for Banking Systems", *Management Science*, Vol. 52, No. 9.

End J. & Tabbae M., 2005, "Measuring Financial Stability: Applying the Risk Model to the Netherlands", *DNB Working Papers*.

Engle R. F. & Manganelli S., 2004, "CAViaR: Conditional Autoregressive Value at Risk by Regression Quantiles", *Journal of Business & Economic Statistics*, Vol. 22, No. 4.

Engle R. F. & Rangel J. G., 2008, "The Spline – Garch Model for Low Frequency Volatility and its Global Macroeconomic Causes", *Review of Financial Studies*, Vol. 21, No. 3.

Engle R. F., Ghysels E., Sohn B., 2013, "Stock Market Volatility and Macroeconomic Fundamentals", *The Review of Economics and Statistics*, Vol. 95, No. 3.

Engle R., 2002, "Dynamic Conditional Correlation: A Simple Class of Multivariate Generalized Autoregressive Conditional Heteroskedasticity Models", *Journal of Business & Economic Statistics*, Vol. 20, No. 3.

Engsted T. & Tanggaard C., 2004, "The Danish Stock and Bond Markets: Comovement, Return Predictability and Variance Decomposition", *Journal of Empirical Finance*, Vol. 8, No. 3.

Fama E. F. & French K. R., 1989, "Business Conditions and Expected Returns on Stocks and Bonds", *Journal of Financial Economics*,

Vol. 25, No. 1.

Fama E. F. & French K. R., 1992, "The cross-section of expected stock returns", *The Journal of Finance*, Vol. 47, No. 2.

Fama E. F. & Schwert G. W., 1977, "Asset Returns and Inflation", *Journal of Financial Economics*, Vol. 5, No. 2.

Fama E. F., 1981, "Stock Returns, Real Activity, Inflation, and Money", *The American Economic Review*, Vol. 71, No. 4.

Fama E. F., 1990, "Stock Returns, Expected Returns, and Real Activity", *Journal of Finance*, Vol. 45, No. 4.

Fang L., Sun B., Li H., Yu H., 2018, "Systemic risk network of Chinese financial institutions", *Emerging Markets Review*, Vol. 35.

Fatás A. & Summers L. H., 2018, "The Permanent Effects of Fiscal Consolidations", *Journal of International Economics*, Vol. 112.

Faust J., Gilchrist S., Wright J. H., Zakrajssek E., 2013, "Credit Spreads as Predictors of Real-Time Economic Activity: A Bayesian Model-Averaging Approach", *The Review of Economics and Statistics*, Vol. 95, No. 5.

Fernando C. S. & Herring R. J., 2001, "Liquidity shocks, systemic risk, and market collapse: theory and application to the market for perps", *Journal of Banking & Finance*, Vol. 32, No. 8.

Fernholz R. T. & Koch C., 2017, "Big banks, idiosyncratic volatility, and systemic risk", *American Economic Review*, Vol. 107, No. 5.

Flannery M. J. & Protopapadakis A., 2002, "Macroeconomic Factors DO Influence Aggregate Stock Returns", *Review of Financial Studies*, Vol. 15, No. 3.

Fleming J., Kirby C., Ostdiek B., 1998, "Information and Volatility Linkages in the Stock, Bond, and Money Markets", *Journal of Financial Economics*, Vol. 49, No. 1.

Fleming M. J. &Remolona E. M. , 1999, "Price Formation and Liquidity in the U. S. Treasury Market: The Response to Public Information", *Journal of Finance*, Vol. 54, No. 5.

Flodén M. , 2013, "A Role Model for the Conduct of Fiscal Policy? Experiences from Sweden", *Journal of International Money and Finance*, Vol. 34.

Forbes K. & Rigobon R. , 2002, "No contagion, only Interdependence: Measuring Stock Market Co-movements", *Journal of Finance*, Vol. 57, No. 5.

Fostel A. & Geanakoplos J. , 2008, "Leverage cycles and the anxious economy", *American Economic Review*, Vol. 98, No. 4.

Frankel J. A. & Rose A. K. , 1996, "Currency Crashes in Emerging Markets: An Empirical Treatment", *Journal of International Economics*, Vol. 41, No. 3-4.

Frankel J. A. & Rose A. K. , 1998, "The Endogeneity of the Optimum Currency Area Criteria", *The Economic Journal*, Vol. 108, No. 449.

Freedman C. , Kumhof M. , Laxton D. , Muir D. , Mursula S. , 2010, "Global Effects of Fiscal Stimulus during the Crisis", *Journal of Monetary Economics*, Vol. 57, No. 5.

French K. R. & Roll R. , 1986, "Stock Return Variances: The Arrival of Information and the Reaction of Traders", *Journal of Financial Economics*, Vol. 17, No. 1.

Garciaappendini E. & Montoriolgarriga J. , 2013, "Firms as Liquidity Providers: Evidence from the 2007-2008 Financial Crisis", *Journal of Financial Economics*, Vol. 109, No. 1.

Garleanu N. & Pedersen L. H. , 2007, "Liquidity and risk management", *American Economic Review*, Vol. 97, No. 2.

Gauthier C. , Lehar A. , Souissi M. , 2012, "Macroprudential capital requirements and systemic risk", *Journal of Financial Intermediation*, Vol. 21, No. 4.

Georgiadis G., 2017, "To bi, or not to bi? Differences between spillover estimates from bilateral and multilateral multi-country models", *Journal of International Economics*, Vol. 107.

Gerlach S. & Smets F., 1995, "Contagious Speculative Attacks", *European Journal of Political Economy*, Vol. 11, No. 1.

Gertler M. & Karadi P., 2015, "Monetary Policy Surprises, Credit Costs, and Economic Activity", *American Economic Journal: Macroeconomics*, Vol. 7, No. 1.

Gertler M. & Kiyotaki N., 2010, "Financial Intermediation and Credit Policy in Business Cycle Analysis", *Handbook of Monetary Economics*, Vol. 3.

Gertler M. & Kiyotaki N., 2015, "Banking, Liquidity and Bank Runs in an Infinite-Horizon Economy", *The American Economic Review*, Vol. 105, No. 7.

Geske R. & Roll R., 1983, "The Fiscal and Monetary Linkage between Stock Returns and Inflation", *Journal of Finance*, Vol. 38, No. 1.

Ghysels E., 2016, "Macroeconomics and the Reality of Mixed Frequency Data", *Journal of Econometrics*, Vol. 193, No. 2.

Ghysels E., Sinko A., Valkanov R. I., 2007, "MIDAS Regressions: Further Results and New Directions", *Econometric Reviews*, Vol. 26, No. 1.

Giglio S., Kelly B. T., Pruitt S., 2016, "Systemic Risk and the Macroeconomy: An Empirical Evaluation", *Journal of Financial Economics*, Vol. 119, No. 3.

Giglio S., Kelly B., Pruitt S., 2016, "Systemic risk and the macroeconomy: An empirical evaluation", *Journal of Financial Economics*,

Vol. 119, No. 3.

Gilchrist S. & Zakrajsek E., 2012, "Credit Spreads and Business Cycle Fluctuations", *The American Economic Review*, Vol. 102, No. 4.

Gilchrist S., Sim J. W., Zakrajsek E., 2014, "Uncertainty, Financial Frictions, and Investment Dynamics", *National Bureau of Economic Research*.

Gilchrist S., Yankov V., Zakrajsek E., 2009, "Credit Market Shocks and Economic Fluctuations: Evidence from Corporate Bond and Stock Markets", *Journal of Monetary Economics*, Vol. 56, No. 4.

Girardi G. & Erguen A. T., 2013, "Systemic risk measurement: Multivariate GARCH estimation of CoVaR", *Journal of Banking and Finance*, Vol. 37, No. 8.

Glasserman P. & Young H. P., 2016, "Contagion in Financial Networks", *Journal of Economic Literature*, Vol. 54, No. 3.

Glick R. & Rose A. K., 1999, "Contagion and Trade: Why are Currency Crises Regional?" *Journal of International Money & Finance*, Vol. 18, No. 4.

Glosten L. R., 1989, "Insider trading, liquidity, and the role of the monopolist specialist", *Journal of Business*.

Goh C. & Law R., 2002, "Modeling and Forecasting Tourism Demand for Arrivals with Stochastic Nonstationary Seasonality and Intervention", *Tourism Management*, Vol. 23, No. 5.

Goldfajn I. & Baig T., 1999, "Financial Market Contagion in the Asian Crisis", *IMF Economic Review*, Vol. 46, No. 2.

Goldfajn I. & Valdes R., 1998, "Are Currency Crises Predictable", *European Economic Review*, Vol. 42, No. 3.

Goldstein M., 1998, "Asian Financial Crisis: Causes, Cures and Systemic Implications", *Canadian Public Policy*, Vol. 26, No. 4.

González – Hermosillo B., Pazarbasioglu C., Billings R., 1997, "Determinants of Banking System Fragility: A Case Study of Mexico", *IMF Economic Review*, Vol. 44.

Gordon M. J., 1959, "Dividends, Earnings, and Stock Prices", *The Review of Economics and Statistics*, Vol. 41, No. 2.

Gorea D. & Radev D., 2014, "The Euro Area Sovereign Debt Crisis: Can Contagion Spread from the Periphery to the Core?" *International Review of Economics & Finance*, Vol. 30.

Gourio F., 2012, "Disasters Risk and Business Cycles", *The American Economic Review*, Vol. 102, No. 6.

Gray D. & Jobst A., 2010, "Systemic Cca – A Model Approach to Systemic Risk", *Deutsche Bundesbank/Technische Universität Dresden Conference: Beyond the Financial Crisis: Systemic Risk, Spillovers and Regulation, Dresden*.

Greenwood R., Landier A., Thesmar D., 2015, "Vulnerable banks", *Journal of Financial Economics*, Vol. 115, No. 3.

Greenwood – Nimmo M., Nguyen V. H., Rafferty B., 2016, "Risk and Return Spillovers among the G10 Currencies", *Journal of Financial Markets*, Vol. 31, No. 11.

Grimaldi M. B., 2010, "Detecting and interpreting financial stress in the euro area", *Social Science Electronic Publishing*.

Guerrieri V. & Lorenzoni G., 2017, "Credit Crises, Precautionary Savings, and the Liquidity Trap", *Quarterly Journal of Economics*, Vol. 132, No. 3.

Guerrieri V., Lorenzoni G., Straub L., Werning I., 2020, "Macroeconomic Implications of COVID – 19: Can Negative Supply Shocks Cause Demand Shortages?" *National Bureau of Economic Research Working Paper Series*, No. 26918.

Haile F. & Pozo S., 2008, "Currency Crisis Contagion and the Identification of Transmission Channels", *International Review of Economics & Finance*, Vol. 17, No. 4.

Hamao Y., Masulis R. W., Ng V., 1990, "Correlation in Price Changes Across International Stock Markets", *Review of Financial Studies*, Vol. 3, No. 2.

Hamilton J. D. & Lin G., 1996, "Stock Market Volatility and the Business Cycle", *Journal of Applied Econometrics*, Vol. 11, No. 5.

Hamrita M. E. & Trifi A., 2011, "The Relationship between Interest Rate, Exchange Rate and Stock Price: A Wavelet Analysis", *International Journal of Economics and Financial Issues*, Vol. 1, No. 4.

Han Z., 2021, "Low-Frequency Fiscal Uncertainty", *Journal of Monetary Economics*, Vol. 117.

Hanisch M., 2017, "The effectiveness of conventional and unconventional monetary policy: Evidence from a structural dynamic factor model for Japan", *Journal of International Money and Finance*, Vol. 70.

Hansen L. P., Heaton J., Li N., 2008, "Consumption Strikes Back? Measuring Long-Run Risk", *Journal of Political Economy*, Vol. 116, No. 2.

Hardle W. K., Wang W., Yu L., 2016, "TENET: Tail-Event driven NETwork risk", *Journal of Econometrics*, Vol. 192, No. 2.

Hart O. & Zingales L., 2009, "How to Avoid a New Financial Crisis", *Working Paper*.

Harvey C. R. & Huang R. D., 1991, "Volatility in the Currency Futures Market", *Review of Financial Studies*, Vol. 4.

He Z. & Krishnamurthy A., 2013, "Intermediary asset pricing", *American Economic Review*, Vol. 103, No. 2.

Heinemann F., Osterloh S., Kalb A., 2014, "Sovereign Risk Premia:

The Link between Fiscal Rules and Stability Culture", *Journal of International Money and Finance*, Vol. 41.

Hernández L. F. & Valdés R. O., 2001, "What Drives Contagion: Trade, Neighborhood, or Financial Links?" *International Review of Financial Analysis*, Vol. 10, No. 3.

Holmstrom B. & Tirole J., 1997, "Financial Intermediation, Loanable Funds and the Real Sector", *Quarterly Journal of Economics*, Vol. 112, No. 3.

Hong H. G., Torous W. N., Valkanov R. I., 2007, "Do Industries Lead Stock Markets", *Journal of Financial Economics*, Vol. 83, No. 2.

Hou K. & Robinson D. T., 2006, "Industry Concentration and Average Stock Returns", *Journal of Finance*, Vol. 61, No. 4.

Hristov N., Hülsewig O., Wollmershäuser T., 2014, "The interest rate pass – through in the Euro area during the global financial crisis", *Journal of Banking & Finance*, Vol. 48.

Hu D., Zhao J. L., Hua Z., Wong M. C. S., 2012, "Network – Based Modeling and Analysis of Systemic Risk in Banking Systems", *MIS Quarterly*, Vol. 36, No. 4.

Huang Q., Haan J. D., Scholtens B., 2019, "Analysing Systemic Risk in the Chinese Banking System", *Pacific Economic Review*, Vol. 24, No. 2.

Huang X., Zhou H., Zhu H., 2009, "A framework for assessing the systemic risk of major financial institutions", *Journal of Banking and Finance*, No. 33.

Huidrom R., Kose M. A., Lim J. J., Ohnsorge F. L., 2020, "Why do Fiscal Multipliers depend on Fiscal Positions?" *Journal of Monetary Economics*, No. 104.

Illes A., Lombardi M. J., Mizen P., 2019, "The Divergence of Bank

Lending Rates from Policy Rates after the Financial Crisis: The Role of Bank Funding Costs", *Journal of International Money and Finance*, Vol. 93.

Illing M. & Liu Y., 2003, "An Index of Financial Stress for Canada", *Bank of Canada Working Papers*.

Imbs J., 2010, "The First Global Recession in Decades", *IMF Economic Review*, Vol. 58, No. 2.

Islami M. & Kurz-Kim J. R., 2014, "A SingleI composite financial stress indicator and its real impact in the Euro area", *International Journal of Finance & Economics*, Vol. 19, No. 3.

Iyer R., Peydro J., Darochalopes S., Schoar A., 2014, "Interbank Liquidity Crunch and the Firm Credit Crunch: Evidence from the 2007 - 2009 Crisis", *Review of Financial Studies*, Vol. 27, No. 1.

Jaffe J. F. & Mandelker G. N., 1976, "The 'Fisher Effect' for Risky Assets: An Empirical Investigation", *Journal of Finance*, Vol. 31, No. 2.

Jagannathan R. & Wang Z., 1996, "The Conditional CAPM and the Cross - Section of Expected Returns", *Journal of Finance*, Vol. 51, No. 1.

Jäger J. & Grigoriadis T., 2017, "The effectiveness of the ECB's unconventional monetary policy: Comparative evidence from crisis and non - crisis Euro - area countries", *Journal of International Money and Finance*, Vol. 78.

Jermann U. & Quadrini V., 2012, "The Macroeconomic Effects of Financial Shocks", *American Economic Review*, Vol. 102, No. 1.

Jimenez G., Ongena S., Peydro J., Saurina J., 2012, "Credit Supply and Monetary Policy: Identifying the Bank Balance - sheet Channel with Loan Applications", *The American Economic Review*, Vol. 102, No. 5.

Jobst A. A., 2014, "Measuring systemic risk - adjusted liquidity (SRL) —A model approach", *Journal of Banking & Finance*, Vol. 45.

Jones C. M. , Lamont O. A. , Lumsdaine R. L. , 1998, "Macroeconomic News and Bond Market Volatility", *Journal of Financial Economics*, Vol. 47, No. 3.

Jurado K. , Ludvigson S. C. , Ng S. , 2015, "Measuring Uncertainty", *American Economic Review*, Vol. 105, No. 3.

Kahle K. M. & Stulz R. M. , 2013, "Access to Capital, Investment, and the Financial Crisis", *Journal of Financial Economics*, Vol. 110, No. 2.

Kaminsky G. & Reinhart C. , 2000, "On Crises, Contagion, and Confusion", *Journal of International Economics*, Vol. 51, No. 1.

Kaminsky G. , Lizondo S. , Reinhart C. M. , 1998, "Leading Indicators of Currency Crises", *IMF Econ Rev*, Vol. 45, No. 1.

Kanas A. , 2000, "Volatility Spillovers Between Stock Returns and Exchange Rate Changes: International Evidence", *Journal of Business Finance & Accounting*, Vol. 27.

Kannan P. , Rabanal P. , Scott A. M. , 2012, "Monetary and Macroprudential Policy Rules in a Model with House Price Booms", *The B. E. Journal of Macroeconomics*, Vol. 12, No. 1.

Kaufman G. G. & Scott K. E. , 2003, "What is systemic risk, and do bank regulators retard or contribute to it?" *The Independent Review*, Vol. 7, No. 3.

Kaufman G. G. , 2000, "Banking and currency crisis and systemic risk: lessons from recent events", *Economic Perspectives*, Vol. 25, No. 3.

Kaul G. , 1987, "Stock Returns and Inflation: The Role of the Monetary Sector", *Journal of Financial Economics*, Vol. 18, No. 2.

Kim S. , Plosser M. C. , Santos J. A. C. , 2018, "Macroprudential Policy and the Revolving Door of Risk: Lessons from Leveraged Lending Guidance", *Journal of Financial Intermediation*, No. 34.

Kim Y. & Nelson C. R. , 2014, "Pricing Stock Market Volatility: Does It

Matter Whether the Volatility is Related to the Business Cycle?" *Journal of Financial Econometrics*, Vol. 12, No. 2.

King M. A. & Wadhwani S., 1990, "Transmission of Volatility between Stock Markets", *Review of Financial Studies*, Vol. 3, No. 1.

Kiyotaki N. & Moore J., 1997, "Credit Cycles", *Journal of Political Economy*, Vol. 105, No. 2.

Kiyotaki N. & Moore J., 2019, "Liquidity, Business Cycles, and Monetary Policy", *Journal of Political Economy*, Vol. 127, No. 6.

Kodres L. E. & Pritsker M., 2002, "A Rational Expectations Model of Financial Contagion", *Journal of Finance*, Vol. 57, No. 2.

Koop G. & Korobilis D., 2013, "Large Time-varying Parameter VARs", *Journal of Econometrics*, Vol. 177, No. 2.

Kritzman M. & Li Y., 2010, "Skulls, financial turbulence, and risk management", *Financial Analysts Journal*, Vol. 66, No. 5.

Kritzman M., Li Y., Page S., Rigobon R., 2011, "Principal components as a measure of systemic risk", *The Journal of Portfolio Management*, Vol. 37, No. 4.

Kumar M., Moorthy U., Perraudin W., 2003, "Predicting emerging market currency crashes", *Journal of Empirical Finance*, Vol. 10, No. 4.

Kurtzman R., Luck S., Zimmermann T., 2018, "Did QE lead banks to relax their lending standards? Evidence from the Federal Reserve's LSAPs", Journal of Banking & Finance, https://doi.org/10.1016/j.jbankfin.

Kyle A. S. & Xiong W., 2001, "Contagion as a Wealth Effect", *Journal of Finance*, Vol. 56, No. 4.

Lane P. R., 2012, "The European Sovereign Debt Crisis", *Journal of Economic Perspectives*, Vol. 3, No. 26.

Lane P. R., 2013, "Financial Globalisation and the Crisis", *Open Economies Review, Vol. 24, No. 3.

Leahy J. & Whited T. M., 1996, "The Effect of Uncertainty on Investment: Some Stylized Facts", *Journal of Money, Credit and Banking*, Vol. 28, No. 1.

Lee C. M. C., Sun S. T., Wang R., Zhang R., 2019, "Technological Links and Predictable Returns", *Journal of Financial Economics*, Vol. 132, No. 3.

Leitner Y., 2004, "Financial Networks: Contagion, Commitment, and Private Sector Bailouts", *Journal of Finance*, Vol. 60, No. 6.

Lettau M. & Ludvigson S. C., 2001, "Consumption, Aggregate Wealth, and Expected Stock Returns", *Journal of Finance*, Vol. 56, No. 3.

Levine R., 1991, "Stock Markets, Growth, and Tax Policy", *Journal of Finance*, Vol. 46, No. 4.

Lim G. C. & McNelis P. D., 2018, "Unconventional Monetary and Fiscal Policies in Interconnected Economies: Do Policy Rules Matter?" *Journal of Economic Dynamics and Control*, Vol. 93.

Lopez-Espinosa G., Moreno A., Rubia A., Valderrama L., 2012, "Short-term Wholesale Funding and Systemic Risk: A Global CoVaR Approach." *Journal of Banking & Finance*, Vol. 36, No. 12.

Lothian J. R., 2014, "Monetary policy and the twin crises", *Journal of International Money and Finance*, Vol. 49.

Ludvigson S. C., Ma S., Ng S., 2015, "Uncertainty and Business Cycles: Exogenous Impulse or Endogenous Response?" *National Bureau of Economic Research*.

Luo X. & Qi X., 2017, "The Dynamic Correlations between the G7 Economies and China: Evidence from Both Realized and Implied Volatilities", *Journal of Futures Markets*, Vol. 37, No. 10.

Ma C., 2020, "Financial Stability, Growth and Macroprudential Policy",

Journal of International Economics, Vol. 122.

Mann C. L., 2020, "Real and Financial Lenses to Assess the Economic Consequences of COVID – 19", *Economics in the Time of COVID – 19*, 81.

Mclean R. D. & Zhao M., 2012, "The Business Cycle, Investor Sentiment, and Costly External Finance", *Journal of Finance*, Vol. 69, No. 3.

Medas P., Poghosyan T., Xu Y., Farah – Yacoub J., Gerling K., 2018, "Fiscal Crises", *Journal of International Money and Finance*, Vol. 88.

Menzly L. & Ozbas O., 2010, "Market Segmentation and Cross – Predictability of Returns", *Journal of Finance*, Vol. 65, No. 4.

Michau J., 2019, "Monetary and fiscal policy in a liquidity trap with inflation persistence", *Journal of Economic Dynamics and Control*, Vol. 100.

Minsky H. P., 1995, "Financial Factors in the Economics of Capitalism", *Financial and Monetary Policy Studies*, Vol. 30.

Mishkin F. S., 2017, "Rethinking monetary policy after the crisis", *Journal of International Money and Finance*, Vol. 73.

Mitchell W. C. & Burns A. F., 1938, "Statistical Indicators of Cyclical Revivals", *NBER*.

Mondria J. & Climent Q., 2013, "Financial Contagion and Attention Allocation", *The Economic Journal*, Vol. 123, No. 568.

Mühlnickel J. & Weiß G. N., 2015, "Consolidation and systemic risk in the international insurance industry", *Journal of Financial Stability*, Vol. 18.

Naes R., Skjeltorp J. A., Odegaard B. A., 2011, "Stock Market Liquidity and the Business Cycle", *Journal of Finance*, Vol. 66, No. 1.

Nelson C. R., 1976, "Inflation and Rates of Return on Common Stocks",

Journal of Finance, Vol. 31, No. 2.

Niemann S. & Pichler P. , 2020, "Optimal Fiscal Policy and Sovereign Debt Crises", *Review of Economic Dynamics*, Vol. 37.

Obstfeld M. , 1986, "Rational and Self – Fulfilling Balance – of – Payments Crises", *American Economic Review*, Vol. 76, No. 1.

Oet M. V. , Bianco T. , Gramlich D. , Ong S. J. , 2012, "Financial Stress Index: A Lens for Supervising the Financial System", *FRB of Cleveland Policy Discussion Paper*.

Officer R. R. , 1973, "The Variability of the Market Factor of the New York Stock Exchange", *The Journal of Business*, Vol. 46, No. 3.

Oh D. H. & Patton A. J. , 2018, "Time – Varying Systemic Risk: Evidence From a Dynamic Copula Model of CDS Spreads", *Journal of Business & Economic Statistics*, Vol. 36, No. 2.

Pacini C. & Marlett D. C. , 2001, "The Market Valuation and Trading Volume Effects of the Creation of the Florida Hurricane Catastrophe Fund on Property – liability Insurers", *Journal of Business Finance & Accounting*, Vol. 28, No. 3 – 4.

Parkinson M. , 1980, "The Extreme Value Method for Estimating the Variance of the Rate of Return", *The Journal of Business*, Vol. 53, No. 1.

Pavlova A. & Rigobon R. , 2005, "Wealth Transfers, Contagion, and Portfolio Constraints", *National Bureau of Economic Research*.

Paye B. S. , 2012, "Deja Vol: Predictive Regressions for Aggregate Stock Market Volatility Using Macroeconomic Variables", *Journal of Financial Economics*, Vol. 106, No. 3.

Peng L. & Xiong W. , 2006, "Investor Attention: Overconfidence and Category Learning", *Journal of Financial Economics*, Vol. 80, No. 3.

Philippon T. , 2009, "The Bond Market's q", *Quarterly Journal of Economics*, Vol. 124, No. 3.

Poledna S., Thurner S., Farmer J. D., Geanakoplos J., 2014, "Leverage – induced systemic risk under Basle II and other credit risk policies", *Journal of Banking & Finance*, Vol. 42.

Ramey V. A., 2019, "Ten Years after the Financial Crisis: What Have We Learned from the Renaissance in Fiscal Research?" *Journal of Economic Perspectives*, Vol. 33, No. 2.

Rehse D., Riordan R., Rottke N., Zietz J., 2019, "The Effects of Uncertainty on Market Liquidity: Evidence from Hurricane Sandy", *Journal of Financial Economics*, Vol. 134, No. 2.

Rigobon R. & Sack B. P., 2003, "Spillovers Across U. S. Financial Markets", *National Bureau of Economic Research*.

Rösch C. G. & Kaserer C., 2014, "Reprint of: Market liquidity in the financial crisis: The role of liquidity commonality and flight – to – quality", *Journal of Banking & Finance*, Vol. 45.

Rothenberg A. D. & Warnock F. E., 2011, "Sudden Flight and True Sudden Stops", *Review of International Economics*, Vol. 19, No. 3.

Sachs J. D., Tornell A., Velasco A., 1996, "Financial Crises in Emerging Markets: The Lessons from 1995", *Brookings Papers on Economic Activity*, Vol. 1996, No. 1.

Salachas E. N., Laopodis N. T., Kouretas G. P., 2017, "The Bank – lending Channel and Monetary Policy during Pre – and Post – 2007 Crisis", *Journal of International Financial Markets, Institutions and Money*, No. 47.

Santos T. & Veronesi P., 2006, "Labor Income and Predictable Stock Returns", *Review of Financial Studies*, Vol. 19, No. 1.

Schank R. C., 1983, "*Dynamic Memory: A Theory of Reminding and Learning in Computers and People*", UK: Cambridge University Press.

Schorfheide F. & Song D., 2015, "Real – Time Forecasting with a Mixed –

Frequency VAR", *Journal of Business & Economic Statistics*, Vol. 33, No. 3.

Schwert G. W., 1989a, "Business Cycles, Financial Crises, and Stock Volatility", *Carnegie - Rochester Conference Series on Public Policy*, Vol. 31, No. 1.

Schwert G. W., 1989b, "Why Does Stock Market Volatility Change Over Time", *Journal of Finance*, Vol. 44, No. 5.

Segoviano M. A. & Goodhart C. A. E., 2009, "Banking Stability Measures", *International Monetary Fund*.

Shiller R. J., 1980, "Do Stock Prices Move Too Much to Be Justified by Subsequent Changes in Dividends", *The American Economic Review*, Vol. 71, No. 3.

Silva T. C., Silva M. A. D., Tabak B. M., 2017, "Systemic risk in financial systems: A feedback approach", *Journal of Economic Behavior & Organization*, Vol. 144.

Sims C. A., 1980, "Macroeconomics and Reality", *Econometrica*, Vol. 48, No. 1.

Solnik B. H., 1974, "An Equilibrium Model of the International Capital Market", *Journal of Economic Theory*, Vol. 8, No. 4.

Sorge M., 2004, "Stress - Testing Financial Systems: An Overview of Current Methodologies", *BIS Working Paper*.

Stock J. H. & Watson M. W., 2003, "Forecasting Output and Inflation: The Role of Asset Prices", *Journal of Economic Literature*, Vol. 41, No. 3.

Stulz R. M., 2004, "Should We Fear Derivatives?" *Journal of Economic Perspectives*, Vol. 18, No. 3.

Stulz R., 1981, "A Model of International Asset Pricing", *Journal of Financial Econometrics*, Vol. 9, No. 4.

Susmel R. & Engle R. F. , 1994, "Hourly Volatility Spillovers between International Equity Markets", *Journal of International Money & Finance*, Vol. 13, No. 1.

Theodossiou P. & Lee U. , 1993, "Mean and Volatility Spillovers across Major National Stock Markets: Further Empirical Evidence", *Journal of Financial Research*, Vol. 16, No. 4.

Trevino I. , 2020, "Informational Channels of Financial Contagion", *Econometrica*, Vol. 88, No. 1.

Uhde A. & Heimeshoff U. , 2009, "Consolidation in banking and financial stability in Europe: Empirical evidence", *Journal of Banking & Finance*, Vol. 33, No. 7.

Varotto S. & Zhao L. , 2018, "Systemic risk and bank size", *Journal of International Money and Finance*, Vol. 82.

von Borstel J. , Eickmeier S. , Krippner L. , 2016, "The interest rate pass-through in the euro area during the sovereign debt crisis", *Journal of International Money and Finance*, Vol. 68.

Walid C. , Chaker A. , Masood O. , Fry J. , 2011, "Stock Market Volatility and Exchange Rates in Emerging Countries: A Markov-state Switching Approach", *Emerging Markets Review*, Vol. 12, No. 3.

Wang A. Y. & Young M. , 2020, "Terrorist Attacks and Investor Risk Preference: Evidence from Mutual Fund Flows", *Journal of Financial Economics*, Vol. 137.

Wang G. J. , Jiang Z. Q. , Lin M. , Xie C. , Stanley H. E. , 2018, "Interconnectedness and systemic risk of China's financial institutions", *Emerging Markets Review*, Vol. 35.

Watts D. J. & Strogatz S. H. , 1998, "Collective Dynamics of 'Small-world' Networks", *Nature*, Vol. 393, No. 6684.

Weiß G. N. , Bostandzic D. , Neumann S. , 2014, "What factors drive systemic risk during international financial crises?" *Journal of Banking & Finance*, Vol. 41.

Werner R. A., 2014, "Enhanced Debt Management: Solving the eurozone crisis by linking debt management with fiscal and monetary policy", *Journal of International Money and Finance*, Vol. 49.

White H., Kim T. H., Manganelli S., 2015, "VAR for VaR: Measuring Tail Dependence using Multivariate Regression Quantiles", *Journal of Econometrics*, Vol. 187, No. 1.

Wong Y. T., Fong T. P. W., 2011, "Analysing Interconnectivity among Economies", *Emerging Markets Review*, Vol. 12, No. 4.

Xu S., In F., Forbes C., Hwang I., 2017, "Systemic risk in the European sovereign and banking system", *Quantitative Finance*, Vol. 17, No. 4.

Yang S. & Doong S., 2004, "Price and Volatility Spillovers between Stock Prices and Exchange Rates: Empirical Evidence from the G-7 Countries", *International Journal of Business and Economics*, Vol. 3, No. 2.

Yang Z. & Zhou Y., 2017, "Quantitative Easing and Volatility Spillovers Across Countries and Asset Classes", *Management Science*, Vol. 63, No. 2.

Yang Z., Zhou Y., Cheng X., 2020, "Systemic Risk in Global Volatility Spillover Networks: Evidence from Option-implied Volatility Indices", *Journal of Futures Markets*, Vol. 40, No. 2.

Zhang D., Hu M., Ji Q., 2020, "Financial Markets under the Global Pandemic of COVID-19", *Finance Research Letters*, Vol. 36.

Zhou C., 2009, "Are Banks Too Big to Fail? Measuring Systemic Importance of Financial Institutions", *Measuring Systemic Importance of Financial Institutions*.

Zhou X., Zhang W., Zhang J., 2012, "Volatility Spillovers between the Chinese and World Equity Markets", *Pacific-Basin Finance Journal*, Vol. 20, No. 2.